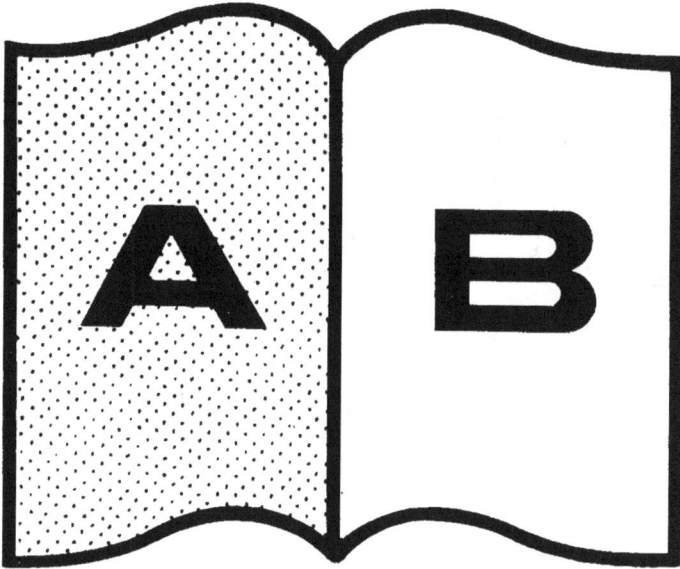

Contraste insuffisant

NF Z 43-120-14

Perfectionnement, s. m. action de perfectionner, ou effet de cette action.

Perfectionner, v. a. et pron. rendre ou devenir plus parfait.

Perfide, s. et adj. qui manque à sa parole.—traître; se dit aussi des choses: tour, action perfide.

Perfidement, adv. avec perfidie.

Perfidie, s. f. manquement de foi.

*Perfoliée, adj. f. (feuille) dont le disque entoure la tige par sa base qui est entière: bot.—(antenne) dont les articles paraissent autant de feuillets: zool.

*Perforant, s. m. muscle terminé par quatre tendons, à la troisième phalange des doigts de la main.

*Perforatif, s. m. V. Trépan.

Perforation, s. f. action de perforer.

*Perforé, s. m. muscle terminé par quatre tendons qui s'attachent à la deuxième phalange des doigts de la main.

Perforer, v. a. t. d'arts, percer.

Pergame, v. d'Asie, Natolie.

Pergonte. s. f. fleur blanche.

*Périanthe, s. m. V. Calice.

Péricarde, s. m. capsule membraneuse qui enveloppe le cœur.

*Péricardien, enne, adj. qui concerne le péricarde: anat.

*Péricardite, s. f. (is) inflammation du péricarde.

Péricarpe, s. m. pellicule qui enferme le fruit d'une plante. t. d'anat. V. Épicarpe.

Périgée, s. m. endroit du ciel où se trouve une planète quand elle est le plus proche de la terre.

*Périgord (le) anc. prov. de Fr.

Périgueux, s. m. pierre noire fort dure.

Périgueux, v. de Fr. Dordogne.

*Périgynique, adj. se dit de l'insertion de la corolle ou des étamines autour de l'ovaire libre, au fond de la fleur: bot.

*Périhélie, s. m. point de l'orbite d'une planète où elle est le plus près du soleil.—adj. Vénus est périhélie.

*Périnée, s. m. involucre velouté qui enveloppe la base du pédoncule de certaines mousses.

Péril, s. m. (il) danger, risque, état où il y a quelque chose à craindre.

Périlleusement, adv. avec péril.

Périlleux, euse, adj. dangereux.

Périner, v. n. périr, se perdre; en parlant d'une instance qu'on n'a pas poursuivie quand on le devoit.

Périmètre, s. m. contour, circonférence: géom.

Périnée, s. m. l'espace qui est entre l'anus et les parties naturelles.

Période, s. f. révolution d'un astre.—mesure de temps, époque.—révolution d'une fièvre réglée.—phrase composée de membres dont la réunion forme un sens complet.—s. m. 1° le plus haut point où une chose puisse arriver; sa gloire est à son plus haut période; 2° espace de temps vague; dans un court période.—Dans le dernier période (le dernier temps) de sa vie.

Partitif, ive, adj. qui désigne une partie: gram.

Partition, s. f. toutes les parties d'une composition musicale, mises au dessous l'une de l'autre.—division: blas. Partitions oratoires, ouvrage de Cicéron, qui traite des parties de la rhétorique.

Par-tout, adv. en tous lieux.

Parure, s. f. ornement; ce qui sert à parer.—dans plusieurs arts, ce qui a été retranché.—du pied d'un cheval, corne qu'on en a ôtée avant de le ferrer.

Parvenir, v. n. arriver au terme avec difficulté:—au haut d'une montagne.—et fig. à une dignité.—se dit des choses: votre lettre m'est parvenue.—absolument, s'élever en dignité; faire fortune: il veut parvenir à tout prix.

Parvenu, s. m. homme obscur qui a fait fortune.

Parvis, s. m. chez les Juifs, espace qui étoit autour du tabernacle.—place devant la grande porte d'une église.

Pas, s. m. mouvement de l'homme, de l'animal qui met un pied devant l'autre pour marcher.—espace entre les deux pieds quand on marche: à cent pas d'ici.—mesure de distance: pas géométrique.—passage étroit et difficile dans une vallée, dans une montagne.—seuil de la porte, chaque tour—de vis, ...—ses deux filets.

Les quatre parties, sont le dessus, la contre, la taille et la basse.—somme d'argent: ...—faire une partie.—article d'un projet de divertissement: ...—de campagne.—il faut faire pour qu'on ... gagné ou perdu.—On plaide contre quelqu'un. Prendre quelqu'un à partie.—il a tous les parties ... mémoire ... marchand.—qui contractent ensemble ... est fait du consentement ... Coup de partie.—En partie, ... partie en argent.

V. 2538
D. 4.

MEMORIAL

DE

CORMONTAINGNE

POUR

L'ATTAQUE DES PLACES

OU

R E C U E I L

FAIT PAR CE CÉLÈBRE INGÉNIEUR

DES PRÉCEPTES ET DES MÉTHODES

QU'IL SUIVOIT DANS

LA CONDUITE DES SIÉGES

UTILE A TOUT MILITAIRE EMPLOYÉ A L'ATTAQUE D'UNE PLACE.

Ex ungue leonem.

OUVRAGE POSTHUME

PUBLIÉ AVEC DES NOTES

PAR Mr. DE BOUSMARD

MAJOR AU CORPS DES INGÉNIEURS DE S. M. LE ROI DE PRUSSE.

A BERLIN, 1803.

IMPRIMÉ CHEZ GEORGE DECKER,

ET SE VEND CHEZ C. QUIEN.

Avertissement de l'auteur.

Nous supposons que, pour faire usage du présent mémorial, on est parfaitement instruit de la conduite et marche des tranchées usitées aujourd'hui dans les siéges, suivant les principes de Mr le maréchal de Vauban, qui sont ce que nous avons de mieux sur cette matière; car ceci n'est qu'un petit amas de détails propres surtout aux ingénieurs, dont ce grand homme n'a pas cru devoir charger son livre, qu'il n'avoit composé que pour l'usage particulier de Mr le duc de Bourgogne, qui n'avoit nullement besoin de descendre jusqu'aux moindres attentions, nécessaires seulement à ceux qui doivent exécuter ces détails, et qui par cette raison ne les sauroient trop bien connoître. Au reste, c'est pour notre usage particulier que nous avons fait le présent petit recueil, et s'il tombe par hasard dans les mains de quelqu'un, il sera maître d'en retrancher ou d'y ajouter ce que bon lui semblera.

CORMONTAINGNE.

Préface de l'éditeur.

L'ouvrage que l'on va lire sur l'attaque des places, est d'un grand maître dans cet art et dans celui de la fortification; et le but et les circonstances dans lesquels son auteur l'a composé, le rendent doublement précieux. Ce but étoit de s'y rendre un compte tellement exact de l'ensemble des opérations d'un siége, et d'y détailler chacune de ces opérations d'une manière si nette et si précise, qu'en y ayant recours, il fût constamment à l'abri de toute espèce d'erreurs et même d'embarras, dans la conduite des attaques de quelque place que ce fût; et c'est ce qu'il a prétendu pleinement exprimer par le titre qu'il lui a donné, de son *mémorial pour l'attaque des places.*

Les circonstances dans lesquelles il l'a composé, sont également propres à y inspirer la plus grande confiance. En effet, c'est au milieu des travaux et des périls des siéges auxquels il a servi, qu'il en a recueilli les matériaux; c'est sur des notes prises dans les tranchées et sur les brèches, c'est sur les *croquis* originaux des logemens qu'il a projetés et exécutés sous le feu de l'ennemi, qu'il l'a rédigé à la queue même de la tranchée, pour ainsi dire; puisque c'est au camp sous Fribourg, pendant le siége et la prise de cette place, qu'il y a mis la dernière main, et qu'il y a fait entrer ce qui avoit distingué ce siége mémorable; de même qu'il y avoit précédemment inséré dans de semblables circonstances, ce que les siéges de Traerbach, de Philipsbourg et d'Ypres avoient offert de plus remarquable et de plus instructif pour un ingénieur.

Il paroîtra sans doute étonnant qu'un ingénieur principal, sur qui rouloit en très-grande partie le détail immense des travaux et des besoins en tout genre d'un

siége considérable, et qui, de plus, y faisoit
un service également périlleux et fatigant,
loin de succomber sous cette masse acca-
blante d'occupations de devoir, ait encore
pu y joindre le surcroît spontanée de la
composition d'un ouvrage plein de vues
et de combinaisons assises sur des figures
nombreuses et compliquées, en un mot,
un travail appliquant et pénible, là où tout
autre n'eût songé qu'à jouir d'un repos nécessaire ou d'un délassement légitime.

Les hommes qui ont connu Mr de Cormontaingne, nous ont donné d'avance la
solution de cette difficulté, en nous le dé-
peignant doué d'une égale activité de corps
et d'esprit. Unissant au tempérament le
plus robuste, le plus ardent desir de pénétrer à fond tous les objets de son métier,
le seul délassement qu'il cherchoit aux travaux multipliés du service important qu'il
avoit à remplir, étoit d'occuper le peu
de loisir qu'ils lui laissoient, à la recherche
de tout ce qui pouvoit aplanir, agran-
dir le champ de la science de l'ingénieur.
Chargé des plus grands travaux de fortifi-

cation qui se soient faits en France de son
temps: savoir, de ceux de la porte des pê-
cheurs à Strasbourg; puis de ceux des doubles couronnes de Moselle et de Belcroix,
et de la nouvelle enceinte des portes Ma-
zelle et de St Thibaut à Metz; ensuite de
la construction de Bitche; enfin du couronné d'Hyutz à Thionville; tous ces travaux, les mieux soignés et les plus parfaits
de leur genre, loin d'absorber toutes les
facultés de son esprit, sembloient ne faire
que l'aiguillonner à pénétrer à fond, et à
développer d'une manière didactique les
différentes parties de son art, tour-à-tour
appelées à concourir à la perfection de ces
grandes et belles fortifications. Il en étoit
de même à la guerre: outre cet ouvrage sur
l'attaque des places, en général, évidemment né des idées que lui fournissoient les
circonstances de son service, il en a fait
de particuliers sur la plupart des siéges
auxquels il a servi. Celui seul de Philipsbourg lui en fit produire quatre ou cinq de
cette espèce.

Sa carrière militaire doit avoir commencé au moins dès 1713, puisqu'il paroît par cet ouvrage, qu'il avoit assisté au siége de Fribourg, fait cette même année par le maréchal de Villars. C'étoit sans doute en qualité d'ingénieur, car peu après, en 1716, il se fit connoître avantageusement en cette qualité, à Mr le Pelletier de Souzi, intendant-général des fortifications de France, par un Mémoire sur la fortification, qui lui fut ensuite dérobé, et imprimé sans son aveu.

En 1734, pendant qu'il étoit occupé des grands travaux de Metz, le comte, depuis maréchal duc de Belle-isle, qui commandoit dans cette place, et qui reconnut en lui l'homme également supérieur pour la guerre, s'en empara pour lui faire diriger son siége de Traerbach; et, lorsque le corps d'armée qui avoit fait ce siége, eut rejoint la grande armée, et fit avec elle celui de Philipsbourg, le comte de Belle-isle fit en sorte d'avoir Mr de Cormontaingne de jour avec lui à la tranchée, pour donner à l'ouvrage à corne et au couronné de cette place, les deux assauts qui en décidèrent la prise.

En 1744, il fit en Flandre les siéges de Menin, Ypres, La Knoque et Furnes, et en Allemagne celui de Fribourg. A ce dernier, il fut chargé du détail des travaux de l'attaque, et long-temps encore après sa mort, je l'ai entendu hautement louer de ce qu'il avoit prescrit ce détail d'une manière si juste dans toutes les dispositions écrites et dans tous les croquis qui l'exprimoient, qu'il en résulta constamment l'exécution la plus conforme à ce qui avoit été projeté; et, chose étonnante à un siége aussi meurtrier, surtout en ingénieurs, tout y fut exécuté avec une ponctualité et une régularité qu'on eût à peine atteintes à un exercice de siége fait dans la plus profonde paix. Après ce siége, il retourna à son service de places, où les nouvelles et grandes constructions de Metz, de Bitche et de Thionville le rappeloient impérieusement. C'est dans cette dernière place, où il résidoit alors en qualité de directeur des fortifications, avec le grade de maréchal - de - camp, qu'il termina en 1752 son utile et glorieuse carrière.

Il avoit, dès 1743, été chargé de l'inspection des frontières du royaume, depuis le Rhône jusqu'à Calais. Cela lui fit produire, outre un mémoire sur la manière de fortifier les frontières d'un état en général, un mémoire sur les places de la Franche-Comté, un sur les places de l'Alsace, un sur celles d'entre la Moselle et la Meuse, un sur celles de la Meuse à Calais. Il a fait aussi des mémoires particuliers sur Strasbourg, Metz, Thionville, Bitche, Maubeuge; des mémoires généraux sur la fortification, savoir: trois mémoires sur le tracé, un sur le défilement, trois ou quatre sur les mines, un sur l'usage de l'artillerie dans la défense des places, un sur le ricochet, un sur les approvisionnemens, un sur les ouvrages à corne et à couronne, un sur les pièces à guerre souterraine, un sur les pièces inaccessibles à revers, un sur la manière de construire des lignes le long des ruisseaux, un sur le tracé à double enceinte comparé à celui du Neuf-Brisach,

un sur le tracé de Berg-op-zoom dépouillé
de ses mines, comparé à celui de Belcroix, un sur les revêtemens à l'espagnole,
plusieurs sur les systèmes de Messieurs de
Theisan, de Breval et autres ingénieurs de
son temps, etc.

Mais ce qu'il y a de plus étonnant dans
ce nombre prodigieux d'ouvrages, c'est
qu'aussi exact que fécond, leur auteur n'y
admettoit aucune idée tant soit peu impor-
tante, sans l'avoir *à la lettre* éprouvée,
la règle et le compas à la main. Aussi
persuadé que Vauban, que *le dessin est l'é-
criture de l'ingénieur*, c'est par cette écriture
qu'il peignoit de préférence sa pensée, et
qu'il parloit aux yeux en même temps qu'à
l'esprit. C'est dans ce langage qu'il exprimoit les objections qu'il se faisoit, et les
solutions qu'il y trouvoit. De là vient que
la plupart des résultats de ses méditations
et de ses recherches, que presque tous ses
mémoires sont bien moins en discours
qu'en figures, et sont bien plus soignés
quant au dessin que quant au style, qui
uniquement destiné à l'instruction de ses

camarades, n'a nulle prétention à l'élégance, n'en a qu'à la clarté, et y sacrifie tout. Presque par-tout ils sont écrits du style des *dévis*, c'est-à-dire de ces mémoires que les ingénieurs et les architectes joignent à leurs dessins de projets, pour en expliquer celles des conditions de construction et d'exécution que le dessin seul ne peut exprimer. Or ce style est sans contredit celui de la chose, par-tout où, comme dans l'ouvrage qu'on va lire, il n'est question que de travaux à exécuter, dont les moyens d'exécution sont évidemment ce qu'il y a de plus important à en connoître. Aussi ne s'est-on pas permis d'y toucher, bien convaincu que l'art ne peut que perdre à être expliqué dans un langage autre que celui des artistes.

Mais on a eu besoin de plus de réflexions, pour se défendre de retrancher de cet ouvrage tout ce qui n'est pas proprement de son auteur, c'est-à-dire tout ce qu'il y a inséré de deux ouvrages déjà connus: *l'Attaque des places de Mr de Vauban*, et *les Mémoires d'artillerie de St Remy*. N'est-

ce pas, en effet, l'exposer par là à encou-
rir la défaveur méritée qui s'attache à tant
de stériles écrits, qui n'ayant rien de nouveau que leur titre, répètent, sans même le
déguiser, ce qui a été dit ailleurs, et ajou-
tent ainsi au nombre des livres, sans ajouter à la science? Non: car il reste à celui-ci
encore assez de neuf, d'original, et surtout
d'important au progrès de l'art dont il
traite, pour qu'il n'ait rien de semblable
à redouter. D'ailleurs, on a considéré que
le but de l'auteur avoit moins été de ne
donner que du neuf sur l'attaque d'une
place, que de réunir et de compléter tout
ce qu'il étoit essentiel de savoir pour la
bien conduire; et que, par conséquent, ce
qu'il y avoit emprunté aux auteurs qui l'a-
voient précédé, n'en méritoit que mieux
notre confiance, puisqu'il nous étoit doublement garanti par l'autorité des premiers, et par le suffrage plus récent de
l'expérience et de la capacité du second.
Et puis, on eût encore été forcé de suppri-
mer avec ces fragmens estimables, les re-
marques et les observations importantes

qu'ils ont donné lieu à l'auteur de faire, et l'on eût conséquemment, par là, réellement tronqué ce qui est véritablement de lui.

On a eu encore un autre motif pour conserver, de ces extraits, les nombreux états qu'ils contiennent, d'approvisionnemens amenés et de consommations faites à différens siéges, au moyen desquels l'auteur a prétendu se mettre en état d'en former de suffisans du même genre, pour quelque siége que ce fût. Ce motif a été de faire voir combien est peu fondé le préjugé, maintenant si général et si soigneusement entretenu par la plupart des écrivains militaires, sur la supériorité qu'ont à cet égard les siéges d'aujourd'hui sur ceux d'autrefois. A les en croire, on ne menoit alors à un siége que peu d'artillerie, et l'on n'y consommoit que peu de munitions; tandis qu'aujourd'hui l'on attaque les places avec une si prodigieuse quantité de grosse artillerie et une si énorme consommation de munitions, que les mêmes places qui anciennement soutenoient des siéges de plusieurs mois, n'en peuvent plus aujourd'hui soutenir que de quelques semaines, et quelquefois même que de quelques jours; tant l'effroyable *bombardement* par lequel on les écrase tout à coup maintenant, est supérieur à la foible et parcimonieuse canonnade par laquelle on les réduisoit alors si lentement! Mais à quel siége moderne a-t-on employé plus d'artillerie qu'à celui de Turin en 1706 (1)? Auquel a-t-on consommé autant de munitions? Et cependant cette place ne fut délivrée qu'après avoir soutenu 105 jours de tranchée ouverte. Les siéges encore plus anciens de Mons, Namur et Charleroi furent faits également, comme on le verra par les états de leurs approvisionnemens, avec autant et plus de

(1) On pourroit me répondre: Au siége de Philipsbourg en 1734, où il fut mis en batterie par les assiégeans 84 pièces de canon de 24, et 97 de 16 (*Encyclopédie*, art. *Subsistance des pièces*), avec un nombre proportionné de mortiers. Cette prodigieuse artillerie ne fut cependant point capable de réduire prématurément cette petite place, car elle soutint 45 jours de siège, et ne se rendit qu'après que ses ouvrages à corne et à couronne eurent été successivement emportés d'assaut, ainsi qu'on le verra décrit dans cet ouvrage.

grosse artillerie et de munitions, qu'on n'en emploie maintenant aux siéges de semblables places.   Il faudra donc bien reconnoître que cette prétendue cause de l'abrégement des siéges actuels n'est pas la véritable, puisqu'elle n'existe pas.   Il est tout aussi évident que le service de l'artillerie de siége étoit alors aussi parfait, et tel à-peu-près qu'il est aujourd'hui.   Car ce sont toujours les mêmes pièces, montées sur les mêmes affûts; les yeux de nos canonniers ne sont pas devenus meilleurs que ceux des canonniers d'autrefois, et nul artilleur de bonne foi ne fera difficulté de convenir que le secours de la hausse et de la vis de pointage, qu'on a depuis ce temps ajoutées au canon, n'étoit nullement nécessaire à celui de siége, et n'y ajoute que peu à la justesse qu'on y peut desirer contre des objets fixes et en grandes masses, les seuls qu'on ait à y battre, et qui, pour être atteints, n'ont pas besoin de l'emploi de ces moyens ingénieux et délicats.   Ce n'est donc point encore - là qu'est la cause de l'accourcissement immodéré des siéges actuels.

Il faut la chercher cette cause, dans la décadence où est tombé parmi les troupes, depuis le temps dont nous parlons, l'art de défendre les places; décadence plus prompte encore et plus rapide que ne le sont les progrès qu'elles ont faits, depuis le même temps à peu-près, dans la tactique, et qui y tient peut-être. Il faut la chercher dans le changement qui s'est opéré, depuis le même temps, dans l'opinion publique. Le public, avec raison frappé des grands effets et des progrès de l'art qui dirige les armées, s'en exagère de plus en plus l'influence dans la défense des états, méconnoît chaque jour davantage celle non moins réelle des places, qui cependant, loin d'affoiblir l'influence des armées, la renforce au contraire, et lui prête un appui en quelque sorte indépendant du sort incertain des batailles. De là, tous ces grands officiers, si habiles sur un champ d'exercice et même de bataille, se trouvent si déplacés dans une place assiégée, où, constamment défensifs et stationnaires, ils ne trouvent rien à faire de ce qu'ils savent. De là, tous ces braves soldats qu'on n'y sait

ni loger, ni nourrir, ni ménager, ni employer convenablement, ne desirent que
d'en sortir au plus vite, à quelque prix que
ce soit. De là, les généraux, plus jaloux
de conserver leurs armées fortes et nombreuses en bonnes troupes, que de jeter
de bonnes garnisons dans les places, n'y en
laissent que de petites et de mauvaises.
De là, les administrations militaires ne s'occupent que des besoins des armées, et né-
gligent ouvertement ceux non moins essen-
tiels des places. De là, les gouvernemens
qui ne connoissent, des places, que les embarras qu'elles leur causent, et les plaintes
qu'elles leur attirent de la part de tous ceux
qui doivent les approvisionner, les défendre ou les secourir, les gouvernemens n'y
attachent plus aucun prix; ils les livrent à
l'ennemi, en échange de la honteuse faveur
d'en pouvoir retirer les garnisons; ils l'en
mettent en possession avant même qu'il y
puisse atteindre, pour en obtenir quelques
jours de répit pour leurs armées battues,
qui le seront bien mieux encore, ce répit
expiré, dénuées qu'elles seront de l'appui

b

de ces mêmes places; et c'est ainsi que par
trop de confiance en leurs armées, et par
trop de défiance de leurs places, ils décident
en peu de mois, à leur désavantage, le sort de
la guerre que la défense de ces places eût
tenu incertain encore quelques années, et
fini peut-être par tourner en leur faveur.
C'est là, c'est là, n'en doutons pas, c'est
dans la dépravation de l'opinion publique sur la valeur des places, c'est dans
la presque universelle négligence à les munir, et dans la répugnance générale à les
défendre, nées de cette opinion égarée,
qu'il faut évidemment chercher la cause du
peu d'énergie et de durée des défenses actuelles de places, et non dans des canonna-
des et des bombardemens, qui, quelque
terribles qu'on les dise, ne le sont certainement pas plus que ceux d'autrefois.

On trouvera aussi dans mon auteur, la
preuve qu'il n'y a pas encore bien long-
temps qu'on soutenoit des assauts; et les
mêmes hommes, qui croient et qui pu-
blient qu'il n'y a plus rien à faire que de se
rendre, quand l'artillerie assiégeante a

abattu tous les logemens d'une garnison, ne seront pas peu étonnés d'apprendre que, pour réduire celle de Traerbach, qui ne consistoit qu'en 264 hommes des troupes de l'électeur de Trèves, il fallut après un bombardement de neuf jours, fait avec des bombes de 500 L., et une canonnade de pareille durée, exécutée avec du canon de 24, lesquels n'avoient dès leurs premiers coups, laissé subsister ni bâtimens ni casemates, et avoient relégué cette foible garnison dans quelques caves et dans quelques galeries creusées dans le roc; il fallut, dis-je, outre l'assaut donné au principal dehors, qu'on trouvera décrit dans cet ouvrage, encore une brèche au corps de la place, pour engager cette garnison à en sortir avec tous les honneurs de la guerre, et avec les deux seuls canons et l'unique mortier qui n'y fussent point encore hors de service!

Les mêmes personnes verront avec non moins d'étonnement, sans doute, dans les assauts de la corne et du couronné de Philipsbourg, la preuve que les passages de fossés pleins d'eau sur des ponts flottans de fascines, ne sont rien moins que des opérations chimériques, bonnes seulement à mettre dans les livres, et impossibles à exécutes sous le feu de l'ennemi. Enfin, en voyant au siége de Fribourg, faire par des moyens plus frêles encore et plus hasardeux, par des ponts de chevalets, le passage d'une rivière rapide, au pied du glacis d'une place munie d'une forte artillerie et d'une bonne garnison; les mêmes personnes se convaincront peut-être, que pour prendre une place qui se défend sérieusement, il faut quelque chose de plus qu'une canonnade et un bombardement qui en renversent les habitations.

Indépendamment de tous ces faits, d'autant plus précieux qu'ils sont plus exactement détaillés dans tous les moyens de disposition et d'exécution qui les ont amenés, l'ouvrage qu'on va lire, déroule et développe successivement le tableau le plus fidèle et le plus complet des opérations de l'attaque. Supputation du temps, des matériaux, des travailleurs et ingénieurs

nécessaires à l'exécution du travail; spéci-
fication du nombre et de la disposition des
troupes qui le couvrent, et de celles qui
doivent le soutenir; quand et comment les
unes et les autres doivent marcher; comment les ingénieurs diviseront, disposeront,
emploîront leurs travailleurs; comment ils
leur traceront le travail; tout s'y trouve tellement à sa place, que le lecteur y voit
clairement les objets, et apprend à les disposer de même sur la scène d'un siége réel,
si jamais il lui arrive d'en avoir les opérations
à diriger. En un mot, je regarde cet ouvrage comme *le plus fort*, sans contredit, de
tous ceux qui jusqu'ici ayent paru sur l'attaque des places.

Il ne faut pas croire cependant, qu'une
admiration aveugle pour mon auteur m'ait
fait adopter sans examen toutes ses opi-
nions; car, lorsque je les ai trouvées différentes de celles que j'ai énoncées sur les
mêmes objets, dans mon *Essai général de
fortification et d'attaque et défense des places*,
j'ai cru devoir aux progrès de l'art, de me
livrer à la discussion approfondie des motifs

de ces différences; et, si souvent j'ai reçu
avec docilité la leçon de mon maître, je
me suis défendu contre lui avec une fermeté décente, toutes les fois que j'ai pu
croire n'avoir pas eu tout-à-fait tort. Au
reste, ces discussions, et quelques autres
relatives soit au progrès de l'art que je cul-
tive, soit au bien du service auquel j'ai l'honneur d'appartenir, sont rejetées dans les
notes, ainsi que quelques éclaircissemens,
que j'ai cru devoir aux lecteurs les moins au
fait de la matière; et ces notes sont tout ce
qu'il y a de moi dans ce livre.

Quoique je ne puisse penser que le soupçon de pseudonymie doive atteindre un
ouvrage aussi empreint d'originalité que celui-ci, je n'en crois pas moins devoir au public compte des preuves de son authenti-
cité. Enseveli pendant trente ans, au
moins, dans la poussière des bureaux de la
guerre, où le dépôt de tous les papiers de
l'auteur fut fait immédiatement après sa
mort, il en fut enfin retiré par Mr de Fourcroy, maréchal de camp du corps royal du
génie, placé depuis le ministère de Mr de

St Germain, auprès du ministre de la guerre, pour l'éclairer sur tout ce qui dans le service des fortifications tenoit aux principes de l'art. Un de mes anciens camarades, à qui des rapports de service, et sa coopération avec Mr de Fourcroy à un travail savant sur le métier, avoient acquis la confiance et l'amitié de cet officier-général, en obtint ce *mémorial*, ou plutôt la permission de le copier sûr l'original (1); et son amitié pour moi, après me l'avoir communiqué, cède aux motifs les plus nobles, en me permettant d'en faire part au public. Il ·

(1) Cet original étoit en 1792 entre les mains de Mr de la Fitte-Clavé, ingénieur d'un mérite distingué, à qui Mr de Fourcroy l'avoit légué à sa mort, parmi une collection considérable de papiers, produit de son travail et de celui de Mr de Cormontaingne. Si cet original existe encore, on y pourra voir que, si j'ai cru devoir en changer l'arrangement des matières, pour décrire les diverses opérations de siége dans le même ordre qu'elles s'exécutent, (ce qui m'a paru nécessaire, tant pour faire lire l'ouvrage avec plus d'intérêt, que pour épargner à plus d'un lecteur des méprises fâcheuses), je n'ai néanmoins changé nulle part le sens ni les expressions de l'auteur.

en coûte à ma reconnoissance de n'oser le
nommer, et de ne pouvoir lui renvoyer ainsi le tribut de celle que lui doivent les vrais
amateurs de l'art, pour le présent vraiment
précieux qu'il leur fait.

Si jamais cet ami publie, comme il me
le fait espérer, ce qu'il possède encore des
mémoires de Cormontaingne, le public
verra que je n'ai rien dit ici de trop, de la
prodigieuse et utile fécondité de mon auteur; et s'il y joint ce qu'il a rassemblé de
mémoires d'autres ingénieurs françois, cette collection réfutera victorieusement les
détracteurs de ces officiers, qu'ils accu-
soient de ne rien produire pour le progrès
de leur art, tandis qu'ils y travailloient assi-
duement en silence, pour eux seuls et pour
le bien du service de leur patrie exclusivement. Sans la funeste révolution qui en a
privé un si grand nombre de cette patrie
qu'ils avoient uniquement servie de leurs
plumes comme de leurs épées, le public
eût ignoré long-temps encore, sans doute,
ce secret de leur corps. Puissent leurs nouvelles patries recueillir de la vraie science

des fortifications qu'ils cherchent à y répandre, les mêmes fruits que l'ancienne en
a retirés pour le maintien de la stabilité et
de l'intégrité de son empire!

Pour revenir à cet ouvrage, qui servira
d'échantillon pour juger du mérite des nombreux écrits de Mr de Cormontaingne, *ex
ungue leonem* ; j'observerai que j'y ai rejeté à la suite de tout ce qui appartient à l'attaque régulière d'une place, l'article du pétard, qui n'en concerne que l'attaque irré-
gulière, et quelques autres articles plus ou
moins étrangers à l'une et à l'autre, mais
qui tous sont intéressans et relatifs à la science de l'ingénieur: tels que des réglemens
très-sages sur le service des ingénieurs employés aux siéges; une instruction donnée
par l'auteur aux ingénieurs de sa brigade,
pour la disposition de lignes à faire depuis
Lille jusqu'à la mer, près de Furnes; des
notes sur les retranchemens des lignes de la
Lauter, et les prix des divers travaux auxquels elles ont donné lieu; de semblables
notes sur la réparation des brèches de Landau, après sa reprise en 1703; un travail

complet sur la manière de barraquer l'infanterie; un autre sur la palissade du chemin couvert, ses rampes de sortie et ses grandes et petites barrières. Tout cela faisoit partie du *mémorial* de l'auteur, et n'étoit ni moins utile ni moins bien pensé que le reste. J'ai donc dû le faire connoître.

Ou n'a pas cru devoir soigner les planches de cet ouvrage, plus que l'auteur n'en a soigné les originaux, qui ne sont que des *croquis*, dont ces planches sont ainsi la copie exacte.

A Potsdam le 1er mai 1801.

Table

Table des Matières.

MÉ-

MÉMORIAL

DE

CORMONTAINGNE.

Approvisionnement au parc d'artillerie, pour un siége d'un mois, selon Mr de Vauban.

Huit à neuf-cents milliers de poudre.

Soixante mille gros boulets.

Vingt mille de huit et de douze

Quatre-vingts piéces de gros canon.

Trente à trente-cinq de 8 et 12 livres de balle.

Dix ou vingt de 4 pour les lignes.

Quinze à seize mille bombes.

Quarante mille grenades.

Dix milliers de mèche.

Cent quatre-vingts milliers de plomb.

Cent-mille pierres à fusil, fortes et bien choisies.

Cinquante mille facs à terre.

Cent plate-formes complètes de canons.

Soixante de mortiers.

A

Vingt-quatre mortiers à bombes.

Vingt-quatre mortiers à pierres.

Soixante affûts de canon, de rechange.

Trente pour les mortiers.

Plusieurs crics, chèvres, trique-bales et traîneaux.

Des écoupes pour jeter de l'eau sur le feu.

Qüantité de bois de charronnage, de madriers de réferve, et de menue charpenterie.

Deux-cents brouettes.

Autant de hottes avec leurs bretelles.

Quarante mille outils bien emmanchés, pour la tranchée et les lignes: car rarement les paysans les portent tels qu'il les faut; on est toujours obligé de leur en fournir de l'artillerie.

Il y a encore plusieurs autres choses dont il faut se pourvoir, comme d'outils de mineurs, de bois de mantelets, de plusieurs forges, forgerons, charrons, et surtout d'un gros équipage de chevaux d'artillerie. On se sert encore de chariots et de charrettes de paysans commandés pour cela.

N. B. Cet état ne contenant que les principales munitions de guerre néceffaires à un siége d'une assez courte durée, nous allons ajouter ici un état de toutes celles qui ont eté raffemblées pour l'entreprise du siége de Turin en 1706, afin de donner une idée plus exacte et plus étendue de la quantité de ce dont on peut avoir besoin

pour ces sortes d'entreprises. Ce siége a été l'un
des plus considérables de la guerre de 1701; et,
quoiqu'il n'ait pas eu le succès qu'on en devoit
attendre, rien n'y manqua, dit l'historien militaire de Louis-le-grand, de tout ce qu'il falloit
pour le faire réussir. Comme cette place, par sa
situation qui est des plus avantageuses, ses fortifications auxquelles le duc de Savoie avoit fait
travailler avec grand soin, sa nombreuse garnison composée de troupes d'élite et commandée
par un général de réputation, sa grandeur et le
nombre de ses habitans qui avoient pris le parti
de tout sacrifier pour conserver la capitale de
leur prince, et enfin par la grande quantité de
toutes sortes de munitions, et principalement
de poudre, que le duc de Savoie y avoit fait
entrer: comme cette place, dis-je, peut être re-
gardée par toutes ces raisons, comme une des
plus importantes que l'on puisse attaquer, le détail des munitions de guerre qui y ont été me-
nées, peut servir de modèle, ou du moins donner une idée de ce qu'il faudroit pour entreprendre le siége des plus grandes villes et des plus
exactement fortifiées.

A 2

Etat des munitions menées et consommées au siége de Turin, en 1706.

Munitions menées		consommées.
Piéces de 24. . . . 104.		
de 16. . . . 26.		
de 12. . . . 17.		
de 8. . . . 10.		
de 4. . . . 35.		
Affûts de 24. . . 153.		. . 45.
de 16. . . . 31.		. . 5.
de 12. . . . 25.		. . 2.
de 8. . . . 10.		
de 4. . . . 41.		. . 7.
Avant-trains. . . . 180.		
Chariots à corps de canon. 90.		
Chariots à ridelles. . 110.		
Chariots à boulets. . 30.		
Charrettes . . . 30.		
Chèvres garnies. . . 8.		
Trique-bales. . . . 1.		
Armes de piéces de 24. . 126.		. . 40.
de 16. . . 30.		. . 4.
de 12. . 20.		. . 6.
de 8. . 12.		. . 3.
de 4. . 40.		. . 8.
Tire-bourres . . . 20.		. . 8.

Munitions menées	consommées.
Boulets de 24. . . 89,623.	69,237.
de 16. . . 26,859.	15,900.
de 12. . . 21,210.	21,000.
de 8. . . 3,800.	3,500.
de 4. . . 8400.	4000.
Cartouches pour les troupes 278,000.	106,000.
Cartouches de fer blanc, de 16. 150.	. 150.
de 12. 40.	. 40.
de 8. 50.	. 50.
de 4. 60.	. 50.
Mortiers, de 12 pouces. . 39.	
de 9. . . 7.	
de 6. . . 13.	
Affûts de mortiers, de 12 pouces,	
dont 10 de fer coulé. . 43.	. 10.
de 9 pouces 12.	. 5.
de 6 . 14.	. 4.
Bombes, de 12 pouces. 13,960.	13,849.
de 9. . 5,549.	3,782.
de 6. : 5,646.	3,314.
Fusées à bombes, de 12 pouces 20,000.	13,849.
de 9 pouces. 10,000.	3,782.
de 6 pouces. 8,000.	3,314.
Grenades chargées. . 25,541.	23,200.
Grenades non chargées. 21,185.	4,500.

Munitions menées	consommées.
Fusées à grenades non chargées . . 30,000.	4,500.
Ballots de laine . . 224.	. 224.
Sacs à terre. . . 174,160.	142,260.
Pierres à fusil. . 415,200.	90,000.
Outils à pionnier. . 56,375.	54,742.
Manches d'outils. . 24,580.	24,580.
Haches. . . . 2,685.	1,892.
Serpes. . . . 5,230.	1,209.
Outils à mineurs; Pics à roc 1000.	. 800.
Masses. . . 150.	. 100.
Pinces. . . 102.	. 80.
Pinces à pied de biche 30.	. 30.
Poinçons. . 300.	. 200.
Aiguilles. . 32.	. 12.
Ciseaux à grain d'orge 99.	. 99.
Tranches à grain d'orge 6.	. 6.
Outils à charpentiers et charrons, de toutes sortes. . 316.	. 216.
Outils à forgeurs, de toutes sortes 55.	. 55.
Outils à menuisiers, de toutes sortes . . 43.	. 30.
Cordages, Prolonges doubles 86.	. 30.
Cables pour chèvres. 20.	. 12.
Prolonges simples. 100.	. 50.

Munitions menées	consommées.
Paires de traits à canons 200.	. 120.
Paires de traits communs 42.	. 30.
Ballots de cordages pour	
emballer . . 42.	. 30.
Menus cordages. . 3500. L.	. 2200.L.
Ficelle. . . 500.	. 500.
Bois de remontage.	
Timons. . . . 200.	. . . .
Limonniéres. . . 50.	
Essieux. . . . 100.	
Jantes. . . . 500.	
Rais. : . . . 800.	
Roues de 24, ferrées. . 20.	. 20.
Roues de 24, en blanc. . 10.	. 10.
Roues de chariots à corps	
de canon. : . . 30.	. 30.
Roues de chariots à ridel-	
les et à boulets. . 10.	. 10.
Roues d'avant-trains. . 10.	. 8.
Leviers. . . . 100.	. 100.
Coins de mire. . . 800.	. 500.
Chapiteaux. . . . 300.	. 300.
Madriers à plate-formes. 100 *).	. 100.

*) Article évidemment trop foible, et par conséquent falsifié! Comment eût-on pu faire des plate-formes à plus
de 150 pièces de canon avec aussi peu de madriers?
Il en eût fallu environ 2000.

Munitions menées		consommées.
Planches de sapin. .	500.	. 500.
Artifices. Soufre. ⁚	2000 L.	. 1000 L.
Salpêtre. . ⁚ .	2500.	. 2000.
Balles à feu. . ⁚	150.	. 150.
Fascines goudronnées.	100.	. 100.
Huile de térébenthine. . 50 L.		. 50.
Goudron. . . ˙	200.	. 200.
Caisse d'ustensilles à bombardiers. ˙ . .	1.	. 1.
Cire préparée pour coiffer les fusées à bombes . 300 L.		. 300.
Cire jaune . . ⁚ .100.		. 100.
Barrils de poulverin . 2.		. 2.
Caisse de composition ⁚ 1.		. 1.
Fer neuf, méplat, carré et rond . . ⁚ 5000 L.		. 3000.
Boîtes de fers de toutes sortes . . . 20,000.		12,000.
Vieux clous de toutes sortes . . . 10,000.		.10,000.
Acier ⁚ . . . 400 L.		. 300.
Clous à rouages . 10,000.		. 6000.
Clous à flasques . 15,000.		10,000.
Clous de toutes sortes 60,000.		30,000.
Clous picards . . 50,000.		20,000.

Munitions menées	consom-mées.
Clous de tonneliers . 10,000.	. 8000.
Clous à écouvillons . 12,000.	. 9000.
Clous de cuivre à lanternes 200.	. 200.
Mesures de fer blanc de 10 L. 200.	. 100.
de 8. 100.	. 100.
de 6. 80.	. 80.
*) ⎧ de 4. 150.	. 150.
⎪ de 3. 100.	. 100.
⎨ de 2. 150.	. 150.
⎪ de 1. 80.	. 80.
⎩ de $\frac{1}{2}$ livre 100.	. 100.
de 2 onces **) 50.	. 50.
Entonnoir de fer blanc . 50.	. 50.
Fléau avec ses plateaux . 1.	. 1.
Poids de fonte de 25 L. poids	
de marc 4.	
de 10. . . 1.	
de 5. . . 1.	
Soufflets . . . . 8.	
Enclumes . . . . 8.	
Fer de tôle . . . 288 L.	. 288.

*) Ces dernières, tant pour tirer à ricochet des grosses piè-
ces, que de plein fouet des petites.

**) Sans doute pour charger des arquebuses à croc, dont
il n'est cependant point fait mention dans le présent
état, évidemment tronqué encore à bien d'autres égards.

Munitions menées	consom-mées.
Feuilles de cuivre pour pontons 9.	. 9.
Peaux de mouton pour écou-	
villons . . . . 210.	. 210.
Paniers d'osier . . 200.	. 200.
Hottes d'osier . . 300.	. 300.
Sacs à boulets . . 100.	. 100.
Menus achats; Bougies 1100 L.	. 1100.
Chandelles . . . 800 L.	. 800.
Flambeaux . . . 144.	. 144.
Vieux-oing . . 3,100 L.	. 3100.
Torches à vent . . 400.	. 400.
Lanternes à éclairer. . 570.	. 570.
Limes triangulaires, carrées	
et rondes . . . 116.	. 116.
Petites limes . . . 36.	. 36.
Etaux . . . . 4.	. 4.
Fil de fer . . . 100 L.	. 100.
Fil de laiton . . . 74 L.	. 74.
Scies à main . . . 130.	. 130.
Grandes scies . . . 3.	. 3.
Rapes . . . . 36.	. 36.
Feuilles de fer blanc . 1200.	. 1200.
Crics . . . . 5.	. 5.
Toiles peintes pour mulets 100.	. 100.
Toiles peintes pour la poudre 39.	. 39.

Munitions menées	consommées.
Couvertures de toile cirée 300.	. 300.
Poulies de fonte . . 32.	. 12.
Rames de papier fin à états 5.	. 5.
— de papier commun à faire gargousses 52.	. 52.
— de papier à lettres 6.	. 6.
Plumes en paquets . 200.	. 200.
Canifs . . . . 12.	. 12.
Vrilles . . . . 30.	. 30.
Aiguilles . . . 500.	. 500.
Fil à coudre . . . 20 L.	. 20.
Huile d'olives pour les mineurs . . . . 80 L.	. 80.
Coton . . . . 180.	. 20.
Lampes à éclairer . 60.	. 60.
Poudre . . . 1,411,200 L.	1,176,760.
Plomb . . . 150,900.	130,507.
Mèche . . . 41,800.	18,794.

Il manque dans le présent état, les outils de sape et l'armement des sapeurs, mineurs et ingénieurs, comme

    Crocs de sape.

    Fourches de sape.

    Mantelets.

    Blindes.

Brouettes.

Cuirasses garnies de leurs courroies.

Pots en tête garnis de leurs oreillettes.

Extrait des Mémoires d'artillerie de Surirey de St Remy.

Les états suivans contiennent toutes les munitions qui ont été transportées pour faire les sièges de trois villes des plus renommées des Pays-bas; l'on a aussi marqué celles que l'on y a consommées; ce qui doit servir comme d'un plan juste pour pouvoir faire le siége d'une place la plus considérable et la plus forte de l'Europe.

Première place, (Mons 1691.)

Munitions menées		consom-mées.
Pièces de 33 . . .	10.	
de 24 . . .	36.	
de 16 . . .	4.	
de 12 . . .	8.	
de 8 . . .	36.	
de 4 . . .	36.	
Affûts de 33 . .	15.	
de 24 . .	50.	
de 16 . . .	8.	. 1.
de 12 . . .	12.	. 1.

Munitions menées	consòm-mées.
Affûts de 8 . . 46.	. 3.
de 4 . . 46.	. 5.
Avant-trains . . 173.	. 12.
Chariots à canons . 39.	. 1.
Boulets de 33 . . 12,000.	. 4,840.
de 24 . . 50,000.	27,900.
de 16 . . 6,000.	. 3182.
de 12 . . 4,000.	. 2500.
de 8 . . 27,433.	16,233.
de 4 . . 15,800.	. 3018.
Total des boulets . 115,233.	57,673.
Armes des pièces de 33 20.	. 3.
de 24 66.	. 5.
de 16 8.	
de 12 14.	. 3.
de 8 49.	
de 4 49.	
Mortiers, de 18 pouces . 1.	
de 12 pouces . 24.	
de 8 pouces . 12.	
Pierriers . . . 8.	
Affûts de mortiers,	
de 18 pouces ⎱ de fer 2.	
de 12 pouces ⎰ 28.	
de 8 pouces ⎱ de bois 14.	
de pierriers ⎰ 16.	

Munitions menées		consommées.
Bombes de 18 pouces .	106.	. 106.
de 12 . .	7500.	. 4580.
de 8 . .	2000.	. 1064.
Fusées à grenades .	46,100.	30,500.
Balles à feu . .	1950.	. 350.
Fusées à bombes de 18	300.	. 120.
de 12	7253.	. 5158.
de 8	2500.	. 1770.
Pétards de fonte . .	2.	
Poudre . . .	990,000 L.	597,800.
Plomb . . .	166,000.	51,600.
Mèche . . .	161,700.	43,300.
Hallebardes . .	362.	. 7.
Armes à l'épreuve .	50.	
Pots en tête . . .	8.	
Cuirasses . . .	4.	
Espontons . . .	38.	
Outils, pics . .	9,222.	. 443.
Hoyaux . . .	15,225.	. 4525.
Pics à roc . . .	550.	
Bêches . . .	20,717.	. 5426.
Pelles de bois ferrées	7,330.	
Haches . . .	6,000.	. 1580.
Serpes . . .	10,000.	. 5413,
Outils à mineurs .	200.	

Munitions menées	consom-mées.
Outils à ouvriers . . 32.	
Coffre d'outils à menuisiers 1.	
Madriers de chêne pour plate-formes à canon . 1100.	. 600.
Piéces de bois pour plate-formes à mortiers . 106.	. 106.
Leviers . . . 350.	. 150.
Coins de mire pour le canon 120.	. 20.
Coussinets . . . 41.	. 21.
Hampes pour les armes des pièces . . . 550.	. 502.
Chèvres complètes . 9.	
Trique-bales . . . 4.	
Crics . . . . 6.	
Tire-bourres . . . 2.	
Sacs à terre . . 30,000.	23,000.
Pierres à fusil; barrils . . 3.	
Soufre . . . . 50 L.	. 1.
Salpêtre . . . 100.	. 52.
Vieux-oing . . . 600.	. 300.
Cire blanche . . . 5.	. 5.
Chandelles de suif . 325.	. 105.
Flambeaux de cire jaune 150.	. 51.
Peaux de mouton . 147.	. 116.
Aunes de toile . . 25.	. 25.

Munitions menées		consommées.
Lanternes claires	25.	9.
Tamis	4.	
Mesures à poudre.	23.	
Chaudières	2.	
Entonnoirs	3.	
Baguettes	120.	33.
Gamelles de bois	14.	8.
Egrugeoirs	4.	3.
Aiguilles à coudre	200.	158.
Fil	4 L.	
Ficelle	10.	
Vrilles	24.	
Bottes de cercles	6.	
Grils à rougir boulets	4.	
Tenailles de fer	2.	
Cuillers de fer	2.	
Seaux de bois	4.	4.
Tire-fonds	22.	12.
Crochets à bombes	36.	36.
Demoiselles	14.	14.
Enfonçoirs	12.	12.
Ecoupes	20.	
Cordages; cinquenelles	10.	
Alonges	32.	
Cables de chanvre pour chèvres 2.		

Pro-

Munitions menées		consom- mées.
Prolonges et travers . 581.	.	415.
Commandes . . 589.	.	194.
Paires de traits ; . 565.	.	235.
Menus cordages . . 180.	.	145.
Cordages de 40 brasses . . 1.		
Autres de 6 brasses . 20.	.	7.
Bateaux de cuivre ; 45.		
Haquets avec leurs poutrelles 50.		
Ancres . . . . 20.		
Rames . . . . 10.	.	2.
Crocs . . . ; 10.	.	1.
Masses de bois . ; 24.	.	24.
Cabestans . . . 8.		
Piquets ; . . . 48.	.	48.
Caissons pour les équipages		
des pontons . . 6.		
Etaim . . ; . 50 L.	.	50.
Cire jaune . . . 40.	.	40.
Forges complètes . . 8.		
Fer en barres . . 2400 L.	.	1325.
Acier . . ; ; 50.	.	50.
Limes en paquets . . 4.	.	4.
Clous de fer . ; 1025 L.	.	1025.
Rapes en paquets . . 1.	.	1.
Cadenas . ; . 6.	.	6.

B

Munitions menées	consom-mées.
Razières de charbon . 6.	. 6.
Charrettes . . . 168.	. 9.
Chariots couverts . 6.	
Pinces de fer . . . 6.	. 5.
Fers de villebrequins . 24.	. 24.
Curettes . . . 36.	. 36.

Autre siége, (Namur 1692.)

Munitions menées	consom-mées.
Pièces de 33 . . . 6.	
de 24 , . . 66.	
de 16 . . . 8.	
de 12 . . . 16.	
de 8 . . . 38.	
de 4 . . . 48.	
de 3 . . . 14.	
Total des pièces de canon 196.	
Affûts de 33 . . . 9.	2.
de 24 . . . 74.	. 15.
de 16 . . . 13.	. 4.
de 12 . . . 22.	. 3.
de 8 . . . 43.	. 1.
de 4 . . . 56.	
de 3 . . . 14.	
Total des affûts . . 230.	. 25.

Munitions menées	consom-mées.
Avant-trains . 213.	. 22.
Chariots à canon . 52.	- 4.
Boulets de 33 . . 5960.	. 1893.
de 24 . . 55,352.	33,540.
de 16 . . 10,460.	. 4506.
de 12 . . 12,930.	. 6420.
de 8 . . 16,387.	. 2335.
de 4 . . 6537.	. 1813.
de 3 . . 1400.	. 258.
Total des boulets . 108,976.	50,765.
Armes des pièces de 33 . 9.	
de 24 . 93.	
de 16 *le nombre manque*	
de 12 . 33.	
de 8 . 74.	
de 4 . 78.	
de 3 . 14.	
Mortiers de 18 pouces . 3.	
de 12 pouces . 32.	
de 8 pouces . 24.	
Pierriers . . . 8.	
Total des mortiers et pierriers 67.	
Affûts de 18 pouces, de fonte 3.	
de 12 pouces, de fer 38.	
de 8 pouces, de bois 24.	

Munitions menées		consom-mées.
Affûts de pierriers, de bois	10.	- 2.
Bombes de 18 pouces .	600.	• 334.
de 12 . :	8466.	• 7440.
de 8 . .	4000.	• 1380.
Total des bombes .	13,066.	• 9154.
Grenades . .	43,200.	20773.
Fusées de bombes de 18	1213.	• •
de 12	10465.	• 8407.
de 8	5501.	• •
Fusées à grenades .	50,300.	37,350.
Poudre . .	1,058,405 L.	725,000.
Plomb . . :	182,200.	102,472.
Mèche . . .	182,200.	88,450.
Hallebardes . .	480.	• 240.
Armes à l'épreuve avec leurs pots . .	50.	• 8.
Cartouches - .	1712.	• 404.
Outils; Pics . .	24,070.	• 9515.
Hoyaux . . .	10,400.	• 2158.
Pics à roc . . .	1200.	• 359.
Pics à feuille de sauge	3070.	• 951.
Pics à tranche . :	800.	• 800.
Bêches . . .	24,672.	10,505.
Pelles de bois ferrées	3500.	• 2270.
Haches . . .	6559.	• 2877.

Munitions menées	consom-mées.
Serpes . . . 11,514.	. 5973.
Outils à mineurs . 200.	. 87.
Outils à ouvriers . 221.	
Madriers pour plate-formes à canon . . . 1830.	. 1378.
Piéces de bois pour plate-formes à mortiers . 100.	. 100.
Leviers . . . 218.	. 126.
Coins de mire . . 89.	
Coussinets . . . 26.	. 26.
Hampes . . . 364.	. 204.
Chèvres complètes . 6.	.. 2.
Trique-bales . . . 2.	
Crics . . . . 8.	
Tire-bourres . . 23.	
Sacs à terre . . 113,553.	86,253.
Pierres à fusil . . 10,000.	
Soufre . . . 708 L.	. 558.
Salpêtre . . . 1336.	. 1036.
Térébenthine , Tonnes . 1.	. 100 L.
Vieux-oing . . 1128 L.	. 1004.
Chandelle . . . 200 L.	. 200.
Flambeaux de cire jaune 126.	. 12.
Peaux de mouton . 170.	. 95.
Aunes de toile pour saucissons 73.	. 73.

Munitions menées		consom-mées.
Lanternes claires .	29.	. 4.
Lanternes sourdes .	23.	. 7.
Tamis	4.	. 1.
Mesures à poudre .	38.	
Chaudières de fer . .	2.	. 1.
Entonnoirs . . .	2.	. 2.
Maillets de bois . .	10.	
Baguettes pour grenades	41.	. 26.
Baguettes de fer pour bombes	58.	. 12.
Gamelles de bois . .	4.	. 1.
Egrugeoirs . . .	8.	
Aiguilles à coudre .	142.	
Fil	$1\frac{1}{2}$ L.	. $1\frac{1}{2}$.
Ficelle . . .	6 L.	. 4.
Vrilles	12.	. 9.
Passe-boulets de cuivre	3.	
Dégorgeoirs . . .	20.	
Caisses à boulets . .	24.	. 4.
Mouſles de bois avec poulies	26.	. 2.
Harnois de limons .	100.	. 10.
Bottes de cercles . .	56.	. 56.
Grils à rougir boulets .	7.	
Tenailles de fer . .	5.	
Cuillers de fer . .	29.	. 5.
Chapiteaux . . .	2.	

Munitions menées		consom-mées.
Métal	294 L.	
Cordages; cinquenelles .	11.	. 1.
Alonges . . .	50.	. 39.
Cables de chèvres . .	3.	
Prolonges et travers .	635.	. 402.
Commandes . .	700.	. 700.
Paires de traits . .	530½.	. 366.
Paquets de menus cordages	13.	. 13.
Poutrelles à plate-formes de		
canon . . .	129.	. 129.
Bateaux de cuivre avec 795		
poutrelles . .	110.	
Haquets . . .	118.	
Ancres	32.	. 8.
Cabestans . . .	11.	
Rames	21.	. 17.
Crocs	60.	. 57.
Outils à chaudronniers .	23.	. 15.
Fourches de fer . .	40.	. 40.
Masses de bois . .	20.	. 20.
Piquets	57.	. 57.
Caissons avec les équipages		
des pontons . .	4.	. 4.
Soudure . . .	56 L.	. 35.
Cuivre	73 L.	. 55.

Munitions menées	consom- mées.
Clous de cuivre . . 10 L.	. 10.
Forges complètes . 8.	
Fer en barres . . 2000 L.	. 1490.
Vieux fer . . . 588.	
Acier . . . . 45.	. 19.
Paquets de limes . 30.	. 30.
Clous de fer . . 980 L.	. 529.
Razières de charbon . 22.	. 22.
Caissons . . . 5.	. 1.
Charrettes . . . 258.	. 22.
Chariots couverts . : 12.	
Aissieux de fer . . 12.	. 7.
Paires de roues de charrettes 7½.	. 3½.
Echelles de bois . . 12.	
Planches de sapin . 1174.	. 137.

Autre siége, (Charleroy 1693.)

Munitions menées	consom- mées.
Pièces de 33 . . 4.	
de 24 . . . 53.	
de 12 . . . 22.	
de 8 . . . 34.	
de 4 . . . 36.	
Total des pièces . 149.	

Munitions menées	consommées.
Affûts de 33 . . . 6.	. 2.
de 24 . . . 59.	. 7.
de 12 . . . 27.	
de 8 . . . 41.	. 1.
de 4 . . . 42.	
Total des affûts . . 175.	. 10.
Avant-trains . . 203.	. 1.
Chariots à canon . . 35.	
Boulets de 33 . . 5692.	. 3885.
de 24 . . 56469.	. 45189.
de 12 . . 14260.	. 8140.
de 8 . . 14500.	. 8300.
de 4 . . 6000.	. 1000.
Total des boulets . 96921.	. 66814.
Armes des pièces de 33 . 9.	. 1.
de 24 . 74.	. 3.
de 12 . 35.	. 2.
de 8 . 51.	. 11.
de 4 . 62.	
Mortiers de 18 pouces . 3.	
de 12 pouces . 30.	
de 8 pouces . 24.	
Pierriers . . . 4.	
Total des mortiers et pierriers 61.	

Munitions menées		consom-mées.
Bombes de 18 . .	797.	. 589.
de 12 . .	9000.	. 8000.
de 8 . .	7122.	. 2800.
Grenades . . .	19,800.	. 6000.
Fusées à bombes de 18	1660.	. 714.
de 12	13,282.	11,000.
de 8	7122.	. 2800.
Fusées à grenades .	19,800.	. 6000.
Poudre . . .	900,000.	600,000.
Plomb . . .	160,000.	80,000.
Mèche . . .	70,000.	60,000.
Hallebardes . .	100.	. 9.
Armes à l'épreuve .	10.	. .
Outils; pics-hoyaux	19,000.	. 5000.
Hoyaux . . .	515.	. 100.
Pics à roc . . .	100.	
Bêches . . .	20,546.	. 7000.
Pelles de bois ferrées	1054.	. 587.
Haches . . .	3500.	. 1000.
Serpes . . .	9500.	. 2600.
Outils à mineurs .	318.	
Outils à ouvriers . .	30.	
Madriers de plate-formes à canon	2759.	. 1865.

Munitions menées		consom- mées.
Pièces de bois de plate-for- mes à mortiers . . .	157.	30.
Leviers . . .	550.	90.
Coins de mire . .	262.	
Coussinets ou gros coins de mire . . .	30.	
Hampes	20.	
Chèvres complètes .	10.	
Trique-bales . . .	4.	
Crics	5.	
Sacs à terre . .	84,000.	49,700.
Pierres à fusil . .	50,000.	
Soufre . . .	456 L.	373.
Salpêtre . . .	890.	243.
Térébenthine . .	24 L.	14.
Vieux-oing . .	510.	480.
Cire blanche . . .	10.	10.
Chandélle . . .	270.	270.
Flambeaux de cire jaune	106.	26.
Peaux de mouton .	78.	72.
Aunes de toile pour saucissons	20.	20.
Lanternes à éclairer .	32.	26.
Tamis	5.	
Mesures à poudre . .	40.	
Chaudières de fer . .	2.	

Munitions menées	consom-mées.
Entonnoirs . . . 6.	. 2.
Baguettes pour fusées à bombes . . . 61.	
Gamelles de bois . . 9.	
Aiguilles à coudre . 100.	. 100.
Fil . . . . . 1 L.	. 1.
Ficelle . . . . 6.	. 6.
Passe·boulets de cuivre . 3.	
Cordages; cinquenelles .11.	. 6.
Alonges . . . 47.	. 36.
Prolonges et travers 345.	. 293.
Commandes . . . 529.	. 529.
Paires de traits . . 726.	. 396.
Bateaux de cuivre . 66.	
Haquets . . . 22.	
Ancres . . . 20.	
Cabestans . . 8.	
Crocs . . . . 38.	. 36.
Fourches de fer . . 42.	. 33.
Cuivre jaune . . 40 L.	. 23.
Clous de cuivre . . 15 L.	. 5.
Forges complètes . . 6.	
Fer en barres . . 4150 L.	. 4150.
Vieux fer . . . 250.	. 50.
Acier . . . . 21 L.	. 21.

Munitions menées	consom-mées.
Limes en paquets . 5.	. 5.
Clous de fer . . 899 L.	. 669.
Caissons . . . 8.	
Charrettes . . . 173.	
Chariots couverts . . 6.	

Remarques sur les trois précédens états, par St Remi.

1°. On ne se sert plus de pièces de 33 L. de balle; on les a toutes refondues.

· 2°. Les pièces de 24 sont celles que l'on mène en plus grand nombre aux siéges, à cause qu'il y a moins de difficulté à les transporter d'une batterie à une autre, et qu'elles font un très-bon effet, lorsqu'on ne les éloigne que de 100 toises de l'ouvrage qu'elles battent en brêche; mais au-delà de la portée de 150 toises on n'y parviendroit plus (1); les coups n'ayant plus assez de

(1) Décision trop tranchante, et par laquelle il ne faut pas s'en laisser imposer! Il n'y a de portée à laquelle on ne parvient pas à faire brêche, que celle où les boulets n'ont plus assez de force pour entrer dans la maçonnerie. Or, qui osera affirmer que cette portée est *cent cinquante et une toises* pour les boulets de 24? Puisque, de l'aveu de St Remi, l'on met par-

force pour cela. Nous en avons eu un exemple qui est encore récent, au siége de Traerbach.

Si l'on menoit jusqu'à 100 pièces de 24 à un siége, cela avanceroit de beaucoup la prise de la place, sans qu'il en coûtât davantage pour la consommation des boulets et de la poudre.

Je suppose que l'on batte en brêche une face de bastion avec 10 à 12 pièces de 24, dont on tire de chacune par jour 90 à 100 coups; il faudra quelquefois plus de 12 à 15 jours avant que cette brêche soit praticable (2), au lieu que, si l'on

faitement un ouvrage en brêche de 100 toises de distance, il est clair qu'on l'y mettra également en plus de temps, ou en tirant plus de boulets, de la distance de 150, et d'une plus grande encore. Je m'explique: je suppose qu'à 100 toises de distance le boulet de 24 entre de 2 pieds dans la maçonnerie, et qu'à 150 toises il n'entre plus que d'un pied; il ne suit de là rien autre chose, sinon qu'il faudra le double de boulets pour faire brêche à cette dernière distance; et, qu'à la distance où il n'entreroit plus que de 6 pouces, il en faudroit le quadruple. L'exemple cité du siége de Traerbach, où les batteries tirèrent de bas en haut, et de 2 à 300 toises de distance, ne prouve rien autre chose, sinon que ces batteries n'étoient pas assez nombreuses, et ne tirèrent pas assez long-temps pour une semblable distance.

(2) St Remi parle sans doute ici de batteries établies à 150 toises au moins de l'ouvrage qu'elles battent, et

augmentoit cette batterie du double, c'est-à-dire qu'il y eût 24 pièces, la face de cet ouvrage seroit abattue en 5 ou 6 jours par l'étonnement, s'il se peut dire, où le coup violent et réitéré de plusieurs boulets frappant, sans discontinuer, la masse du mur de cet ouvrage, jetteroit ce mur, en l'ébranlant de manière qu'il ne pourroit soutenir que très-peu de temps un si rude effort.

La consommation des boulets et de la poudre seroit beaucoup moindre, puisqu'une batterie de 12 pièces de 24 tirées seulement à 80 coups par jour, de chaque pièce, consommeroit pendant 15 jours 172,800 L. de poudre, et que celle de 24 pièces tirées l'espace de 5 jours, n'en consommeroit que 115,200 (¹); et il faut encore

non de batteries établies à l'ordinaire sur sa contrescarpe ; car il ne faut jamais à celles-ci plus de 4 ou 5 jours pour rendre la brèche praticable.

(1) C'est-à-dire que, dans ce dernier cas, il ne faudra que les deux tiers du nombre de coups qui auroit été nécessaire dans le premier, tandis que, sans l'effet de *l'étonnement* du mur. il en faudroit un nombre égal ! Sans prétendre contester l'effet, réel sans doute jusqu'à un certain point, de cet *étonnement*, je doute fort qu'on puisse le déterminer aussi précisément, et *l'estimer* aussi haut. Car enfin, la principale cause de la brèche, ou de la chute en masse du revêtement des terres dont l'éboulement forme cette brèche, c'est

remarquer que dans une grosse batterie on ne tire pas tant de coups de chaque piéce (¹), à cause

la *pénétration* des boulets dans ce revêtement. Quand donc ils y ont pénétré de manière à ce que ce qui reste de résistance au revêtement, ne surpasse que de peu la poussée des terres, alors je conçois que l'étonnement ou ébranlement donné à ce revêtement par une salve d'un certain nombre de boulets, peut en décider la chute beaucoup plutôt que le même nombre de boulets tirés successivement, ou même que deux salves, chacune de moitié du nombre des boulets de la première. Mais c'est-là tout; c'est-à-dire que, quand le revêtement sera fort affoibli et diminué d'épaisseur, une ou deux salves de la batterie de 24 pièces le mettront à bas, tandis que la batterie de 12 pièces tirera peut-être encore quelques heures, (surtout si elle ne tire pas en salve, mais coup par coup) avant de produire cet effet. Mais pour être parvenu à affoiblir et diminuer ainsi d'épaisseur ce revêtement, il aura fallu à la forte batterie, à-peu-près le même nombre de coups qu'à la foible. Il n'y aura donc eu de différence entre les effets de ces deux batteries, que depuis ce point d'affoiblissement, jusqu'à la chute en masse du revêtement; ce qui n'en fera une que de quelques centaines, ou d'un millier au plus de boulets, en faveur de la forte batterie, bien loin d'en faire une du tiers du nombre total des boulets.

(1) Voici maintenant les grosses batteries qui tirent moins de coups à proportion que les petites ! Comment alors

cause du feu qui se continue toujours également par le grand nombre des canons; ce qui empêche que la pièce ne soit sitôt défectueuse, comme on l'a remarqué dans les siéges précédens, qu'il s'en est trouvé 30 ou 40 de cette qualité.

Note de Cormontaingne. „Ceci doit s'entendre „d'une batterie éloignée à la distance de 100 toi- „ses, et qui découvre assez un revêtement pour „y faire une brêche praticable; car sur le che- „min-couvert il n'est pas possible de développer „une si grande quantité de pièces de canon con- „tre une face de bastion."

3°. On monte de petits mortiers sur des affûts de canon de 4, pour tirer des bombes dans les brêches pendant la nuit, et empêcher les assiégés de les déblayer; et même de temps à autre, on tire aussi des balles à feu, pour les éclairer et les découvrir. On peut se servir aussi

---

alors comparer leur effet à celui de ces dernières? Ne précipiter le tir d'aucune pièce est fort bon pour ne la point mettre trop tôt hors de service. Raison de plus pour tirer en salves, aux batteries de brêche, s'entend; car réglant l'intervalle d'une salve à l'autre, à 12 ou 15 minutes, par exemple, chaque pièce auroit le temps d'être suffisamment rafraîchie et refroidie, et n'en tireroit pas moins de 100 à 120 coups dans les 24 heures.

C

de cette artillerie pour ouvrir des ouvrages de
terre.

On seroit donc d'avis d'avoir 15 de ces obus
(*obusiers*) à un siége un peu considérable, avec
1500 balles à feu, parce que l'on ne s'en sert que
pour voir aux bréches.

„L'on en peut faire encore un trés-excellent
„usage. Mais on a ce détail ailleurs, fait par
„*Cormontaingne* (1).“

4°. On voudroit 80 pièces de 24 pour battre
les deux bastions et la demi-lune du front attaqué. Les 20 qui resteroient au parc de l'artillerie, serviroient pour changer celles qui devien-
droient dans la suite hors d'état de servir. Il ne

(1) J'ignore où, au moins pour *l'attaque des places;* car
quant à leur *défense*, non seulement l'usage des obusiers est détaillé par Cormontaingne, mais encore
l'usage de toute autre espèce d'artillerie, dans un
mémoire qui a pour titre exprès: *De l'usage de l'artillerie dans une place assiégée.* Quant à l'excellent
usage des obusiers dans l'attaque des places; outre
celui proposé ci-dessus, c'est de tirer à ricochet dans
le chemin-couvert, et dans tout autre ouvrage duquel on peut approcher de 100 à 150 toises; car à
cette distance, on peut dire que le ricochet est le
triomphe de cette bouche à feu, qui d'ailleurs peut
ricocher sous un angle plus élevé que toute autre, à
cause, sans doute, de l'élasticité plus grande de ses
mobiles creux.

faut pas oublier les deux demi-lunes latérales du front de l'attaque, aussi nuisibles que celle du centre; et c'est pour ces dernières qu'on emplôiroit les pièces de 16 et de 12, ainsi que pour les longs ricochets de la droite et de la gauche des tranchées.

5°. Si l'on avoit dessein de mettre le feu dans la ville assiégée, il faudroit se servir des pièces de 8, dont on tireroit des boulets rouges pendant la nuit; ces pièces, avec celles de 4, doivent se poster dans de petits ouvrages de terre (¹).

(1) On a long-temps prétendu dans l'artillerie françoise et dans bien d'autres peut-être, qu'on ne pouvoit tirer à boulets rouges qu'avec de petits calibres, attendu que dans les gros, la dilatation du boulet étoit trop grande pour lui permettre de descendre dans sa pièce. Mais depuis que les Anglois à la défense de Gibraltar, ont tiré des boulets rouges de 42 sur les fameuses batteries flottantes, il a pu être permis d'examiner si en effet la dilatation des boulets étoit aussi grande qu'on le disoit. C'est ce que feu Meusnier du corps du génie et de l'académie royale des sciences, a fait à Cherbourg, et il n'a trouvé nulle difficulté à faire entrer les boulets rouges de 24 dans leurs pièces, les plus grosses du service de terre. On assuroit aussi qu'on ne pouvoit pointer les boulets rouges sans le plus grand danger; et il en a pointé de 24 aussi long-temps qu'on a voulu, et ses moyens

6°. L'on a pour toutes les pièces de batteries, des affûts de rechange, et tout au moins deux pour cinq pièces, afin que celles qui sont démontées dans les batteries, ne restent pas à terre ; ce qui embarrasseroit, lorsque leurs affûts seroient

pour cela étoient tellement sûrs, qu'il en a laissé refroidir dans leurs pièces toutes chargées.

Quant à l'emplacement des pièces de 8 et de 4, on peut sans doute le leur assigner dans les redoutes dont on flanque la droite et la gauche des attaques ; mais on peut ne pas s'en tenir-là, et en établir dans toutes les parties des attaques où l'on croit en avoir besoin. C'est l'usage des Autrichiens, qui s'y sont sans doute accoutumés avec les Turcs, redoutables dans les sorties, de garnir leurs parallèles de canons et obusiers de campagne, placés à barbette, et chargés à cartouche. A Kehl, où ils assiégeoient une armée toute entière, ils en avoient plus de 100 pièces placées de cette manière. Comme ces pièces sont habituellement tenues dans le fond de la tranchée, et ne sont montées aux barbettes, qu'au moment du besoin, quand l'ennemi paroît à portée ; elles font sur lui, indépendamment de leur effet meurtrier, encore celui de la surprise et de la crainte d'en rencontrer par-tout de semblables. Ce moyen donc de précaution excessive contre une place de médiocre grandeur, à garnison ordinaire, peut être employé comme spécifique contre les grandes places à fortes garnisons, surtout quand il s'y est jeté les débris d'une armée.

rompus ou brisés par les boulets et bombes de
l'ennemi. Si le feu de la place est trop violent,
on attend la nuit pour les remonter.

7°. On peut faire provision de 1000 ou 1200
boulets pour chaque pièce de celles qui sont destinées pour les batteries, et de 500 pour chaque
pièce de 8 et de 4.

8°. Chaque pièce qui est en batterie, doit
avoir deux paires d'armes; aussitôt qu'il y en
a une hors de service, on l'envoie changer
au parc.

9°. Les mortiers sont d'une très-grande utilité, puisqu'ils portent des bombes dans tous les
lieux de la place où l'on ne sauroit pointer du canon. Il y a des mortiers de 18 pouces 4 lignes, qui
contiennent dans leur chambre 12 L. de poudre;
leurs bombes sont chargées de 48 L., et pèsent
sans cette poudre 490 L. Par leur chute elles
détruisent et abattent les maisons et les réduits
les plus forts, et y portent le feu. Elles sont par
leur grosseur et leur pesanteur très-difficiles à
remuer; l'on a même besoin de chevrettes pour
les placer dans leurs mortiers. On a quelquefois porté jusqu'à trois de ces mortiers, que l'on
a placés à différentes attaques (¹).

(1) Ces mortiers ont été réformés par Mr de Gribeauval,
    attendu l'incommodité de leur service. Leurs bom-
    bes étoient cependant très-inquiétantes, et dangereu-

10°. Les mortiers de 12 pouc. 4 lig. contiennent dans leur chambre ordinairement 6 L. de poudre. Leurs bombes sont chargées de 15 L. de poudre, et pèsent sans cette charge 130 L. ([1]). Elles sont plus d'usage que celles de 18 pouc. à cause que l'on a plus de facilité à les voiturer, et à les placer dans leurs mortiers; ce qui fait que l'on en tire beaucoup davantage.

11°. Les mortiers de 8 pouc. 4 lig. contiennent 1¾ L. de poudre dans leurs chambres, et leurs bombes sont chargées de 4 L. de poudre, et pèsent sans cette charge 35 L. ([2]). On s'en sert

ses pour les magasins à poudre de l'assiégé; et la quantité de poudre qu'elles contenoient, faisant partout où elles tomboient, l'effet d'une forte fougasse, décidoit quelquefois le succès d'un siége; témoin celui d'Ath en 1697, où une de ces bombes détruisit l'écluse de chasse du fossé du front d'attaque, et ne permit plus aux assiégés aucune des manoeuvres d'eau, par lesquelles ils en eussent pu empêcher le passage.

([1]) Leur poids est maintenant en France de 145 à 150 L. et la chambre de leurs mortiers ne contient plus que 3 L. 3 onces de poudre; aussi leur plus longue portée n'est-elle plus que de 640 toises.

([2]) Elles pèsent maintenant de 42 à 44 L., et la charge de leurs mortiers à chambre pleine n'est plus que de 19 onces ¾; aussi leur plus longue portée n'est-elle plus que de 580 toises.

beaucoup, pour les jeter dans les ouvrages et les chemins couverts de la place.

On peut faire provision de 250 bombes pour chaque mortier des différens calibres, et le tiers plus de fusées que de bombes, à cause qu'il s'en peut perdre ou gâter par les pluies. On travaille sur le lieu à leur composition, afin qu'elles fassent un bon effet.

12°. Les grenades servent aux approches des ouvrages et des chemins-couverts. Leurs éclats inquiètent beaucoup ceux qui en sont à portée.

13°. Il faut bien prendre garde à la distribution et à la consommation qui se doit faire de la poudre. L'on a journellement des convois qui en apportent, soit par eau, si l'on a la commodité d'une rivière, soit par des chariots de paysans. Celle qui se distribue aux troupes, se délivre hors du parc d'artillerie, et même au dessous du vent, pour éviter les accidens qui peuvent en arriver. On en donne à chaque bataillon 200 L., et l'on en fait encore délivrer à ceux qui sont à la tranchée, sur l'ordre qu'en donne l'officier-général de jour. Elle se prend à la queue de la tranchée, où il y a exprès un petit parc d'artillerie. Quelque distribution que l'on puisse faire aux troupes qui défendent le camp et qui attaquent la place, quand le siége dureroit un mois, elle ne peut aller qu'aux environs

de cent milliers; la forte consommation se faisant par les batteries de canon et de mortiers,
qui les consommeroient en un jour, s'il y avoit
100 pièces en batterie, et 30 mortiers.

Cette consommation paroît très-considérable,
mais on a déjà fait remarquer qu'elle ne le seroit
pas tant que celle qui se feroit pour une place
que l'on attaqueroit avec moins d'artillerie, à
cause qu'il faudroit plus de temps pour en ruiner les ouvrages, et les rendre en état d'être attaqués, ce qui en prolongeroit le siége (¹); et

(1) Un artilleur ne voit que dans le nombre de ses canons
    et mortiers, le moyen d'abréger un siége; un ingé-
    nieur le voit dans la disposition étudiée de cette ar-
    tillerie, bien plus que dans son nombre; il le voit
    surtout dans la bonne direction et la prompte exécu-
    tion des travaux d'approches; le mineur le voit dans
    l'effet de ses fourneaux et de son globe de compres-
    sion; l'officier d'infanterie dans les attaques de vive
    force, faites par sa troupe, pour brusquer et em-
    porter de bonne heure les divers ouvrages de la place.
    Chacun d'eux a raison, possède en effet un excellent
    moyen, et lui donne d'autant plus volontiers la pré-
    férence sur les autres, qu'il le connoît mieux, et
    connoît moins ces derniers. Le général, l'officier
    de quelque arme qu'il soit, fait pour le devenir, en
    un mot, le véritable homme de guerre connoît tous
    ces divers moyens, les apprécie, et les emploie tous
    suivant les circonstances, et surtout ne perd pas de

par conséquent la consommation en seroit plus
forte, et mettroit aussi plus de pièces de canon
hors d'état de service.

On peut toujours compter sur plus d'un mil-
lion de poudre, afin de n'être pas surpris; car
il pourroit arriver qu'un boulet de la place mettroit le feu à quelqu'un des magasins, laquelle
poudre par son effet violent, le porteroit encore
à un autre; et par ce malheur on seroit obligé
de ralentir le feu des batteries, si l'on n'étoit
pas en état d'en avoir aussitôt d'autre; et cela
donneroit occasion aux ennemis d'en profiter,
et de raccommoder leurs brèches et autres ouvrages, de manière que l'entreprise en seroit
beaucoup retardée. La consommation de poudre peut monter jusqu'à 7 ou 8 cent-milliers au
plus, comme il se voit par les états des derniers
siéges. Il est même très à propos qu'il en reste
3 ou 4 cent milliers au parc, pour en munir la
place lorsqu'elle est prise.

14°. Le plomb se distribue aux troupes en
même quantité que la poudre (¹); on en fait

vue que, loin de se contrarier l'un l'autre et d'être ex-
clusifs, ils s'entr'aident et se font valoir réciproquement.
(1) St Remi a sans doute voulu dire *en même proportion;*
et ce qui semble le prouver, c'est qu'après avoir dit
que les troupes qui font le siége, ne peuvent consommer plus de 100 milliers de poudre, il destine

provision de deux-cent-milliers, parce qu'il en
faut de même dans la place, lorsqu'elle est prise,
et que celui qui s'y trouve, est de calibre différent du nôtre.

15°. On ne donne à chaque bataillon que
50 L. de mèche, les troupes ayant présentement
beaucoup de fusils (1). On en peut avoir 150
milliers, et il en restera suffisamment pour la
place.

16°. On prend des outils à pionniers suivant
que le terrain est plus ou moins pierreux, mais
les pics-hoyaux et les bêches sont d'un très-bon
service par-tout. Il en faut de chaque espèce
2500, de hoyaux 2000 et autant de pelles de bois
ferrées, 6000 haches et 1000 serpes.

17°. Les sacs à terre sont d'un service très-
utile pour conserver et assurer les soldats qui
sont sur les banquettes le long de la tranchée.

> 200 milliers de plomb à leur consommation. La balle
> de calibre étant aujourd'hui en France de 18 à la livre,
> et la livre de poudre fournissant 40 coups, amorce
> comprise; à une consommation de 100 milliers de
> poudre par les troupes, répondroit une consomma-
> tion de 222,222$\frac{2}{9}$ L. de plomb; mais du temps de
> St Remi, on chargeoit sans doute à moitié du poids
> de la balle.

(1) Cela étoit encore ainsi au commencement du siècle
dernier, (XVIII) temps où écrivoit St Remi.

Ils les remplissent de terre, et les mettent sur le haut du parapet de la tranchée, et posent leurs mousquets entre deux sacs à terre (¹), d'où ils découvrent les ouvrages et les chemins-couverts de l'ennemi, et ceux qui y sont pour les défendre. Cela garantit beaucoup le soldat du coup de mousquet, et le rend plus assuré pour tirer le sien. On prend tout au moins 130,000 sacs à terre (²).

(1) C'est entre trois sacs à terre formant un créneau, et non entre deux, que les soldats doivent passer leur fusil pour faire feu. Si le 3e n'y étoit pas par dessus les deux autres, le soldat auroit encore la tête toute entière exposée, tandis que de cette manière, il ne peut plus être atteint que par l'ouverture du créneau, de 7 à 8 pouces de haut, sur deux ou trois de large.

(2) Cette quantité paroit exorbitante, quoiqu'on en fasse d'autres usages encore que celui qu'indique ici St Remi, tels que d'en placer entre les gabions de la tête des sapes, de s'en servir à remplir des gabions là où il n'y a point de terre, à faire à la hâte une traverse dans une tranchée enfilée, et enfin à renforcer et affermir le bourrage des rameaux de mines. Ce dernier article peut monter fort haut, et employer seul 12 ou 15 mille sacs à terre. La garniture du sommet des parapets de la tranchée n'en peut guères employer davantage, puisqu'à deux rangs de hauteur, il n'en peut entrer plus de 8 dans chaque toise courante. Les autres articles sont peu consi-

18°. On fait provision de cordages de toutes sortes de grosseurs et longueurs, d'armes à
l'épreuve pour les sapeurs, mineurs et ingénieurs ([1]), de menus achats, et généralement
de toutes les autres choses marquées dans les
états ci-devant.

dérables en comparaison de ces deux-ci: reste celui
du gaspillage, qui peut être fort grand. Aussi Mr
de Vauban en demandoit-il jusqu'à 50000, quoiqu'au siège de Mons, suivant l'état rapporté ci-devant, ou n'en eût porté que 30000, desquels il n'y en
eut que 23000 de consommés.

([1]) Il est indispensable que les sapeurs soient armés de
cuirasses et de pots en tête à l'épreuve, et que l'ingénieur qui les dirige, et se tient avec eux à la tête
de la sape, le soit également. Mais il y a encore
d'autres circonstances de son service qui rendent cette
précaution tout aussi nécessaire: ce sont celles de
tracé à découvert sur le glacis, de couronnement de
chemins-couverts, de descentes et passages de fossés,
de reconnoissances et logemens de brèches etc. En
France, l'ordonnance renvoyoit à sa garnison tout
ingénieur qui alloit à la tranchée sans armure. C'étoit
sans doute afin qu'aucun d'eux ne refusât par bravade
de s'armer, quand cela seroit jugé nécessaire par son
chef. Car il eut été absurde, ridicule et excessivement
incommode de l'être dès la première parallèle,
même dès la seconde, et souvent encore beaucoup
plus près de la place. Cela dépend de l'obscurité
plus ou moins grande de la nuit par laquelle on trace.

19°. L'on a des pontons ou bateaux de cuivre avec leurs poutrelles et planches de sapin, suivant la largeur de la rivière qui est à portée de la place, et l'on dresse au moins deux ponts, un au-dessus et un au-dessous de la ville assiégée, pour faire la communication du camp et des troupes; et même il est très à propos d'avoir de ces pontons de rechange, pour mettre à la place de ceux qui prennent eau, et pour couler quelquefois entre ceux qui soutiennent le milieu du pont, afin de les renforcer, lorsqu'on est obligé de faire passer dessus des pièces de 33 ou de 24.

20°. L'on fait de plus, provision de 200 chariots d'artillerie pour faciliter le transport des munitions dont on est le plus pressé, parce qu'on est toujours obligé d'en envoyer beaucoup pour faire ces sortes de corvées, et qu'il est nécessaire qu'il en reste un grand nombre au parc, pour porter les munitions aux troupes et aux batteries.

21°. Aussitôt que la place a capitulé, si le grand-maitre est au siége, il nomme des officiers pour aller faire l'inventaire des munitions qui sont dans cette ville, et suivant l'état qu'on lui en apporte, il fait un mémoire avec le commandant de son artillerie, de celles qu'il y doit encore ajouter. Après que le général l'a ap-

prouvé, on le donne au commissaire du parc,
qui en fait exécuter le contenu par les officiers
du parc. Tous les autres officiers sont partagés,
les uns pour faire retirer des batteries, les pièces, les boulets etc. et en faire aussi enlever les
plate-formes; les autres font rassembler les outils et autres munitions qui sont dans les boyaux
et dans la tranchée.

Si l'on veut remonter encore plus haut que
le temps des trois siéges dont on vient de parler, et passer jusqu'à celui de ***, qui fit tant
de bruit (1), on verra par ce qui suit, l'artillerie qui y fut menée, et celle qui y fut consommée.

Munitions menées	consom-mées.
Pièces de 33 . . . 7.⎫ de 24 . . . 33.⎬ de 8 . . . 8. ⎭	Il y en eut quelques-unes d'éventées.
de 4 *le nombre manque.* .	
Affûts de 33 . . 12.	. 4.
de 24 . . 46.	. 2.
de 8 . . . 8.	
de 4 . . . 14.	
Avant-trains	. 5.

(1) Je soupçonne que c'est le siége de Mastricht en 1673.

Munitions menées	consommées.
Paires d'armes composées d'une lanterne, refouloir et écouvillon . . 99.	. 18.
Lanternes de rechange . 20.	
Chariots à porter canons 19.	
Charrettes . . . 125.	. 10.
Boulets de 33 . . 10,620.	. 6792.
de 24 . . 55,274.	30,100.
de 8 . . 3,800.	. .
de 4 . . 5000.	. 618.
Mortiers . . . 15.	
Affûts de fer coulé, à mortiers 16.	. 2.
Plusieurs susbandes d'affûts à mortiers avec leurs boulons.	
Bombes . . . 7092.	. 5501.
Fusées à bombes . 7300.	. 5600.
Pierriers montés . . 6.	
Grenades . . 40,304.	20,660.
Fusées à grenades . 57,000.	40,000.
Poudre . . . 953,000. L.	835,300.
Plomb . . . 90,800.	59,820.
Mèche . . . 133,600.	67,900.
Sacs à terre . . 199,049.	109,019.
Mousquets de rechange 2,400.	. 618.
Fusils . . . 100.	. 100.

Munitions menées		consommées.
Hallebardes . .	200.	. 90.
Paires d'armes à l'épreuve	100.	. 2.
Pots en tête . .	100.	. 13.
Salpêtre . . .	534 L.	. 384.
Soufre . . .	240 L.	. 104.
Tonnes de poix résine .	1.	
Tonnes de poix noire .	1.	
Tonnes de goudron .	2.	
Mortiers de fonte avec leurs pilons	2.	
Chaudières de fer . .	2.	
Outils à pionniers .	38,809.	18,795.
Haches . . .	2310.	1076.
Serpes . . .	6670.	2120.
Manches d'outils .	3300.	1800.
Hottes . . .	510.	. 500.
Brouettes . . .	260.	. 110.
Outils à mineurs .	184.	
Outils à charpentiers et charrons . . .	210.	. 74.
Forges complétes avec soufflets	3.	
Crics	6.	. 3.
Equipages de ponts de bateaux	1.	
Tonnes de cordages .	300.	
Quelques autres menus cordages.		

Equi-

Munitions menées		consom-mées.
Equipages de chèvres garnies	5.	
Madriers . . .	750.	567.
Coins de mire . .	138.	88.
Leviers . . .	41.	41.
Feuilles de fer noir .	573.	573.
Feuilles de fer blanc .	340.	340.
Aissieux de bois . .	22.	22.
Peaux de mouton . .	115.	115.
Clous	6430 L.	6430.
Clous de cuivre . .	16 L.	16.
Fer en barres . .	945 L.	845.
Aissieux de fer . .	4.	4.
Chevilles ouvrières .	3.	
Lanternes à éclairer .	4.	4.
Boites pour lanternes .	24.	24.
Caissons . . .	6.	
Vieux-oing . .	650 L.	650.
Flambeaux de cire jaune .	100 L.	47.
Bougie de cire jaune . 30L. Bougie de cire blanche . 40	}	42.
Cire neuve . . .	72 L.	22.
Chandelle . . .	500 L.	500.
Aunes de toile . .	50.	50.
Fil	6 L.	6.
Aiguilles . . .	206.	200.

D

Munitions menées	consom-mées.
Grands sacs . . . 32.	. 32.
Grandes lanternes sourdes 33. }	
Petites lanternes sourdes 37. }	. 36.
Mesures de fer blanc . 29.	. 12.
Barils à bourses . . 24.	. 19.
Fournimens . . . 20.	. 20.
Fil de laiton . . . 27 L.	
Ficelle . . . . 40 L.	. 40.
Menus cordages . . 20 L.	
Etouppes . . . 100 L.	. 40.
Romaines . . . 1.	
Tôle . . . . 16 L.	. 16.
Acier . . . . 50 L.	. 50.
Clous de cuivre . . 19 L.	. 19.
Rames de papier . . 2.	. 2.
Rames de gros papier . 1.	. 1.
Rames de papier en quarts 1.	. 1.
Tamis . . . . 2.	
Balances . . . 1.	
Poids de marc d'une livre chacune . . . 2.	. 1.
Suif de mouton . . 50 L.	
Clous de toutes sortes . 400 L.	. 400.
Un coffre de médicamens et un baril d'eau-de-vie.	

Etat des munitions du siége de Luxembourg, assiégé par l'armée du roi, commandée par le maréchal de Créquy.

La place fut investie le 28 avril 1684.

L'armée du roi étoit forte de 34 bataillons et 60 escadrons, faisant en tout 25 mille hommes de pied, et 7 mille chevaux; 42 pièces de batterie, dont 9 étoient de 33, et le reste de 24; 16 pièces de 8 et de 4.

15 mortiers à bombes, et 6 pierriers.

1,030,000 L. de poudre.

100 milliers de plomb.

133 milliers de mèche.

7000 bombes.

43,000 grenades.

59,000 boulets pour les pièces de batteries, et 8800 pour celles de campagne.

1400 chevaux d'artillerie et plusieurs de paysans.

20,000 outils, tant pelles que pioches.

21,500 sacs à terre.

Tous les affûts de rechange, chariots, charrettes et autres dépendances de l'artillerie nécessaire à un siége.

Il y avoit 60 ingénieurs divisés en quatre brigades, de 15 chacune. Les chefs de brigade recevoient les ordres de Mr de Vauban, et les donnoient ensuite aux subalternes, suivant qu'ils le jugeoient à propos.

La tranchée fut ouverte la nuit du 8 au 9 mai ; les lignes étoient alors entièrement achevées, partie par les troupes, et partie par les paysans.

Les ennemis capitulèrent le 4 juin.

Ce siége est mémorable par la sage conduite de Mr de Vauban, qui, dans moins d'un mois, le mit à fin, malgré beaucoup de difficultés ; et l'on n'y perdit que 8 à 9 cents hommes, et environ 1000 blessées.

Il y avoit 2600 hommes de pied dans la place, en 5 régimens et 3 compagnies franches, 5 à 600 chevaux dragons, et environ 300 bourgeois faisant service.

Ils sont sortis 18 à 19 cents hommes, à tout compter, de sorte qu'ils ont autant perdu que les assiégeans.

Consommation des assiégeans.

815,000 L. de poudre.

52,500 coups de canon des grosses pièces.

15,769 coups des petites pièces ([1]).

(1) Il est évident par cet article, ou que l'état précédent, ou que celui-ci manque d'exactitude, car le premier ne porte que 8800 boulets pour les pièces de campagne. Il nous eût été bien facile de faire cadrer ces deux

5,950 bombes.

25,350 grenades.

75,000 L. de mèche.

63,000 de plomb.

6 pièces de 33 hors de service.

2 pièces de 24.   Id.

2 pièces de 8.   Id.

2 pièces de 4.   Id.

27 affûts rompus.

16 avant-trains rompus.

4 chariots à porter canon.

10 charrettes.

19,200 outils.

2,700 serpes ou haches.

116,000 sacs à terre (¹).

On a dépensé pour les gabions, sapes, blindes, Dépenses
descentes de fossé et autres menus ouvrages
dangereux de la tranchée   .   14,500 L.

Pour les travaux ordinaires de la mine   54,139

Pour les batteries à bombes et à canon 171,072

Total   239,711.

Hôpital   33,500

Le tout faisant   273,211 L.

états; mais nous avons mieux aimé transmettre ces
mémoires tels qu'ils nous sont parvenus, que de donner du nôtre sous les noms respectables de Vauban et
de Cormontaingne.

(1) Même remarque que la précédente.

Sans compter la subsistance des troupes, la dépense des chevaux de trait, et celle qu'il a fallu faire pour l'amas de tant de munitions.

Consommation des assiégés.

160,000 L. de poudre.

15,500 coups de canon tirés.

200 bombes jetées.

64,000 grenades.

500,000 L. de plomb ([1]).

(1) Cet article est évidemment faux et forcé; car ce plomb, employé en balles de 18 à la livre, comme aujourd'hui, fourniroit à 9 millions de coups de fusils, qui chargés à $\frac{1}{16}$ de livre de poudre, en consommeroient 202,500 L. Or la consommation totale des assiégés ne fut que de 160,000 L. de poudre. D'ailleurs, à supposer que ce fût l'article des poudres qui eût été ici porté trop foible, et qu'il y en eût eu de quoi tirer ces 9 millions de coups de fusil; la garnison n'y eût pu suffire en 27 jours qu'a duré le siége. Car, à supposer 1500 hommes armés de fusils, continuellement de garde, (ce qui, en défalquant les officiers, bas-officiers, les soldats employés au service du canon et aux travaux de la défense, les malades, les blessés etc., fait à-peu-près la totalité de la garnison), ce seroient 222 coups à tirer par homme dans les 24 heures. Or, il est d'expérience qu'un soldat n'en tire jamais plus de cent, dans sa garde de 24 heures.

30,000 L. de mèche.

 2600 mousquets rompus.

  400 spontons rompus.

 200 cuirasses.

4200 sacs à terre employés.

Du camp autour de la place et des lignes.

Le général, avec les officiers-généraux et les principaux ingénieurs, fait le tour de la place, pour en déterminer la circonvallation.

Si cette place est un peu considérable, et que sa circonvallation puisse avoir 4 à 5 lieues de tour, en y comprenant les sinuosités qu'on lui fait faire, il faudra commander au moins 15 à 18000 paysans et 2 ou 3000 chariots, même 4000, selon que la place est grande, et que la circonvallation doit avoit d'étendue; parce qu'il y aura toujours beaucoup des uns et des autres qui manqueront. Il faut avoir de la rigidité sur ce point, châtier sévèrement les défaillans et ceux qui déserteront; autrement plus de la moitié vous abandonnera dès les premiers jours.

> Il est possible aussi qu'au moment de rendre la place, les assiégés ayent vidé et détruit leurs magasins. Cette conjecture acquiert quelque vraisemblance, par la circonstance de 2600 mousquets et 400 spontons rompus, qui formoient l'armement à-peu-près entier de la garnison.

Quand les lignes sont finies, on congédie les paysans, mais il est bon de retenir cent chariots pour voiturer les gabions et les fascines à la queue de la tranchée, et les bleffés à l'hôpital, et 5 à 600 paysans pour faire des fascines et des gabions, ainsi que pour entretenir les ponts et les chemins. On fait donner le pain double aux paysans, et rien plus; tout ce qu'on leur fait faire étant ouvrage de corvée, ils sont payés par leurs villages, avec lesquels ils ont coutume de s'accommoder. J'estime pourtant qu'il seroit raisonnable de payer ceux qu'on retient, à raison de 6 sols par jour et le pain double; cela leur fera prendre patience, et les empêchera de déserter.

Le front de bandière du camp s'établit parallèlement à la ligne, à la distance de 60, 80, 100, ou 120 toises au plus. On établit aussi le quartier du roi, celui des vivres et le parc d'artillerie, par rapport aux attaques de la place.

S'il y a de grandes ou de petites rivières, on y fera des ponts de communication. Dans le premier cas, ou se sert de bateaux, et l'on place les ponts de manière à ne pouvoir pas être incommodés du canon de la place, et tellement devancés par la ligne de circonvallation, qu'à l'approche d'un secours, l'ennemi ne puisse pas les ruiner non plus.

Dans le second cas, on fait tant à l'amont qu'à l'aval de la place, deux ou trois ponts sur chevalets, autant que cela est possible, à 50 toises de distance l'un de l'autre. Le général distribue les quartiers aux officiers-généraux, où chacun d'eux commande.

Observations sur l'emplacement des lignes.

On observera 1°. d'occuper le terrain le plus avantageux des environs de la place, soit qu'il se trouve un peu plus près ou un peu plus loin; cela ne doit faire aucun scrupule.

2°. De se poster de manière que la queue des camps ne soit pas sous la portée du canon de la place.

3°. De ne se point trop jeter à la campagne, mais d'occuper précisément le terrain nécessaire à la sûreté du camp.

4°. D'éviter de se mettre sous les commandemens qui pourroient incommoder le dedans du camp et de la ligne, par leur supériorité ou par leurs revers.

Lorsque ces défauts se rencontrent, plutôt que de s'y exposer, il vaut mieux occuper ces commandemens, soit en étendant les lignes jusques là, soit en y faisant de bonnes redoutes ou de petits forts.

Observez aussi de faire servir à la circonvallation, les hauteurs, ruisseaux, ravins et escar-
pemens, abattis de bois, buissons et généralement tout ce qui approche de son circuit, et
qui la peut avantager.

A mesure que l'on trace les lignes, on en
distribue le terrain aux troupes, si l'on est en un
pays où l'on ne puisse avoir des paysans; ce qui
se fait également à la cavalerie comme à l'infanterie, personne n'étant exempt de cette corvée.
Mais quand on peut avoir des paysans, c'est à
eux qu'on les distribue à mesure qu'ils se présentent, à raison de 5 ou 6 pieds courans pour
chaque homme.

Les redans se placent toujours sur les som-
mités ou les lieux les plus éminens, et leurs
angles doivent toujours être au-dessous du
Pl. 1e. droit. Fig. 1.

Les ingénieurs, à l'exception des brigadiers,
sont distribués le long des lignes, qu'ils partagent
entr'eux pour les soigner, tandis que les brigadiers sont chargés de les visiter de temps à autre.

On doit donner quelque façon au devant et
au derrière des parapets de la ligne; ce qui se
peut faire quant au devant, en piétinant et fou-
lant bien les terres par lits de demi-pied d'épais,
sur deux ou trois de large, les frappant aussi en
talus avec la pelle et le plat de la pioche.

Il faut consolider le talus intérieur en le fascinant si l'on peut, de fougère, de genêts, de paille, de grandes herbes, et même de petites branches et de gazon, afin de soutenir les terres de derrière sur un moindre talus que celui du devant, et que les soldats puissent au besoin joindre le parapet, et faire feu par-dessus.

Pendant ce temps, le directeur des attaques avec les principaux ingénieurs, s'occupe à reconnoître le fort et le foible de la place.

Barrières des lignes.

On fait les portes et barrières des lignes sur les avenues des grands chemins ordinaires, ensuite de deux courtines, ou de trois courtines en trois courtines. On fait les passages de 22 pieds de large, qui ferment avec un fléau tournant sur un poteau, dont le sommet est taillé en pivot pour le recevoir. On le plante sur le milieu, où il partage l'ouverture en deux passages égaux. Le fléau bat contre deux autres poteaux plantés de part et d'autre, avec des entailles tant dans les poteaux qu'aux extrémités du fléau, et on les accroche l'un à l'autre, comme il se voit aux dessins, figures 11 et 12. **Pl. 2d.**

On couvre le passage dans la ligne, placé au milieu des courtines, par une petite demi-lune.

On a les mêmes égards pour la ligne de contrevallation que pour celle de circonvallation, en se servant de l'un des deux derniers profils des dessins de la planche 1e.

Pl. 1e.

Nous estimions qu'il ne faut pas s'éloigner ni s'approcher de la place que depuis 1200 à 1000 toises (1), lorsqu'elle a du gros canon, c'est-à-dire pour la queue du camp ou la ligne de contrevallation, à moins qu'il ne se trouve des hau-

(1) Cela revient assez au sentiment de Mr de Vauban, qui ne pense pas que la circonvallation puisse s'éloigner des ouvrages de la place, de moins de 14 à 1500 toises; car si, de cette distance, on retranche celle de 300 toises, qui doit se trouver entre les deux lignes, restent 11 à 1200 toises, de la contrevallation à la place; bien entendu cependant que ce ne sera point le parc d'artillerie qui sera rapproché de la place à cette distance, peu dangereuse à la vérité pour du canon pointé sur des objets isolés, mais qui le seroit extrêmement pour des boulets rouges et des obus tirés à toute volée, ainsi que pour des bombes de mortiers à longues portées, lancées sur des masses et des espaces aussi considérables que ceux que forment et occupent les dépôts de matières combustibles que renferme le parc d'artillerie; surtout les poudres, les bombes et grenades chargées, le laboratoire des artificiers etc. Tout cela ne peut prudemment être déposé à moins de 2000 toises de la place, dont le gros canon peut même à la rigueur porter jusques là.

teurs dans ce trajet, qui masquent tellement la place, qu'elle n'ait plus de découverte dans les fonds derrière ces hauteurs.

Il faut donner 300 toises de profondeur au camp, soit qu'il soit adossé contre un marais, ruisseau, rivière, escarpement etc., soit qu'il soit entre deux lignes, c'est-à-dire entre la ligne de circonvallation et celle de contrevallation; et cet espace lui est nécessaire pour combattre.   Le dessin, figure 14, pl. 2 suffit pour en faire con- Pl. 2. noître les raisons.

Il doit y avoir un intervalle de 120 toises depuis la tête du camp jusqu'à la ligne. Quand on est serré, on peut réduire cette distance jusqu'à 60 toises.

Légende des figures relatives au tracé et aux profils des lignes de circonvallation et de contrevallation.

Fig. 1e.   Tracé de la circonvallation sur une Pl. 10. ligne droite.

Fig. 2e.   Bastionnement sur les retours qui forment un angle au-dessus de 100°.

Fig. 3e.   Redan sur les retours qui forment un angle au-dessus de 120°.

Fig. 4e.   Angle en retour de 90° à-peu-près. Demi-bastion à l'angle, crémaillére sur le fond, et ligne à l'ordinaire en plaine.

Fig. 5e. Premier profil de lignes, et le plus considérable de tous. Le contenu de son solide est d'environ 3 toises cubes (1) par toise courante. Il faut 7 jours de travail pour sa construction.

(1) Ce solide est celui du remblai de son parapet, banquette comprise. Il en est de même des solides des autres retranchemens, dont les profils suivent. Celui du déblai des fossés correspondans n'est pas même si considérable par toise courante, ce qui pourra étonner; mais il est bon d'être prévenu 1°. que les terres du déblai *foisonnent* toujours au moins de $\frac{1}{12}$, quand elles sont employées en remblai, quelque bien qu'on les presse et qu'on les batte, et que ce n'est qu'au bout d'un laps de temps plus considérable que celui de l'utilité d'un retranchement de campagne, qu'elles peuvent prendre un tassement qui les ramène, *s'il est possible*, à n'occuper que le même volume qu'elles avoient en déblai. 2°. Le développement du fossé qui entoure le parapet ayant toujours quelque chose de plus que le développement de ce dernier, c'est encore un motif de tenir le déblai un peu plus foible, par toise courante, que le remblai. L'auteur ne paroît non plus avoir fait aucune attention au remblai nécessaire pour former le petit glacis qu'il a placé dans ses dessins, sur la contrescarpe de ses lignes. Il a pensé sans doute d'après les motifs que nous venons d'énoncer, que le déblai du fossé y suffiroit, ou que s'il n'y suffisoit pas, il seroit toujours facile de former ce glacis par le déblai d'un avant-fossé, creusé dans son prolongement.

Fig. 6e. Second profil, dont le cube est de 2$\frac{1}{2}$ toises cubes, à peu-près, par toise courante. Il y a pour 6 jours de travail.

Fig. 7e. Troisième profil, dont le solide est d'environ deux toises cubes par toise courante. Il y a pour 5 jours de travail.

Fig. 8e. Quatrième profil, dont le solide est de 1$\frac{1}{6}$ de toise cube environ par toise courante. Il y a pour 4 jours de travail.

Fig. 9e. Cinquième profil, dont le cube est 1$\frac{1}{3}$ toise cube par toise courante. Il y a pour 3 jours de travail.

Fig. 10e. Sixième profil, le moindre de tous. Son solide est de 1$\frac{1}{6}$ de toise cube environ par toise courante. Il y a pour deux jours de travail.

Les 1r et 2d profils sont pour les lignes dans lesquelles on veut attendre l'ennemi pour les défendre de pied ferme; les 3e et 4e pour les petits siéges de courte haleine et de peu de durée (¹); lès 5e et de 6e pour les lignes de contrevallation.

(1) Cela signifie, sans doute, des siéges qui dureront trop peu pour donner le temps à une armée ennemie de venir vous attaquer dans vos lignes; mais alors, dira t-on, pourquoi en faire? Pour empêcher l'introduction des secours dans la place, soit clandestins, qu'une ligne continue empêchera toujours mieux que la disposition ordinaire des gardes du camp,

On ne met point de petites demi‑lunes aux lignes de contrevallation, moins de sorties qu'à la circonvallation, et les redans plus loin à loin; car la première ne demande pas les mêmes égards que cette dernière. L'on n'en fait même point du tout, à moins que la garnison assiégée ne soit très‑forte.

Pl. 2.   Fig. 11e. Barrière de ligne, à deux voies. A Le fléau, armé de palissades si l'on veut. B Pivot. C, C Poteaux.

Fig. 12e. Fermeture de la dite barrière. Le trou E a deux pouces de haut sur 4 de large, pour y introduire le bouton F de la clef, qui a aussi deux pouces de large sur quatre de haut; ensuite on fait faire un quart de tour à la clef, en la tournant avec la poignée D, et la barrière se trouve fermée.

Fig. 13e. Autre barrière à une voie pour les avenues qui ne sont pas considérables.

Fig. 14e. Fait voir la profondeur que l'on doit donner à un camp, derrière une ligne, ou entre deux lignes, à un siége, où sont repré‑sen‑

quelque vigilantes qu'on les suppose, soit ouverts et tentés de vive force par quelque détachement qui s'efforceroit de percer vos lignes, et de se jeter en tout ou en partie dans la place. Voilà, à ce que nous croyons, le véritable sens de l'auteur.

sentées les troupes en bataille attendant l'ennemi de pied ferme.

A Première ligne d'infanterie bordant la ligne.

B Seconde ligne d'infanterie.

C Ligne de cavalerie.

D Réserve de cavalerie.

E Marais.

Fig. 15e Campement derrière la ligne.

De la force des armées assiégantes.

Si petite que soit une place, lorsqu'il faut l'attaquer dans les formes, on n'y sauroit moins employer que 10 à 12 mille hommes et quelques régimens de dragons, n'y eût-il que 3 à 400 hommes dans ce poste; et cette petite armée se trouvera assez fatiguée, lorsqu'il faudra suffire à une attaque dans les règles (1). Il est vrai que

(1) J'avoue que je ne puis partager cette opinion de l'auteur, qui me semble exagérée. Que faudra-t-il, en effet, ici de garde à la tranchée? L'auteur va lui-même nous répondre un peu plus bas: 300 hommes. Supposons que le service de l'artillerie, tant aux batteries qu'au parc et au transport des pièces et des munitions, demande aussi journellement 300 hommes, et que les travaux de la tranchée exigent aussi journellement un nombre réduit de 600 travailleurs; voilà en tout 1200 hommes journellement de service, qui peuvent être facilement fournis par un corps de 5 à 6 mille hommes, moindre de moitié que celui

E

ces sortes de places sont ordinairement des forts ou châteaux d'une assiette favorisée par la nature et par l'art; ce qui occasione la petitesse de la garnison. Tel étoit en dernier lieu le château de Traerbach.

Une moyenne place, qu'il faut circonvaller, et qui a depuis 2000 jusqu'à 3000 hommes de garnison, exige que l'armée assiégeante soit au moins de 20 à 25 mille hommes.

Les places plus considérables, et qui ont des garnisons plus fortes, doivent être attaquées par des armées à peu-près de 7 à 8 fois plus fortes tant en infanterie qu'en cavalerie, tant que les garnisons ne passent pas 3500 à 4000 hommes. Lorsque les garnisons sont de 8, 10 et 12000 hommes, il faut des armées 5 à 6 fois plus fortes. Enfin, lorsque les garnisons sont de 15 à 18000 hommes, il faut que l'armée assiégeante soit au moins 5 fois plus forte (1).

demandé par l'auteur. D'où peut donc lui être venue cette idée exagérée? De ce que, quand il écrivit cet article, il étoit encore *tout frais émoulu* de son siége de Traerbach, où le comte de Belle-isle et lui avoient en effet employé ce nombre de troupes, et forcé de moyens de tout genre, pour parvenir à la plus prompte réussite de leur entreprise.

(1) Comme ceci contrarie l'opinion vulgaire, voyons sur quoi est fondée cette diminution de proportion de la force de l'armée assiégeante à celle de la garni-

Il y a des cas où l'armée l'assiégeante est couverte par une armée d'observation; alors on ne

son, suivant que celle-ci devient plus considérable.
Sur ce que toutes les parties du service de l'armée
assiégeante ne sont point proportionelles à cette force
de la garnison, et qu'il n'y a que la garde de la tranchée qui soit constamment dans ce cas, et qui doive,
comme on le verra plus bas, être toujours au nombre d'hommes de la garnison, comme 3 est à 4.
Mais le nombre journalier des travailleurs ne suit
point cette proportion, et se règle par la quantité des
travaux, et surtout d'après l'étendue du développement des parallèles, laquelle augmente bien à la vérité en raison de la grandeur du polygone de la place,
et de l'ouverture de ses angles, mais nullement en
raison de la force de sa garnison. Il y a encore l'artillerie, qui, plus nombreuse pour battre un plus
grand nombre d'ouvrages, et pour réduire une artillerie assiégée plus considérable et servie par plus
d'hommes, demande pour son service plus d'hommes aussi, mais non en raison exacte ni même appro-
chée de l'augmentation de la garnison. Car il s'en
faudra bien, par exemple, qu'il faille 9 fois plus d'artillerie pour réduire une place de 18000 hommes de
garnison, que pour en réduire une de 2000. Il faut
donc pour régler la force de l'armée qui doit assiéger
une place dont la force de la garnison est connue,
il faut, dis-je, outre la force de la garde de la tranchée, toujours égale aux $\frac{3}{4}$ de cette garnison, évaluer
ce qu'exigeront le service journalier de l'artillerie, et
celui des travailleurs; additionner ces trois nombres;

la tient pas si forte, parce que dans les actions,
l'armée d'observation l'assiste de ses grenadiers
et de quelques bataillons.

Landau en 1713 avoit 7 à 8000 hommes de
garnison, néanmoins l'armée assiégeante n'étoit
que de 30,000 hommes; mais Mr le maréchal de
Villars couvroit le siége avec une armée de 70
mille hommes, dont il envoyoit dans les besoins
des détachemens de grenadiers.

Préparatifs des attaques, en matériaux et outils.

Dès le commencement du siége, on doit
faire provision de gabions, et tenir la main à ce
qu'ils soient bien faits et de bonne assiette, et tous

puis en multiplier la somme par 4 ou par 5, suivant
qu'on jugera à propos, d'après la longueur du siége
et l'intempérie de la saison, et du climat, que le soldat ait 3 ou 4 nuits bonnes contre une mauvaise: le
produit de cette multiplication sera le nombre des
hommes ou la force de l'armée assiégeante. Ainsi
notre auteur, dans le cas d'une garnison de 18000
hommes, où la garde de la tranchée seroit par conséquent de 13500 hommes, compte que le service de
l'artillerie et celui des travailleurs ne pourront lui
prendre journellement plus de 4500 hommes; et que
par conséquent chaque soldat de son armée, qu'il a
fixée à 90,000 hommes, aura quatre nuits bonnes contre une mauvaise.

égaux, de 8, 9 ou 10 piquets de 4 à 5 pouces de tour chacun, lacés, serrés et bien bridés haut et bas, avec de menus brins de fascines élagués en partie, en forme de menus clayons. On leur donne 2 pieds et demi de haut, sur autant de diamètre, afin de les rendre plus maniables.

Trois ou quatre jours avant l'ouverture de la tranchée, à-peu-près dans le temps que les troupes ont achevé de se camper et de se munir de fourrage, on commande des fascines et des piquets à tant par bataillon et tant par escadron, ce qui va à 2 ou 3000 pour les premiers, et à 12 ou 1500 pour les derniers.

La longueur des fascines doit être de 6 pieds, sur 24 pouces de tour mesuré aux reliûres, qui seront doubles, c'est-à-dire une forte hart à 8 ou 9 pouces de chaque extrémité; les fascines bien faites, rondes et serrées, les gros et petits brins recroisant également l'un sur l'autre par liaison alternative. Il doit être fourni deux piquets par fascine.

Les piquets doivent avoir 3 pieds de long, sur 5 à 6 pouces de tour mesurés par le milieu.

Il faut remarquer que les fascines et piquets sont des ouvrages de corvée, de même que les lignes; mais les gabions se payent ordinairement 5 sols pièce, à cause de la difficulté de leur construction, qui demande des soins et de l'adresse.

Tous les corps font amas de ces fascines à la tête de leurs camps, où chacun d'eux fait son magasin près des sentinelles.

Quant aux gabions, c'est un ouvrage de sapeurs et mineurs bien instruits, et d'un détachement de Suisses, qu'on commande pour cet effet. Ceux-ci sont ordinairement plus adroits que les François à cette sorte d'ouvrage. On doit aussi faire amas de toutes les chapes et barriques vides de l'artillerie, de même que de celles qu'on peut trouver chez les vivandiers et à la campagne, desquelles on paye même prix que des gabions (¹).

Pl. 2.   Pour bien faire un gabion, figures 16 et 17, on met un terrain bien à l'uni, qui soit ferme; on trace un cercle dessus, ayant 28 pouces de diamètre, sur lequel on marque 8, 9 ou 10 parties égales, pour planter sur chaque point de division un piquet qu'on enfonce de 4 à 5 pouces dans terre, bien à plomb; le piquet ayant 3 pieds de longueur (²). Ensuite on y engage et en-

(1) Ces barriques destinées au même usage que les gabions, ne doivent cependant y être employées qu'à défaut de ces derniers; ne pouvant, comme eux, être posés à la fourche dans les sapes, ni être aussi promptement et aussi solidement liés ensemble par un couronnement de fascines.

(2) Puisque le gabion, on pour mieux dire, son clayou-

trelace les brins de fascines, comme on fait les
clayonnages, observant d'y mettre une bride à
chaque piquet en haut et en bas, sans quoi ils
se déferoient dans le transport.

Notés que le présent gabion est l'un des plus
forts que l'on fasse. A Traerbach, à cause de
la difficulté des rampes rapides, ils n'avoient que
18 pouces de diamètre.

Communément on leur en donne 24, et
c'est le mieux, hors les cas extraordinaires,
comme à Traerbach. Ceci s'entend pour le
diamètre A B du cercle de son tracé, car le

nage n'a que deux pieds et demi de hauteur, comme
il vient d'être dit, il suit de cette longueur de 3 pieds
de ses piquets, et de leur enfoncement en terre de
4 à 5 pouces, qu'ils ne dépasseront par le gros bout
ce clayonnage, que d'un pouce ou deux. Moins, en
effet, ils le dépassent par ce bout, plus l'assiette du
gabion est ferme, et mieux il peut être dressé d'à
plomb; ce qu'empêcheroient des piquets plus saillans par ce bout, dont quelques-uns poseroient sur
des pierres, ou parties résistantes du terrain, tandis
que les autres enfonceroient dans des parties molles.
Il est donc clair qu'on ne peut trop rapprocher le
clayonnage de ce gros bout des piquets, et que ce
n'est que la crainte que les gabions ne se délacent, en
les transportant et en les maniant pour les poser,
qui empêche de faire monter le clayonnage jusqu'à
la tête des piquets, et de la lui faire *affleurer*.

gabion étant fait, son diamètre augmente de 6 pouces (¹).

On travaille en même temps à faire des blindes de bois rond ou carré de 3 à 4 pouces de grosseur, larges de 2 pieds et ½ à 3 pieds entre deux poteaux, longues de 5 à 6 pieds entre deux traverses, et de 15 pouces de pointe à chaque bout. On s'en sert lorsqu'on descend dans le chemin couvert, en les posant comme l'indiquent les figures 18 et 19. Ensuite on les charge de deux lits de fascines posées en travers, pour n'être pas plongé du haut des ouvrages de la place (²).

Pl. 2.

---

(1) Il suit de là que *les plus forts gabions qui se fassent*, ont 2 pieds 10 pouces de diamètre extérieur, *les plus foibles*, comme à Traerbach, deux pieds, et que *le mieux*, *hors les cas extraordinaires*, est qu'ils en aient 2 pieds et ½, toujours sur 2 pieds et ½ de hauteur de clayonnage fait sur des piquets de 3 pieds de longueur, lesquels dépassent par conséquent ce clayonnage de 6 pouces en tout, partagés entre la pointe et le gros bout de ces piquets. Ces dernières dimensions sont, en effet, celles que prescrit Mr de Vauban, l'homme qui sans contredit a le plus employé de gabions.

(2) On peut pour plus de sûreté, poser d'abord un lit de clayes sur les blindes, puis sur ces clayes, les deux lits de fascines prescrits par l'auteur. De cette manière, on sera sous ces blindes parfaitement à l'abri

Il faut compter sur quatre blindes par toise courante, dont un quart pour remplacer celles qui viennent à se casser.

Des mantelets, pour couvrir le cheminement des sapes.

On ne se sert plus de mantelets; on n'en sait pas la raison. Aussi a-t-on remarqué qu'il périt beaucoup de sapeurs dans les siéges; mais au moins on doit les obliger à couvrir le cheminement de la tête de leurs sapes, avec un gros gabion farci, qu'ils roulent devant eux, à mesure qu'ils avancent.

Ce gabion doit avoir 3 pieds de diamètre au moins, intérieurement, sur 4 à 5 de long; les sapeurs doivent les construire eux-mêmes à portée de la sape, et les farcir de fascines bien ser-

des coups de fusil et des pierres. Quant à y être à l'abri de la bombe, c'est à quoi il ne faut pas songer. Mais si l'on s'y trouvoit à la portée des grenades à main, il faudroit pour les empêcher de tomber entre les gabions et le blindage, et, de là, de rouler et d'éclater dans la tranchée; il faudroit, dis-je, employer deux longueurs de fascines, reposant par un bout sur les gabions d'un des parapets de la tranchée, et de l'autre sur les blindes; voyez la fig. 20. On laisseroit çà et là quelques trous pour y laisser entrer le jour, si le passage blindé étoit trop long pour pouvoir être suffisamment éclairé par ses deux bouts.

Pl. 2.

rées. Cette précaution est très-utile, et épargne bien de ces soldats, dont l'espéce n'est pas même la plus commune parmi les troupes; c'est pourquoi l'on doit les conserver autant qu'il est possible dans le métier dangereux et intelligent qu'ils font (^{1}).

Des clayes et fagots de sape.

Les fagots de sape ont 8 à 9 pouces de gros, sur 2 pieds et $\frac{1}{2}$ de long, avec un piquet dans le milieu, qui les outrepasse de 7 ou 8 pouces; lesdits fagots bien liés et serrés de deux harts.

(1) L'art de la guerre, qui se perfectionne encore de jour en jour, a heureusement pour l'humanité aboli chez les principales puissances de l'Europe, l'usage barbare d'engager par l'appât d'un vil gain, des soldats braves et inexpérimentés à faire *ce métier dangereux et intelligent*, sans autre apprentissage des précautions qu'il demande, que celui des coups de fusil qu'ils y reçoivent. L'Autriche a commencé, et a fait former et dresser par ses ingénieurs, un corps de sapeurs, qui sous leur commandement immédiat, rend dans les siéges les plus grands services, et de plus contribue puissamment en campagne au succès de toutes les opérations des ingénieurs. La France l'a imitée, et a mis aux ordres de ses ingénieurs, un corps de plus de sept mille sapeurs. et s'en trouve bien. La Russie, l'Angleterre en ont, et aucune puissance dans le cas d'avoir des siéges à faire, ne peut manquer d'en avoir aussi, tôt ou tard.

On s'en sert pour farcir les gabions qu'on pose en des endroits où la terre manque, sur le roc, terrains bas et près de l'eau, où l'on ne peut creuser pour cette raison ([1]).   On ne les paye point, c'est un ouvrage de corvée, ainsi que les fascines.

Les clayes doivent avoir 6 pieds de longueur, sur 3 pieds et $\frac{1}{2}$ de largeur, faites de brins de clayons, semblables aux clayes dont on se sert pour passer le sable.   On les paye à 5 sols pièce, comme les gabions.

Néanmoins, il est bon de faire ici une remarque touchant les fagots de sape et même les fascines, que rarement en trouve-t-on dans le grand nombre qui soient bien conditionnées et telles qu'il les faut pour les sapes; c'est pourquoi le mieux est de les faire préparer à la queue de la tranchée par les sapeurs mêmes, et on leur doit tenir compte d'un gabion pour fix bons fagots de sape faits audit dépôt, et d'un fagot de sape

(1) On peut s'en servir aussi dans les sapes, à garnir l'interstice qui se trouve entre les gabions, avant qu'ils soient suffisamment garnis de terre par devant. Il est vrai qu'on remplit aussi bien, et mieux peut-être, cet objet, au moyen de deux sacs à terre posés bout à bout, l'un sur l'autre; mais à défaut de ces derniers, c'est un moyen de plus, qu'il est bon de connoître.

pour quatre fascines de sape, reliées de trois harts, et bien façonnées audit endroit. Ce sera une légère dépense, mais dont on se trouvera bien dans la construction des sapes, qui sans ces petites précautions sont mal faites, et coûtent des sapeurs, que l'on doit conserver autant que l'on peut.

Observation.

Lorsque la tranchée est ouverte, et les dépôts de la droite et de la gauche établis, les troupes, tant infanterie que cavalerie, viennent y déposer leur fourniture, et l'on y commet quelqu'un pour la recevoir.

Le major de chaque régiment a soin de tirer un reçu de la quantité qu'il en fournit.

Des outils de la sape.

Les pointes des fourches de fer pour servir au chef de sape, à poser et ranger de loin les fascines et gabions, seront d'un pied et demi de longueur, la douille comprise (1); les pointes

(1) On soupçonne qu'il y a ici une faute de copiste, et qu'il faut lire: *douille non comprise*; ce qui encore ne donneroit une longueur à peine suffisante, que dans le cas où les gabions à poser seroient de l'espèce la plus foible, et de 18 pouces seulement de diamètre intérieur. Car, d'après l'usage de cette fourche, tel

vers ladite douille grosses à-peu-près comme le pouce; le manche gros de deux pouces, sur cinq à fix pieds de long.

Il faut que la douille de fer soit longue et forte, parce qu'on doit se servir de cette fourche, comme d'un levier, pour remuer plus facilement les gabions, en mettant des jauges de bois triangulaires sous ledit manche pour servir de point d'appui, et donner moyen de soulever et ranger le gabion, lorsqu'il est enfourché.

Indépendamment de la fourche à deux pointes à l'ordinaire, il en faut une aussi à une pointe avec un crochet de fer joignant. L'une et l'autre espèces de fourches sont nécessaires. On en voit la forme, ainsi que celle de la jauge de bois à placer dessous, figures 21, 22 et 23.

Pl. 2.

que l'explique l'auteur, qui est de faire levier, et de soulever le gabion au moyen d'un point d'appui, il est clair que les pointes de la fourche doivent avoir pour longueur, au moins le diamètre du gabion, mesuré d'une pointe de piquet à celle du piquet opposé, pour qu'après en avoir percé le clayonnage à leur entrée, elles en puissent encore atteindre le clayonnage opposé, le piquer, et s'y engager tant soit peu; ce qui exige même des pointes d'au moins deux pieds, pour poser des gabions de ce diamètre, et d'au moins 28 pouces, pour poser ceux que l'auteur dit être les plus forts qui se fassent.

Il faut deux paires d'outils à chaque tête de sape, pour en avoir sur-le-champ sous la main, et remplacer ceux qui viennent à se déranger, afin que rien ne retarde le progrès des sapes.

Les masses de sape pour battre les piquets des gabions (1) et les fagots de sape, auront 8 à 9 pouces de long, sur 5 à 6 de grosseur, de bon bois dur, partie avec des manches de 4 à 5 pieds de long, et partie de 3 à 4 pieds.

Des pelles rondes de fer pour les graviers et rocailles, et des louchets carrés pour les terres douces, emmanchés un peu de long pour les sapes.

Des pioches à un tranchant seul pour les terres douces, et avec pointe et tranchant à la fois pour les graviers et rocailles.

(1) On pourroit ici croire que l'auteur entend que les gabions soient habituellement posés sur la pointe de leurs piquets, mais plus bas il prescrit le contraire, de manière à ne pas laisser lieu à la moindre équivoque. Vraisemblablement il n'entend ici parler que de gabions posés sur du roc recouvert de très-peu de terre, ou sur des terrains bas et marécageux, où l'on ne peut creuser: ce qui le feroit croire, c'est qu'il leur associe les fagots de sape, qu'il vient de prescrire d'employer dans ce cas. Qu'y a-t-il, en effet, de plus essentiel et de plus pressé à faire à ces gabions qu'on ne peut remplir de terre, que de leur donner quelque tenue par l'enfoncement des pointes de leurs piquets, et de celle des piquets des fagots de sape dont on les remplit?

Des madriers pour les attachemens de mineurs, ayant 8 à 9 pieds de long, larges d'un pied, et épais de 3 à 4 pouces, couverts d'un côté de fer blanc pour les garantir des feux d'artifice ([1]).

Remarque sur les matériaux de siéges, en Flandre et en Allemagne, année 1744.

Devis des matériaux du siége de Fribourg.

Fascines. Longueur 6 pieds, pourtour 24 pouces aux liens, et de même diamètre aux deux extrémités; liées de 5 harts, une au milieu, une à chaque extrémité, la 4e et la 5e dans les inter-

---

([1]) Ces madriers sont destinés à être dressés sous un angle d'environ 50 degrés, contre un revêtement, ou contre les gabions d'un parapet de tranchée, pour couvrir contre les feux de projection, l'entrée du mineur dans ce revêtement, ou celle de son puits ou de sa galerie dans le fond de cette tranchée. Au reste, l'épaisseur de 3 ou 4 pouces demandée par l'auteur, est à la vérité suffisante à ces madriers, pour préserver le mineur des feux d'artifice, mais elle ne l'est point, malgré le peu de longueur de ces madriers, pour le préserver de la bombe. Nous pensons donc que des bois de brin, de 7 à 8 pouces d'équarrissage, seroient préférables, en ce qu'ils rempliroient également bien les deux objets, sans être moins maniables que les madriers de l'auteur.

valles (¹); et seront les brins arrangés de manière que les gros et petits bouts soient posés
alternativement les uns sur les autres.

Il en faut 150 mille avant l'ouverture de la
tranchée, non compris 70 mille pour l'artillerie (²).

Piquets. Longueur 3 pieds, et 5 à 6 pouces
de tour mesurés au milieu, apointés par un bout,
et un peu arrondis par le haut.

Il faut 3 piquets par chaque fascine.

Fagots de harts. Longueur 4 pieds sur deux
pieds de tour, composés de brins propres à tor-
dre. Il en faut sept mille pour l'artillerie (³).

Fagots

---

(1) De cette manière, ce sont des fascines de sape parfaitement bien conditionnées. Il n'en coûte, en effet,
pas davantage de les commander d'abord aux troupes, telles qu'on les veut.

(2) Les fascines que l'on fournit à l'artillerie, lui servent
à faire les saucissons dont elle revêt les épaulemens
ou parapets de ses batteries intérieurement, et les
joues de leurs embrasures. Elle donne à ces saucissons 18 à 20 pieds de long, 10 à 12 pouces de diamètre, et les lie et serre de harts tous les 8 ou 10
pouces. Il lui faut pour le moins 10 à 12 fascines
pour faire un saucisson ainsi conditionné.

(3) Cet article se rapporte parfaitement à celui des 70
mille fascines également destinées à l'artillerie. Celles-ci, à 10 par saucisson, en donneront 7 mille,

lesquels

Fagots de sape. Composés de petits rondins de deux pouces de grosseur, bien arrangés, serrés de deux harts, et coupés juste par le bout. Leur grosseur sera de 8 à 9 pouces de diamètre, leur longueur de deux pieds et demi, et chacun d'eux ayant un piquet dans le milieu de 3 pieds, 4 pouces de longueur, pour déborder par la pointe le fagot de 8 à 10 pouces.

Il en faut 10 mille.

Gabions. Diamètre intérieur, pris à la pointe des piquets, 20 pouces, sur 2 pieds et $\frac{1}{2}$ de hauteur; les piquets débordant par la tête de 3 pouces, et d'autant par la pointe ([1]).

Il en faut 15 mille avant l'ouverture de la tranchée.

lesquels consommant chacun 24 à 30 harts, exigeront, attendu le déchet, autant de fagots de ces dernières, lesquels ne contiennent que 36 à 40 harts chacun.

([1]) On peut regarder ces dimensions de gabions, comme celles que préféroit Cormontaingne, et ce devis de matériaux, comme son ouvrage, puisque ce fut lui, qui, au siége de Fribourg, fut chargé du détail des travaux des attaques, ou commandant en 2d des ingénieurs, et qu'en cette qualité, ce fut à lui à dresser ce devis, et à le présenter au comte d'Aumale, commandant en chef de ce corps, et directeur des attaques, lequel n'y fit vraisemblablement autre chose que de le signer.

F

Clayes. Longueur 5 pieds, largeur 2 pieds et $\frac{1}{2}$. Elles seront traversées dans le sens de leur largeur de 6 bâtons d'un pouce de diamètre, et clayonnées de clayons de 6 à 9 lignes de grosseur, arrêtées et bridées aux quatre coins, de 4 fortes harts, et en tout semblables à des clayes à passer le sable.

Il en faut un mille avant l'ouverture de la tranchée.

Blindes. Les montans seront de bois rond ou carré de 3 à 4 pouces de diamètre, 8 pieds et $\frac{1}{2}$ de hauteur, 6 pieds de passage entre les deux traverses, apointés de 15 pouces à chaque extrémité des montans. Les traverses auront 3 à 4 pouces de diamètre, seront longues de 4 pieds entre deux montans, pour conserver dans la largeur un passage libre et aisé, avec une exécution facile (¹); on en préviendra l'artillerie, lorsqu'il en sera question.

Au camp sous Fribourg, le 19 7bre 1744.

Signé d'Aumale.

(1) On pourroit, d'après cet énoncé, croire que la manière habituelle de se servir des blindes, est de pratiquer le passage de la tranchée dans l'intérieur de leur chassis; mais c'est tout le contraire, car ce passage se pratique entre les deux rangs parallèles de blindes verticales, posées longitudinalement, et non transversalement au passage blindé. Ce n'est donc que dans le cas où ce passage fait un retour perpen-

Prix des matériaux et travaux faits aux siéges de Flandre et Allemagne, campagne de 1744.

Le roi a fait payer aux troupes 10 sols par chaque gabion, au lieu de 5 sols seulement que l'on payoit autrefois; même prix pour chaque claye.

Travailleurs de nuit, 20 sols.

Travailleurs de jour, 15 sols.

Les sergens des ingénieurs (¹), 50 sols par jour.

diculaire à sa direction primitive, que l'on a à passer dans le vide du chassis de la blinde, en face de laquelle ce retour a lieu, et c'est pour ce cas que l'auteur cherche à se conserver dans la largeur de la blinde, *un passage libre et aisé, avec une exécution facile.* Quant à ces mots, *on en préviendra l'artillerie, lorsqu'il en sera question,* ils signifient sans doute que, ces blindes devant être faites par les ouvriers de l'artillerie, il faudra prévenir leurs officiers des dimensions qu'elles doivent avoir.

(1) Les ingénieurs n'ayant point alors en France de troupe qui leur fût attachée, ni par conséquent de bas-officiers pour les seconder dans les détails multipliés de leur service à la tranchée, n'avoient trouvé d'autre remède à ce denuement, que de se faire donner par l'infanterie quelques sergens intelligens, et de les faire bien payer, pour qu'ils fissent avec plaisir ce service, et qu'ils s'y attachassent. Le commandant des ingénieurs, l'ingénieur chargé du détail, le major des ingénieurs et chaque brigadier en

La toise courante des sapes ordinaires, 30 sols.

On n'a point fait de sapes couvertes de jour, les sapeurs n'entendant plus ce travail, manque d'y être exercés dans les écoles ([1]).

avoient chacun un ou deux, selon l'importance du siége qu'ils faisoient. On a toujours été en général extrêmement content de ces sergens, et tel d'entr'eux s'y est formé de manière, que, sans autre école, il a été en état d'être directeur des attaques d'un siége considérable, et de composer sur son métier, un traité qui fait loi encore aujourd'hui dans le service de la puissance à laquelle il avoit voué ses services.

(1) C'est ainsi qu'il en arrivera toujours, quand les sapeurs seront, comme alors en France, commandés en temps de paix par d'autres officiers que par les ingénieurs qui doivent les commander dans les siéges. Ceux-là les exercent à tout, excepté à ce en quoi ils n'ont plus rien à leur commander à la guerre, que sous la direction immédiate des ingénieurs. Chaque bataillon d'artillerie en France avoit, du temps de Cormontaingne, une compagnie de sapeurs, qui n'en savoit pas plus en fait de sape, et n'y rendoit pas plus de services, que les compagnies de sapeurs qu'on formoit à chaque siége, avec des volontaires tirés de l'infanterie; mais, en revanche, ces sapeurs étoient d'excellens canonniers, surtout pour le canon de campagne, auquel on les exerçoit exclusivement, sachant bien qu'occupés entièrement des sapes dans les siéges, ils n'auroient jamais de canon de siége à servir. Il est, au reste, bon d'être averti, que ce que Cormontaingne appelle ici *sape couverte,*

Nous venons de voir quels sont les approvisionnemens des gros siéges; mais, comme, dans le nombre, il s'en trouve de petits, on a cru qu'il ne seroit pas inutile de dire quels sont ceux nécessaires à-peu-près dans ce dernier cas, et nous rapporterons à ce sujet le siége de Traerbach, quant aux matériaux des tranchées, seulement pour ce qui regarde les ingénieurs, car l'artillerie a ses approvisionnemens particuliers, dont ses officiers sont chargés.

Etat des matériaux et outils nécessaires pour les tranchées, sapes, logemens etc. des attaques du château de Traerbach.

Savoir:

Gabions.

La 1e paralléle a de longueur . 200 Toises.

Communication ou zigzag de la gauche 150.

Celle de la droite . . . 150.

Total . . 500.

n'est pas une sape blindée et réellement couverte par le haut, mais une simple *sape pleine*, où chaque gabion est posé *à couvert* ou à l'abri des gabions précédemment posés et remplis, et d'un gabion farci que le sapeur roule devant lui. C'est ce qui se verra clairement, quand nous en serons avec l'auteur à d'article *de la sape.*

Il y a donc 500 toises courantes de sape de toute espèce, à 3 gabions par toise courante; cela fait 1500 gabions, dont le double (¹) fait 3000, que l'on comptera pour tous les cas imprévus,

à 4000 Gabions.

Fascines ordinaires.

500 toises de longueur de tranchée ou sape, à 6 fascines par toise   .   .   3000 Fascines.

50 toises de blindage, à 20 fas-cines par toise   .   .   .   1000

Total   .   .   4000

Dont le double fait 8000, qu'il faut mettre pour tous les cas imprévus à 12000

Fagots de sape.

A mettre entre les gabions, et à les farcir   15000

Piquets.

Il faut cent-mille piquets, parce que Mr le comte de Belle-isle veut qu'on ne se serve que de gabions farcis de piquets; partant   .   100,000

---

(1) *Ce double* est porté ici dans la vue de faire le parapet des sapes et tranchées, de deux rangs de gabions, remplis de fagots de sape, piquets et sacs à terre: ce à quoi pouvoit obliger le manque de terre, sur le roc par lequel il falloit cheminer, et ce qui fut réelle-ment nécessaire dans quelques endroits, ainsi qu'on le verra par la suite.

Sacs à terre.

12 sacs à terre par toise courante
de tranchée et sape, pour les créneaux; pour les 500 toises courantes   6000

Plus 4 par gabion, au lieu de fagots de sape   12000

Comblement sur les contrescar-
pes de roc   8000

Total .   .   26000

Qu'il faut mettre pour tous les
cas imprévus, à   .   .   .   .   30,000.

Blindes.

150 blindes   .   .   .   150

Ballots de laine ([1]).

200 ballots de laine, si cela se
peut   200

(1) On se sert de ces ballots ou sacs à laine, pour former
l'épaulement des batteries, là où il n'y a point de
terre. Ces sacs doivent avoir 17 pieds de longueur,
sur 7 d'épaisseur et de hauteur. On en met trois rangs
l'un devant l'autre, et deux de hauteur. On lie et
ferre ces sacs avec des cordages arrêtés à des piquets,
de manière à réduire la hauteur totale à 7 ou 8 pieds,
et l'épaisseur à 15 ou 18. On forme les embrasures,
en espaçant les sacs à deux pieds en dedans, et en
raccourcissant ceux du dehors, de manière à laisser
huit à neuf pieds d'ouverture.

Pioches.

Il en faut 3000　　.　　.　　3000

Pelles.

Il en faut 2000　　.　　.　　2000

Outils de sape.

Pour armer 5 brigades de sapeurs, chaque brigade composée de deux escouades, et chaque escouade de 4 sapeurs, y compris le chef de sape.

Plus pour autant, nécessaire à la compagnie de sapeurs de Royal-Artillerie; fait en tout des outils pour 20 escouades, à chacune desquelles il faut deux fourches et deux maillets;

fait　　.　　.　　40 fourches

et　　.　　.　　40 maillets.

Dépôts.

Les trois quarts de cette fourniture seront déposés à la fourche du chemin du château, où est la garde de 50 hommes; l'autre quart sera déposé le long du chemin de Berncastel, près la porte de la ville.

Nota. L'artillerie choisira ses dépôts ailleurs, si ceux-ci ne lui conviennent pas.

Dépenses faites à ce siége, pour le payement des gabions et du travail des sapes.

Les payemens faits par Cormontaingne, chargé du détail.

Savoir:

4892 gabions, conformément aux reçus de Mrs les ingénieurs commis à leur réception, à 5 sols l'un . . . 1223 L.

Payement des sapes suivant les prix réglés par Mr le comte de Bel-le-isle et les billets de Mrs les ingé-nieurs commandans aux-dites sapes de toutes espèces . . 1389 L. 8 S.

Total . . 2612 - 8 -

Remarque sur les approvisionnemens de matériaux de siége.

On doit prendre ses précautions dès le commencement du siége pour ne pas manquer de matériaux, au cas que l'ennemi, venant à avoisiner la ligne de circonvallation avec une armée de secours, pût vous empêcher d'aller dans les bois à portée, pour en chercher.

Heureusement qu'à Philipsbourg on eut cette attention, car à peine le siége de cette place fut-il commencé, que le prince Eugène vint camper avec l'armée impériale, forte de plus de 80 mille hommes, en vue de nos lignes, s'empara des bois voisins, et s'y fortifia par des abattis à la portée du fusil; mais toutes les troupes en avoient alors fait provision à la tête du camp, de sorte que l'on n'en manqua pas.

Des gardes de tranchée, et ouverture.

Les attaques étant résolues, le général règle les gardes de la tranchée; savoir l'infanterie sur le pied d'être au moins aussi forte que les $\frac{3}{4}$ de la garnison, et la cavalerie d'un tiers plus nombreuse que celle de la place; de sorte que si la garnison étoit de 4000 hommes, la garde de la tranchée devroit être au moins de 3000 hommes; et si la cavalerie de la place étoit de 400 chevaux, il faudroit que celle de la tranchée fût de 600 (¹).

(1) L'auteur suppose avec raison que dans les sorties, la garnison est toujours obligée de laisser en arrière, au moins un quart de son infanterie, tant pour occuper les postes nécessaires à la sûreté de la place dans tous les cas, que pour garnir convenablement ceux destinés à protéger la retraite de la sortie. La garde d'infanterie de la tranchée, aussi forte que les trois quarts de la garnison, sera donc suffisante pour recevoir et repousser la plus forte sortie que cette garnison puisse faire. Il n'en sera pas de même, à notre avis, de la garde de cavalerie, portée à un tiers de plus en nombre que la cavalerie de la place, quand cette garde sera partagée entre la droite et la gauche des attaques. Car la cavalerie de la place qui n'est pas, comme l'infanterie, obligée de laisser des postes en arrière, se portant tout entière contre la droite ou la gauche des attaques, y seroit supérieure à la cavalerie de l'assiégeant; ce qui pourroit entraîner pour celui-ci de graves inconvéniens, auxquels l'autre partie de sa

Le soldat doit avoir au moins 5 ou 6 jours de repos (¹). On règle en même temps la cavalerie qui doit porter la fascine, les travailleurs de jour et de nuit, qui doivent être en fort grand nombre les premières et secondes gardes; ce qui se fait un jour ou deux avant l'ouverture de la tranchée, à la diligence du major-général, et du maréchal-général-des-logis de la cavalerie, qui ont soin d'avertir les troupes, et de bien recon-

garde de cavalerie ne seroit pas à temps de remédier. Nous pensons donc que dans ce cas de partage de la garde de cavalerie, elle ne peut être moindre que le double de la cavalerie de la place, et par conséquent de 800 chevaux, au lieu de 600, dans le cas de l'exemple cité.

(1) Ceci est contradictoire à une partie de ce que l'auteur a déja réglé relativement à la force des armées assiégeantes, et nous avons fait voir qu'une armée de 90,000 hommes, qui, en vertu des proportions qu'il établit, assiégeroit une place de 18,000 hommes de garnison, ne pourroit guères avoir que quatre jours de repos. Que conclure de ceci? Que le mieux est, quand rien ne s'y oppose, d'assiéger avec une armée assez forte pour fournir à tous les services de l'attaque, en conservant au soldat 5 ou 6 jours de repos; mais que cependant, on peut se réduire à ne lui en donner que quatre, quand la force de la garnison est telle, qu'elle obligeroit à une armée énorme de siége, si l'on vouloit donner au soldat 5 à 6 fois autant de repos que de service.

noître les situations des gardes. Ces deux officiers doivent s'entendre avec le directeur-général de la tranchée, recevoir de lui les demandes journalières qu'il est obligé de leur faire sur les besoins de la tranchée, et avoir soin de les y faire fournir exactement.

Le jour de l'ouverture étant venu, les gardes s'assemblent sur les 2 ou 3 heures après-midi, se mettent en bataille, on fait la prière; le général les voit défiler, si bon lui semble. Les travailleurs s'assemblent aussi près de là, munis de fascines et de piquets, et chacun d'une pelle et d'une pioche. Quand la nuit approche, et que le jour commence à tomber, les gardes se mettent en marche, chaque soldat portant une fascine avec ses armes; ce qui se doit pratiquer à toutes les gardes.

A l'égard des outils, il suffit d'en faire prendre aux travailleurs des deux premières gardes, et de les faire laisser à la tranchée, où on les trouve.

La garde de cavalerie va en même tems prendre les postes qui lui ont été assignés sur la droite et la gauche des attaques, ou sur l'une des deux, suivant qu'il a été jugé convenable; tout cela se fait le premier jour en silence, sans tambours ni trompettes. Les grenadiers et autres détachemens marchent à la tête de tout, suivis des bataillons de la tranchée, et ensuite les travailleurs, qui sont disposés par divisions de 50 en 50, chaque division commandée par un capitaine, un lieutenant et deux sergens. On les fait marcher par 4 ou 6 de front jusques près de l'ouverture de la tranchée, où à mesure que les troupes arrivent, elles déchargent leurs fascines à l'endroit où l'on a dessein d'établir le dépôt.

Enfin le général, par honneur, pose la 1e fascine (¹), après lui le directeur des attaques pose la 2de, le 1r brigadier pose la 3e etc.

L'on fait filer les travailleurs un à un, à mesure que l'on pose, portant la fascine sous le bras droit, si la place est à droite, et sous le bras gauche, quand on la laisse à gauche.

(1) Dans un pays où le général, *par honneur*, pose la 1e fascine, les corps à priviléges sont jaloux de celui d'ouvrir la tranchée. Aussi le régiment des gardes françoises, quand il se trouvoit au siége, l'ouvroit-il à la 1e et principale attaque, et le 1r régiment *françois* l'ouvroit à la 2de. De là ces dénominations si communes dans l'histoire militaire des François: *l'attaque des gardes*, *l'attaque de Picardie*. Ceci paroît en soi n'être qu'une bagatelle, mais a contribué plus peut-être qu'aucune autre chose, à rendre les François supérieurs aux autres peuples dans l'attaque des places,

On observera

1°. un grand silence.

2°. D'empêcher le cliquetis des outils, c'est-à-dire de la pelle et de la pioche que le soldat porte ensemble.

3°. De les faire coucher sur leurs fascines, à mesure qu'elles sont posées par l'ingénieur qui trace.

4°. De ne point travailler qu'on ne le commande.

5°. Lorsque le tracé est fait et reconnu être bon, on fait *haut les bras*, et tout travaille, observant de jeter la terre du côté de la place.

On observera que pendant que l'on trace, les détachemens de grenadiers, à mesure que le tracé s'avance, avancent aussi en le couvrant; cest-à-dire en se portant entre le dit tracé et la place; et leurs bataillons sont de l'autre part, et les travailleurs entre deux (¹). C'est la meil-

(¹) Cet énoncé pourroit faire croire que Cormontaingne entend que les bataillons de la garde de la tranchée seront déployés en arrière des travailleurs, à la distance à-peu-près à laquelle leurs compagnies de grenadiers le sont en avant; mais la disposition générale qu'il donne immédiatement après pour une ouverture de tranchée, fait voir qu'il entend seulement que ces bataillons restent au dépôt, *toute la nuit à couvert*, pour se porter de là, par-tout où il

leure disposition qu'on puisse suivre pour une première ouverture d'attaque; elle fait face à tous inconvéniens.

Dispositif général pour une ouverture d'attaque, Figure 24.

Les troupes étant arrivées au lieu où en doit être le dépôt, et où l'on fixe ordinairement la queue de la tranchée, le gros des troupes M, N y reste toute la nuit à couvert (¹), prêt à mar-

en pourra être besoin; ce qui suppose qu'ils y sont en colonne, prêts à se porter au secours de leurs grenadiers, si ceux-ci sont attaqués. Cette dernière disposition est celle que prescrit Mr de Vauban, et que Cormontaingne ne fait ici qu'éclaircir. Quant à l'autre, elle nous paroît la plus mauvaise qu'on puisse prendre. Car ces bataillons déployés, s'ils marchent à l'ennemi, ne peuvent le faire qu'en passant sur le corps à leurs travailleurs, qu'en les jetant dans le plus grand désordre, et qu'en interrompant par conséquent le travail, vraisemblablement pour le reste de la nuit. Si, au contraire, ils font feu de leurs postes, ce qui de nuit peut fort bien arriver, les travailleurs reçoivent ce feu de la première main; et la crainte seule que cet événement n'arrive, est capable de les faire fuir à la 1e alarme.

(1) Cette disposition qui, nous le répétons, est celle de Mr de Vauban, est la meilleure dans le cas ordinaire d'une place à médiocre garnison, de laquelle on n'a point à craindre de sorties sérieuses, et qui puissent

cher aux besoins qui peuvent survenir pendant
ce temps.

Ce

renverser les détachemens qui couvrent les travailleurs. Si, d'un autre côté, cette ouverture de tranchée se fait à la faveur de quelque rideau, beaucoup
plus près de la place que la distance ordinaire à laquelle en est la 1e paralèlle, (et Cormontaingne la
met ici, sur la planche relative à son *dispositif* d'ouverture, à 150 toises seulement), c'est une raison
de plus, de dérober ainsi ces bataillons au feu de la
place. On ne peut cependant se dissimuler que, si
la place fait une grande sortie, ou seulement suffisante pour culbuter une des compagnies de grenadiers qui couvrent le travail, voilà le désordre mis
parmi vos travailleurs, et vraisemblablement votre
ouverture de tranchée manquée pour cette nuit; ce
qui est un très-fâcheux inconvénient. Or, c'est ce
qui doit cependant arriver, pour peu que la garnison
soit forte, et le gouverneur ferme et entreprenant.
Aussi, voulant donner une disposition qui convint
partout, et qui parât à tout inconvénient, avons-
nous dans notre *Essai général de fortification et
d'attaque et défense des places*, conseillé de déployer les bataillons de la garde de la tranchée, immédiatement en avant des travailleurs, et de poster en
avant d'eux, et vis-à-vis de leurs intervalles, leurs
compagnies de grenadiers. De cette manière, l'ouverture de la tranchée est sûre, et nulle sortie ne
peut parvenir jusqu'aux travailleurs. C'est la méthode qui étoit enseignée à l'école de Mezières, et
qui

Ce premier mouvement ne se doit faire qu'après une heure au moins de nuit close. C'est pour ce temps qu'il faut être rendu aux-dits dépôts, dont l'un se fait à la droite de l'attaque A, et l'autre à la gauche B.

Expliquons une droite, et la gauche s'entendra de même. On fait cheminer la colonne de travailleurs C ayant sur sa droite à distance égale les compagnies de grenadiers D, jusqu'à ce qu'on soit parvenu à un point G, où doit passer la parallèle; à ce point, l'ingénieur principal commence à poser, pour arriver au centre de l'attaque I (¹), un à un pour chaque travailleur;

qui avoit été suivie dans les grands sièges de la guerre de Flandre, Tournai, Berg-op-zoom, Mastricht etc. Car nos commandans, (Mrs de Ramsault, du Vignau et Dumoulin) ne nous enseignoient rien qu'ils n'eussent pratiqué à cette guerre, où ils s'étoient distingués.

(1) On osera encore ici être d'un avis différent de l'auteur, et proposer un autre ordre de tracé et de *pose*, pour le cas de l'exemple qu'il choisit, de deux colonnes chargées du travail, l'une de la droite, l'autre de la gauche de l'ouverture de la tranchée. Cet ordre qu'on préféreroit, consisteroit à faire arriver les deux colonnes à la fois au centre, ou très-près du centre du tracé. De ce point de raccordement, qu'on ne risqueroit plus de manquer, les colonnes se porteroient, en se développant, et en posant sur le

G

une compagnie de grenadiers marche à la tête, à 40 ou 50 pas en avant, et les autres cheminent à égale distance, entre les travailleurs et la place, pour les couvrir à 30 ou 40 pas, en sorte que le travail de cette droite étant posé, lesdites compagnies de grenadiers F se trouvent placées à égale distance le long du dit travail, et couchées

champ les travailleurs, l'une à droite, l'autre à gauche; et, à mesure qu'on reconnoîtroit que le tracé passe bien par les points qui lui seroient prescrits, on feroit aussitôt faire *haut les bras* aux travailleurs déja posés. Chaque colonne de travailleurs arriveroit ainsi jusqu'à l'extrémité de l'aile de parallèle qu'on lui auroit donnée à faire, et le pis qui pourroit arriver en cas d'erreur, seroit que cette extrémité fût avancée ou reculée de quelques toises de trop. Il n'en est pas de même, et toute erreur est de conséquence, en cheminant et en posant, des ailes vers le centre. Que l'une des deux colonnes s'y porte de quelques toises trop en avant, tandis que l'autre y arrive d'autant en arrière, voilà un raccordement à faire, qui demande du temps, et qui toujours entraîne la nécessité de ne travailler nulle part, qu'il ne soit fait. On peut aussi, en finissant sur le centre, avoir excès ou disette de travailleurs, s'il y a eu erreur dans la supputation ou dans la fourniture qu'on en a faite. En finissant par les ailes, au contraire, on finit toujours juste avec ce qu'on a de travailleurs, et on les emploie, chemin faisant, à mesure qu'on les place.

sur le ventre, avec leurs sentinelles en avant d'elles du côté de l'ennemi, à la manière accoutumée.

Si cette parallèle commencée sur la droite G, allant vers le centre I, demande d'être prolongée de G en H, on laisse ce travail à la queue des travailleurs, avec un ingénieur qui les conduit; c'est dans ce même temps qu'un autre ingénieur entreprend la ligne de communication L K. Ces deux derniers ouvrages qui sont plus éloignés de la place, et moins exposés, ne demandent chacun qu'un piquet en tête.

Continuation de l'ouverture de la tranchée.

Les travailleurs font diligence cette 1e nuit, tant qu'ils peuvent, jusqu'au grand jour, avant lequel on retire les détachemens pour les placer derrière le travail; mais on ne doit pas se presser de congédier les travailleurs de nuit, que la tranchée ne soit mise à 3 pieds de profondeur, sur 4 de largeur par le bas. C'est pourquoi, il faut veiller à ce que tous travaillent rondement, et ne s'amusent pas derrière, aussitôt qu'ils ont remué un peu de terre, et même les avertir qu'ils ne seront congédiés, que lorsque leur travail sera au point qu'on vient de dire; ce qui étant fait, au jour on les congédie, et on les

relève par un pareil nombre de travailleurs de
jour, qui commencent par la tête, au contraire
de ceux de la nuit, qui ont commencé par la
queue (¹). Il est rare que cette 1e journée
puisse bien achever les ouvrages qu'on a com-
mencés, quelques soins que l'on puisse se donner pour cela, parce que d'ordinaire on en entreprend beaucoup.

On ne doit pas cependant congédier les travailleurs de jour, qu'ils' n'ayent à-peu-près
achevé l'ouvrage, de la largeur et profondeur
qu'on veut le mettre; ce qu'on a bien de la
peine à obtenir des ouvriers, qui ont toujours
grande envie de s'en retourner, et très-peu d'a-
chever. C'est pourquoi, il est à propos de faire
parcourir le 2d jour le travail de la 1e nuit, par
un détachement de travailleurs, et parer ce qui
a été commencé la nuit.

(1) Cela veut dire, qu'ici l'on fait travailler les travailleurs,
à mesure qu'on les place, et par conséquent ceux de
la tête de chaque colonne, les premiers; tandis que la
nuit, il a fallu, avant de commencer à travailler, reconnoître si l'on s'étoit bien réuni sur le centre, en y arrivant de droite et de gauche, avec les queues des colonnes, lesquelles queues par conséquent, commencent les
premières à travailler; inconvénient qu'on vient, dans
la note précédente, de donner moyen de lever.

La 2e garde, le masque étant levé, monte la tranchée, tambour battant, et l'on pose encore à découvert; mais il s'en faut bien qu'on entreprenne autant de travail que la 1e nuit.

On trace ordinairement à la fascine, jusques et compris la 2e parallèle, à 150 toises des saillans du chemin couvert, où l'on établit les batteries en règle pour ruiner les défenses, faire taire le canon de l'assiégé, et l'y accabler par les ricochets de nuit, et le plein fouet de jour.

Les bataillons occupent toujours les parallèles, et l'on ne met que des grenadiers et détachemens dans les zigzags en avant, avec ordre de se retirer, si l'ennemi fait une sortie, et vient à eux.

On paye les travailleurs de nuit à 20 sols chacun, et les travailleurs de jour à 15 sols.

C'est un officier d'infanterie qui est établi major de la tranchée, pour en faire le détail, aidé d'un ou de deux aide-majors et de trois ou quatre garçons-majors, et qui tient registre de ces payemens pendant le courant du siége.

Réglement pour le travail de nuit et de jour.

Le soldat dans sa nuit sera tenu de mettre le travail sur l'étendue de sa fascine, à 3 pieds de profondeur, sur 4 de largeur, et ne sera relevé

au jour, que lorsque son travail sera achevé.
Cet ordre doit être enjoint par le général de l'armée, et un chacun dans son district doit maintenir cet ordre.

Le travailleur de jour sera tenu d'élargir cette
tranchée de 4 autres pieds, sur cette même profondeur et longueur de fascine. Lorsque ce
sont des sapes ou tranchées faites au gabion, on
observera le même ordre, pour le travail de la
nuit, sur deux gabions pour chaque travailleur,
et semblablement pour le travail du jour.

En Flandre, on donnoit 20 sols à chaque travailleur de nuit, et 15 sols à chaque travailleur
de jour. Autrefois on donnoit seulement 15
sols la nuit, et 10 sols le jour.

Devis sur le profil des tranchées.

1°. La 1e place d'armes ou parallèle aura
9 pieds de large dans le fond, non compris les
banquettes.

2°. On ne fait point feu de cette parallèle sur
les ouvrages de la place, dont on est alors à
300 toises; ordinairement on se contente d'y
faire des banquettes devant et derrière, pour
sortir commodément en cas de besoin, et aller
à l'ennemi, si à cette distance il engage des sorties qui ne sont pas encore extrèmement dangereuses. Voyez le profil, figure 25, où A mar-

Pl. 4.

que la fascine du tracé de la tranchée, et B les
outils et matériaux déposés sur son revers.

3°. Lorsque la garnison n'est pas puissante,
on diminue quelque chose du travail de cette
tranchée, et l'on se contente d'en ajuster une cin-
quantaine de toises sur la droite, et autant sur
la gauche, dans le goût que l'on vient de voir,
pour y poster un bataillon à chaque endroit sur
cinq de hauteur (1), assis sur les banquettes de
part et d'autre, une sentinelle sur la droite et
une sur la gauche.

S'il y a trois marches de zigzags, on fait un
pareil établissement dans chacun des deux inter-

(1) C'étoit l'ordre de bataille habituel d'un bataillon du
temps de l'auteur, et il faut convenir que pour le
cas présent de repousser une sortie, et d'aller la
charger à la baïonnette, en passant par-dessus la parallèle, au moyen de gradins tels qu'en pratique l'auteur, cet ordre vaut bien l'ordre mince d'aujourd'hui,
sur deux rangs, ou tout au plus sur trois. Au reste,
si l'on avoit le projet de recevoir ainsi les sorties, on
pourroit ajuster de semblables portions de places
d'armes, sur la droite, la gauche et le centre de l'attaque, et y placer des bataillons à rangs doublés, et
par conséquent sur six de hauteur; mais si l'on veut
les laisser sur 3, alors la largeur de 7 pieds, que,
dans notre *Essai général de fortification*, nous
avons donnée au fond de notre tranchée, sera plus
que suffisante pour les contenir en bataille.

valles compris entre ces marches (¹); et le reste
s'ajuste comme au profil, figure 26, dans lequel
A marque la fascine du tracé.

4°. Si la garnison est foible, on néglige tout
ce petit appareil; on se contente de donner 7 à
8 pieds de largeur au fond de la tranchée, et l'on
répand les troupes également sur toute l'étendue de la parallele, ou place d'armes construite
la 1e nuit (²), dont il est ici question. Voyés
figure 27.

(1) Ce qu'on appelle une marche de zigzags, est la série
de ceux qui cheminent sur la même capitale, en la
recroisant successivement. Si donc on ne chemine
en zigzags que sur la droite et la gauche de l'attaque, cette attaque n'a que *deux marches de zigzags;*
si l'on chemine en outre sur le centre, elle en a
trois. Au reste, si, lorsqu'elle en a trois, l'auteur
croit nécessaire de former dans chaque intervalle un
établissement pour un bataillon destiné à repousser
les sorties, à plus forte raison en doit-il former un
dans l'unique et plus grand intervalle, que laissent
entr'elles les marches de zigzags d'une attaque qui
n'en a que deux. Il étoit de mon devoir d'avertir
les lecteurs qui ne sont pas du métier, de cette ré-
ticence, bien suppléée pour ceux qui en sont, par
l'esprit de tout ce que l'auteur prescrit dans cet
article.

(2) C'est la méthode la plus usitée, et celle qu'en conséquence nous avons suivie dans notre *Essai général
de fortification.* Mais nous n'en rendons pas moins

5°. La 2e parallèle, qui est celle où se font les batteries à 150 toises des angles du chemin couvert (¹), se trace encore à la fascine. Elle

hommage aux vues supérieures de l'auteur, dont la méthode convient beaucoup mieux contre une garnison forte, ou seulement entreprenante. Or, comme l'assiégeant ne peut d'avance savoir ce qu'elle est, au moins à ce dernier égard, il fera toujours sagement de préférer la méthode de notre auteur, à une plus leste, qui véritablement ne suffit point à tous les cas.

(1) Je ne puis dissimuler que cette décision, qui est conforme à l'esprit, sinon à la lettre des préceptes de Mr de Vauban, condamne *l'Essai général de fortification* relativement à ce qui y est recommandé dans plus d'un endroit, d'établir des batteries à ricochet sur la 1e parallèle, à 30 ou 40 toises en avant de cette place d'armes. Sans prétendre appeler de cet arrêt, nous nous permettrons d'en discuter les motifs. La 2e parallèle, passant à 150 toises des saillans du chemin couvert, donnera au décagone pour distance de la batterie à ricochet d'une face de bastion, 250 toises, distance qui ne fera qu'augmenter avec l'ouverture des angles du polygone, et conséquemment de ceux des bastions. Si donc cette batterie étoit reculée jusques sur la 1e parallèle, ou seulement jusqu'à 30 ou 40 toises en avant de cette place d'armes, la distance deviendroit au moins de 450 toises. Or, l'effet du canon n'acquérant une sorte de sûreté qu'à 400 toises environ, il s'ensuit que celui de canon à ricochet, encore plus incertain,

doit-être conditionnée comme ci-devant, figure
25 et 26; le trop de négligence seroit condamna-
ble pour cette place d'armes.

puisqu'il tire par plongée, ne doit pas être recherché
au-delà de cette distance, où cependant il ne faut
pas perdre de vue qu'il a une latitude d'environ
50 toises dans le sens de la direction ou de l'ampli-
tude de sa portée, pour en produire un bon. Car
tout boulet qui, franchissant la face qui lui est opposée, et enfilant celle dans le prolongement de laquelle il tire, ne franchira pas *de volée* le parapet du
flanc qui termine cette dernière, pourra faire de l'effet; celui d'emporter des têtes s'il passe haut, et
celui de rompre des affûts s'il passe bas; effet que
dans ce dernier cas il peut répéter tout le long de la
face, au moyen du ricochet. Mais même au décagone, et à quelque polygone que ce soit, les grandes demi-lunes à la Cormontaingne, à la Cœhorn, et
même du 3e système de Vauban, rencontrent la 1e
parallèle par le prolongement de leurs faces, à 340
toises de leurs angles flanqués, et par conséquent
les batteries à ricochet établies en avant de cette
place d'armes contre ces demi-lunes, n'en seront
guères éloignées que de 300 toises, et feront de là
un fort bon effet. Il y a plus; à l'attaque d'un exa-
gone du 1r système de Vauban, les prolongemens
des faces tant des bastions que des demi-lunes vien-
dront recouper la 1e parallèle à 375 toises de leurs
angles flanqués, et par conséquent les batteries à ricochet de ces faces ne seront distantes des mêmes

6°. Comme il y a toujours quelques couverts, ravins, chemins creux etc. sous le canon des places, qui en favorisent les approches, on se trouve le plus communément dispensé de faire la 1e paralléle, et l'on établit dès la 1e nuit la 2de, qu'on fera toujours comme on vient de le dire.

7°. Les zigzags ou communications, qui y conduisent de droite et de gauche, et même au centre quelquefois, se font comme le profil, fig. 28, car on n'y tient point de troupes, lorsque la paralèlle peut contenir la garde de la tranchée, et qu'elle est appuyée de part et d'autre.

angles flanqués, que d'environ 340 toises, distance qui promet certainement de bons effets. Renvoyant donc à *l'Essai général*, pour les motifs d'établir dès le début les batteries à ricochet, nous dirons qu'on peut les établir à 30 ou 40 toises en avant de la 1e paralléle, 1° contre les grandes demi-lunes de tous les polygones; 2° contre les bastions et demi-lunes de tous les polygones au-dessous du décagone; et 3° enfin, qu'en portant la 1e paralléle en avant, de 50 à 60 toises, on peut les établir de même contre les bastions et demi-lunes des polygones du plus grand nombre de côtés. Quand, dans ce dernier cas, des raisons invincibles s'opposeront à ce rapprochement de la paralléle, il faudra bien prendre le parti d'attendre plus tard, et jusqu'à la 2e paralléle, à établir ces batteries.

8°. Il y a une remarque générale à faire, que les tranchées doivent toujours avoir 3 pieds de profondeur, et qu'il n'y a que la largeur qui varie, et l'appropriement intérieur du parapet, eu égard aux circonstances qu'on vient d'alléguer.

9°. Tous les travaux en avant de la 2e parallèle se font au gabion, soit en sape volante de nuit, soit en sape couverte de jour.

10°. *Sape volante*; c'est lorsqu'on trace un boyau de nuit avec des gabions, comme on le fait avec des fascines, de sorte qu'y ayant un homme à chaque gabion, il n'a de creusement à faire que sur l'étendue de ce gabion (¹); c'est-à-dire 3 pieds au plus; ce qui fait qu'il est bien plutôt à couvert que lorsqu'on trace avec des fascines; ce qui couvient aussi, le danger étant plus grand ici que ci-devant.

(1) Ceci contredit le *règlement* rapporté plus haut, lequel donne deux gabions à remplir à chaque travailleur, et prouve évidemment que ce règlement, transcrit, ainsi que quelques autres pièces *officielles*, par Cormontaingne, n'est nullement son ouvrage. Il avoit sans doute été donné à quelque siége, où vraisemblablement on suivit la pratique vicieuse qu'il rapporte et improuve plus bas, de faire d'abord poser les gabions de la sape volante par les sapeurs, et de les faire ensuite remplir par les travailleurs.

11°. Il y a des ingénieurs qui font poser les gabions par les sapeurs, ensuite posent les travailleurs derrière; mais nous croyons qu'il convient d'en user ici comme avec la fascine; c'est-à-dire de faire filer les travailleurs portant chacun un gabion, une pelle et une pioche, et poser le gabion, et le travailleur qui le portoit, derrière, lequel se met à creuser, et de suite tous les autres travailleurs l'un après l'autre; nous n'avons jamais fait autrement. De cette dernière façon, l'on fait beaucoup d'ouvrage, et en état de recevoir les travailleurs de jour en sûreté; au lieu que de l'autre manière, il se fait peu d'ouvrage, et le jour venant à surprendre avant qu'on y soit en sûreté, on est forcé de le laisser-là, et de le reprendre la nuit suivante. Il est vrai que de la façon que nous le proposons, l'ingénieur risque beaucoup, et que de l'autre façon, il ne risque point du tout: cela est vrai, mais suivant ce que nous entendons, l'ingénieur sert fort bien le roi; et de l'autre façon, il le sert fort mal; sur quoi il n'a point d'excuse, surtout lorsqu'on l'oblige à se cuirasser.

12°. La 3e parallèle sur la queue du glacis de la place, à 30 toises environ des saillans du chemin couvert, doit être construite avec les mêmes égards que ci-devant, et même d'une couple de pieds plus large dans le fond. La même

chose doit s'entendre des demi-parallèles, entre
la 2e et la 3e parallèle, comme il se voit aux

Pl. 4. profils, figures 29 et 30, dont la 1e représente
une place d'armes à faire feu, et la dernière une
place d'armes pour aller insulter le chemin couvert de la place. Dans celle-ci, A indique un
gabion du tracé.

13°. Les communications de la 2e à la 3e parallèle seront comme celles ci-devant.

Remarque.

Suivant ce que nous venons de dire de la
sape volante, il n'y faut point de sapeurs, mais
seulement des travailleurs ordinaires de la ligne;
et nous avons été témoins plus d'une fois, que
des sapeurs, pour s'être présentés sans rien faire
que de regarder, s'étoient fait payer au nombre
de trois ou quatre qu'ils étoient, de 100 toises
courantes et plus de sape, à 30 sols la toise, qu'ils
se faisoient toiser le lendemain au jour, sans y
avoir touché un gabion, ni remué une pelletée
de terre; ce qui est une friponnerie intolérable.
Le mieux est de leur donner une tâche pour
leur nuit, où ils travaillent seuls, pour s'en dé-
barrasser lorsqu'on n'en a que faire, et au jour
ils travaillent à la sape couverte, où il n'y a plus
de friponneries pareilles à celle que nous venons
d'indiquer.

Si on l'aime mieux, on peut les occuper à coëffer les gabions de la sape volante, lorsqu'ils sont pleins, avec des fascines, ou à faire des banquettes; et on leur donne à chacun une toise courante ou deux de sape, pour leur salaire.

Remarque sur la disposition des zigzags.

1°. Eviter soigneusement les enfilades.

2°. Faire les premiers zigzags plus grands que les derniers, en donnant 30 ou 35 toises aux plus grands, et 10 à 12 toises aux plus courts, lorsqu'on arrive sur la queue des glacis (1).

(1) Ces longueurs sont moins celles des zigzags, que celles des perpendiculaires abaissées de leurs extrémités sur la capitale qu'ils recroisent. Prenez donc sur la 1e parallèle, supposée distante de 300 toises du chemin couvert, à droite et à gauche de chaque capitale, 30 à 35 toises, et sur la 3e parallèle, supposée distante de 30 toises des saillans du même chemin couvert, 10 à 12 toises; tirez des droites qui joignent ces quatre points, et l'espace qu'elles renfermeront, sera celui dans lequel doit se circonscrire le marche entières des zigzags que vous avez à faire cheminer sur cette capitale. De cette manière, non-seulement vous ne faites point l'ouvrage superflu que de plus longues portions de zigzags entraîne-roient, mais encore, et ce qui est plus essentiel, vous ne risquez point de masquer le feu de vos premières batteries, ni celui de la mousquéterie de por-

3°. De couvrir les retours, en débordant de
2 ou 3 toises au-delà du nécessaire, et cela en
accroissement de la ligne en retour.

4°. De jeter toujours la terre du côté de
la place, et, du surplus, mettre le fond de la
tranchée, (alignant proprement ses bords),
un peu en pente sur le derrière, avec une petite rigole, pour y attirer les eaux des pluies
et les écouler.

5°. De faire de distance en distance des batteries, qu'on renouvelle de temps à autre, pour
en faire de nouvelles.

Disposition des troupes dans la tranchée, pour résister aux efforts des sorties de l'assiégé.

Nous supposons ici une marche d'attaque
conforme aux meilleurs principes connus et
confirmés par l'expérience.

tions trop considérables de vos parallèles. A moins donc
de circonstances extraordinaires qui le motivent, on
fera fort bien de ne point sortir des limites posées par
notre auteur, en cheminant en avant de la 1e parallèle,
si surtout c'est sur cette place d'armes que sont établies les premières batteries. Quant aux communications des dépôts à la première parallèle, ou à tout
autre zigzag en arrière de cette place d'armes, on
peut les faire aussi longs que l'on veut, pour peu
que cela paroisse plus commode.

L'objet

L'objet des sorties de l'assiégé est de culbuter une partie de tranchée mal soutenue, et incapable d'en soutenir l'effort.

Il suit de là que les précautions de l'assiégeant doivent être proportionnées aux efforts de ces sorties; c'est-à-dire en langage bien clair, à la force de la garnison; de sorte que, cette force déterminée, ces précautions varient autant que les garnisons varient, et que la situation des accès devient différente.

On conclut de ceci, que tout principe en ce point est purement spéculatif, et ne sert qu'à donner des idées préparatoires sur la meilleure conduite à tenir, pour repousser les sorties de l'assiégé, qui tenteroient d'insulter les tranchées.

Soit pour le travail de la 1e nuit, la parallèle A, fig. 31, à 300 toises de la place; au jour, elle Pl. 5. a 4 pieds de largeur tout au plus; elle reçoit la garde de la tranchée sur un homme de hauteur seulement; encore les travailleurs de jour trouvent-ils de l'embarras à faire l'élargissement pour perfectionner cette 1e parallèle.

Vers les 3 heures après-midi, la tranchée est mise à 8 pieds de largeur. En ce moment, toute la garde de la tranchée répandue dans les communications B, se porte dans la parallèle A, pour y doubler un second rang de troupes.

H

Voici aussi le 1r moment où l'assiégé pourra
avoir examiné la position de la 1e parallèle, avoir
formé une disposition de sortie, assemblé ses
troupes dispersées en différens endroits, et les
ranger dans le chemin couvert relativement à
cette disposition. Il n'a pas plus de temps qu'il
ne faut, pour peu que la sortie soit nombreuse ;
enfin il défile et sort par ses barrières, se met
en bataille sur le glacis, et marche pour aller à
l'insulte.

Notre parallèle garnie de deux hommes de
hauteur contient un bataillon par chaque cent
toises courantes. Voyant paroître l'ennemi qui
débouche de son chemin couvert, chaque bataillon doit se mettre en bataille sur le revers de
la tranchée, et attendre dans cette posture les
ordres de celui qui la commande.

Ce général, qui sans doute donne son coup
d'oeil sur les mouvemens de l'ennemi, et qui
reconnoît d'abord où il a dessein de porter son
1er effort, fait tenir ferme aux troupes vis-à-vis
cet effort, et marcher les autres, pour donner
sur les flancs de la sortie, et la couper, lorsqu'elle s'engage avec la tranchée si loin de sa
place. Ce général le peut sûrement, s'il a le
coup d'oeil assuré, et qu'il soit exactement obéi.
Il en a le temps et les moyens, parce que l'ennemi a beaucoup de chemin à faire pour attein-

dre cette 1e parallèle.   Nous supposons la garde
de la tranchée plus forte ici que la sortie, ainsi
que cela doit être.

Il est des cas extraordinaires qui n'entrent
point dans les principes généraux, comme par
exemple, lorsqu'il y a une armée entière enfer-
mée dans une grande place assiégée, qui présente
une vraie bataille à une garde de tranchée qui
lui est inférieure en force.   Un semblable siége
n'est pas raisonnable, et doit être tourné en
blocus.   Ainsi nous laissons à d'autres de semblables dissertations, et nous nous renfermons
dans les cas ordinaires, où nous ne verrons jamais de sorties sur une parallèle portée à la distance de 300 toises de la palissade, lorsqu'elle
est établie selon les bons principes de l'art; ou
du moins ces sorties seront très·maltraitées.

La garde de la 1e tranchée étant donc ainsi
posée, on pousse la nuit suivante en avant les
zigzags jusqu'aux demi-parallèles C, qui sont
encore sous la protection de la 1e parallèle A;
mais pour aller plus loin, il faut élargir ces deux
demi-parallèles, en sorte qu'il s'y puisse recevoir
un bataillon; et le reste de la garde demeure derrière en D.

Or une tranchée de 8 à 9 pieds de large dans
le fond, avec banquettes de part et d'autre, suffit
pour recevoir 5 hommes de hauteur, de sorte

H 2

qu'on doit donner une quarantaine de toises de
longueur aux dites demi - parallèles C; ainsi
nous avons ici 6 bataillons en tête, soutenus de
ceux postés en D; ce qui assure la continuation
des zigzags, jusqu'à la 2e parallèle E.

On se conduit à cette 2e parallèle, comme
à la première ci - dessus, avec cette remarque,
qu'on fait des élargissemens à cette parallèle aux
endroits F, sur 40 toises de longueur, pour poster à chacun desdits endroits F, un bataillon sur
5 de hauteur, de manière que nous avons ici
10 bataillons en bataille, prêts à marcher à la
rencontre de l'ennemi, et qui soutiennent les
zigzags jusqu'aux demi-places d'armes G, que
l'on ajuste aussi comme celles ci- devant, pour
soutenir les autres zigzags jusques à la 3e parallèle H sur le glacis de la place.

Cette 3e parallèle doit être accommodée de
manière à contenir 5 hommes de hauteur sur
toute son étendue; car c'est ici où les sorties
sont le plus à craindre par la proximité de l'ennemi, qui a peu de chemin à faire pour tomber
dessus; mais étant une fois accommodée comme
nous le disons, il n'y a plus rien à craindre,
toute la garde de la tranchée se trouvant réunie
en bataille sur une même ligne. De plus, l'ennemi ne sauroit défiler par ses barrières, et se
former sur le haut du glacis, sans essuyer le feu

de la tranchée à bout touchant. Ce feu, qui ne pourroit manquer d'être des plus vifs, le détruiroit avant qu'il pût nous porter atteinte; ce qui fait donc que les présentes sorties ne sauroient agir que sur les ailes de l'attaque, à quoi on aura pourvu, en appuyant bien les dites ailes, ou en les fermant par des boyaux de communication (1).

(1) Il y a dans tout ceci une contradiction qui ne peut échapper à personne. Après avoir dit que la 3e parallèle est celle où les sorties sont le plus dangereuses, et l'avoir en conséquence garnie de bataillons à 5 de hauteur sur toute l'étendue de son front, l'auteur finit par remarquer judicieusement qu'elle n'est point attaquable par ce front, et qu'elle ne l'est que par ses flancs. C'étoit donc sur ces flancs et dans les boyaux qui les ferment, qu'il falloit poster ces épais bataillons, et ne mettre sur ce front, vis-à-vis duquel il est si difficile de se déployer, que quelques compagnies de grenadiers, ou autres détachemens suffisans pour empêcher par leur feu l'ennemi de déboucher de son chemin-couvert, et de se former sur le haut du glacis. Au reste, il faut toujours à cette 3e parallèle une grande largeur, pour contenir au besoin les troupes destinées à l'attaque de vive force du chemin couvert, et plusieurs banquettes ou gradins, pour pouvoir être franchie sans désordre lors de cette attaque. Il n'y a donc ici de trop, que le motif donné à cet élargissement et à ces gradins, et que cet entassement

Pour conclusion, nous ne croyons pas que les sorties puissent endommager une attaque où l'on se sera conduit comme nous venons de le rapporter (¹).

> prématuré de troupes, qui n'y doivent venir qu'au moment de l'attaque de vive force du chemin-couvert.

(1) Nous ne pensons pas que personne conteste à l'auteur sa conclusion, et l'on peut regarder tout ce qu'il vient de prescrire, comme le *Maximum* des précautions à prendre pour mettre une garde de tranchée en état d'agir avec vigueur contre les sorties, et de les combattre corps à corps. Or ce genre de combats, où la perte est ordinairement considérable de part et d'autre, convient d'autant mieux à l'assiégeant, qu'il est plus rigoureusement interdit à l'assiégé, à qui la perte d'un homme est plus sensible que ne l'est celle de quatre à l'assiégeant. L'assiégé donc, s'il se voit une fois reçu de cette manière, ne s'y présentera plus en force, et ne fera plus que de petites sorties, et conséquemment que de peu d'effet. Au reste, il paroît que notre auteur n'a eu ici en vue que de montrer la possibilité, que l'infanterie seule, et sans nul autre secours, avoit de contenir la plus forte garnison, et d'en repousser les sorties; sans quoi il n'eût sans doute pas manqué d'y faire intervenir la garde de cavalerie de la droite et de la gauche de l'attaque, dont il a fait ailleurs mention expresse. Il n'eût pas manqué non plus d'appuyer de redoutes les extrémités de ses parallèles. Enfin, s'il y eût joint le canon et les obusiers de cam-

De la sape.

Comme la sape fait une partie considérable de la tranchée, on croit devoir dire comment on la conduit.

On entend par sape, une tête de tranchée poussée pied à pied, qui va jour et nuit également. Quoiqu'elle avance peu en apparence, elle fait beaucoup de chemin en effet, parce qu'elle marche toujours. De nuit, on travaille à la sape volante, comme il a été expliqué ci-devant, et de jour à la sape couverte, comme nous allons le détailler. C'est un métier qui demande une espèce d'apprentissage pour s'y rendre adroit, auquel le soldat est bientôt fait, quand le courage et le desir du gain sont de la partie.

L'ingénieur ayant instruit les sapeurs du chemin qu'ils doivent tenir, on commence par se

pagne chargés à cartouche, pour être placés momentanément au besoin, et être tirés à barbette par-dessus le parapet de la tranchée, il eût donné un ensemble de moyens de résister aux sorties, tel qu'on ne balance pas à le croire suffisant contre une place dans laquelle se seroient jetés les débris d'une armée battue; car la tranchée ne seroit alors autre chose qu'un retranchement redoutable, à plusieurs lignes redoublées, garnies de troupes et de canon, que cette armée battue ne seroit vraisemblablement ni en état ni en volonté de forcer.

munir à portée sur le revers de la tranchée, de
gabions, sacs à terre, fourches de fer, crocs, gros
maillets, gabions farcis etc.

Cela fait, on perce la tranchée par une ouverture que les sapeurs font dans l'épaisseur de
son parapet, à l'endroit qui leur est marqué.
Le sapeur qui mène la tête, commence par faire
place pour son premier gabion, qu'il pose sur
son plan, et arrange de la main, du croc et de
la fourche, du mieux qu'il peut. Il pose ledit
gabion en sorte que les pointes des piquets soient
en haut, pour que les fascines dont on le charge,
y soient retenues, en donnant quelques coups
du plat de la pioche dessus; mais auparavant le
sapeur remplit le gabion de terre, en la jetant
de biais en avant, et se tenant un peu en arrière
pour ne pas se découvrir. A mesure qu'il remplit le 1er gabion, il frappe contre, de temps en
temps, de son maillet ou de sa pioche, pour faire
entasser la terre.

Ce premier étant rempli, il en pose un second sur le même alignement, qu'il arrange et
remplit comme le précédent, et après un troisième avec les mêmes précautions, qu'il remplit
aussi; après ce 3e un quatrième; ce qu'il continue toujours de la sorte, en se tenant à couvert
et courbé derrière ceux qui sont remplis. Mais,
parce que les joints des gabions sont fort dange-

reux avant que la sape soit achevée, il les faudra
fermer de deux ou trois sacs à terre posés bout
sur bout sur chaque joint, que le 2d sapeur arrange, après que le 3e et le 4e les lui ont fait passer.

Cette conduite des sapeurs dans la construction de la sape fait connoître qu'ils n'ont guères
à craindre du feu direct de la mousquèterie de la
place; mais il n'en est pas de même de celui des
saillans vers lesquels la sape chemine, quoiqu'on
s'en défile; le premier sapeur à la tête de la sape
a beaucoup à craindre ce feu d'écharpe, et y est
continuellement exposé; c'est pourquoi, il doit
toujours rouler devant soi un gabion farci; c'est
son salut.

Au 20e ou 30e gabion posé et rempli, on re-
prend les sacs à terre de la queue, pour les re-
porter en avant, afin de les épargner; de sorte
qu'une centaine de sacs à terre bien ménagés
peut suffire à conduire une sape depuis le commencement jusqu'à la fin.

A l'égard de la sape, voici comme elle se doit
conduire. Le 1er sapeur creuse 1 pied ½ de
large sur autant de profondeur, laissant une
berme d'un pied près le gabion, et talutant un
peu du même côté.

Le 2d élargit de six pouces, approfondit d'autant; ce qui fait deux pieds de large, et autant
de profondeur.

Le 3e, aussi bien que le 4e, creuse encore un demi-pied et élargit d'autant. Ce dernier fait le talus, et réduit la sape à 3 pieds de profondeur et 3 pieds de largeur par le haut, revenant à 2 pieds $\frac{1}{2}$ sur le fond, les talus parés; ce qui est la mesure que nous demandons pour la rendre parfaite en qualité de sape.

Il reste quatre hommes à employer de la même escouade, qui se tiennent en repos derrière les autres, et font rouler les gabions et fascines aux quatre de la tête, afin que ceux-ci les trouvent sous la main. Ils leur font aussi glisser des fascines pour garnir le dessus des gabions, quand ils sont pleins; savoir deux sur les bords, et une dans le milieu, qu'on a soin de faire entrer dans les piquets pointus des gabions qui en surmontent le clayonnage, afin de les tenir fermes; après quoi, on les charge de terre.

L'excavation de ces 3 pieds de profondeur et de largeur fournit les terres nécessaires à remplir les gabions, et une petite masse de parapet formant un talus à terre courante du côté de la place, qui est rempli de haut en bas, et ne peut être percé que par le canon.

Quand les quatre premiers sapeurs sont las, et qu'ils ont travaillé une heure ou deux avec force, ils appellent les 4 autres, lesquels prenant la place des premiers, travaillent de même force, jusqu'à ce que la lassitude les oblige à rappeler les autres, en observant que celui qui a mené la tête, prend la queue des quatre à la première reprise du travail; car chacun doit mener la tête à son tour, et y poser une pareille quantité de gabions, afin de partager également le péril et le travail. De cette façon, on fait une grande diligence, quand la sape est bien fournie.

Du surplus, on marche à la sape, non seulement en avant, mais aussi à côté, sur les prolongemens de la droite et de la gauche; et, pour l'ordinaire, on voit des 4, 5 et 6 sapes dans une attaque, qui toutes marchent à la fois à leurs fins.

Dans le même temps, l'ingénieur qui dirige les sapes, doit avoir soin de faire servir les gabions et fascines à la tête desdites sapes; ce qui se fait par l'intervention de celui qui commande à la tranchée, qui lui fait fournir le monde dont il a besoin.

On doit remarquer qu'on ne doit travailler à la sape, que lorsque le canon de l'attaque commence à agir aussi, car elle ne peut se pousser qu'à la faveur de son feu qui attire celui de l'ennemi, qui laisse alors la tête des sapes tranquille; sans quoi il seroit impossible d'y rien tenter de jour, tout y seroit écrasé.

A mesure que la sape avance, on fait garnir celle qui est faite, par les travailleurs de la tranchée, qui l'élargissent jusqu'à ce qu'elle ait 7 à 8 pieds, si ce sont des zigzags ou communications, et 10 à 11, si ce sont des places d'armes, comme il a été détaillé ci-devant, et toujours sur 3 pieds de profondeur, dans tous les cas.

Pl. 6. La figure 32 fait voir le profil d'une tête de sape, dans laquelle

A est le gabion farci qui couvre le sapeur des coups d'écharpe.

B gabion à remplir, pour former l'épaulement de la sape.

C Couronnement de trois fascines, que l'on fait lorsque le gabion est plein.

D Banquette qu'il faut laisser au pied du gabion.

E Creusement du 1er sapeur.

F Celui du second.

G Celui du troisième.

H Celui du 4e; alors la sape est achevée, et l'on y met les travailleurs ordinaires.

Du nombre des sapeurs nécessaires à un siége.

Si nous examinons l'endroit des attaques d'une place où l'on a le plus besoin d'un grand nombre de sapeurs, nous trouverons que c'est lors qu'étant arrivés à la parallèle sur la queue

du glacis, la sape doit cheminer sur toutes les
têtes A, B, C, D, E, F, G, H, I, figure 33.
Sur ce pied, il y a en ce moment 9 têtes de sape,
où il faut 9 escouades de quatre sapeurs chacune (¹); il faut compter que cela fait une com-

(1) L'auteur a eu ici une distraction, et a oublié que
chaque tête de sape étoit poussée par une brigade
entière de sapeurs, composée de deux escouades,
dont l'une relève l'autre, après que celle-ci a travaillé une heure ou deux avec force, et réciproquement. Il y a mieux; c'est qu'il n'est guères possible
que les mêmes hommes fournissent ainsi pendant
24 heures à cette alternative soutenue d'un travail à
la fois forcé et périlleux. Ils ne devroient donc
avoir à la supporter que pendant 12 heures, et les
sapeurs de nuit être, au bout de 12 heures, relevés
par des sapeurs de jour. On verra même tout à
l'heure, que Mr de Vauban comptoit 24 sapeurs
pour une tête de sape; c'est que vraisemblablement
de son temps, chaque brigade de sapeurs ne travail-
loit que pendant huit heures; ce qui est en effet
la mesure la plus convenable à donner à la durée
d'un pareil travail, si l'on veut qu'il soit soutenu
avec une continuelle vigueur. Car il faut remarquer
que l'escouade qui est là pour relever l'autre, n'y
est cependant pas dans un plein repos, et qu'elle
fait passer gabions, fascines, sacs à terre et outils à
la première, avec une attention continuelle à ses
moindres besoins. Ajoutez à cela que ces sapeurs
travaillent chargés du poids d'une double cuirasse et

pagnie de sapeurs. Il en faut une autre pour la relever après les 24 heures écoulées, et une troisième enfin au repos. Ainsi, dans un siége en forme, si l'on veut que les sapes fassent du progrès, il faut compter sur trois compagnies de sapeurs composées comme nous le dirons ci-après. Leur travail étant bien ordonné et bien servi de toutes choses nécessaires, enfin toutes choses bien réglées, on verra bien de la diligence dans le cheminement des attaques, et peu de perte. Ainsi rien n'est donc plus avantageux pour le service du roi.

Or, comme l'on n'a pas à la fois trois bataillons de Royal-artillerie, qui n'ont qu'une compagnie de sapeurs chacun, il suit qu'il faut toujours dès l'entrée du siége, former des compagnies de sapeurs de la ligne, qui sont des soldats qui se présentent de bonne volonté, et qui ne cèdent en rien à ces premiers; c'est ce que l'expérience nous a fait reconnoître en plusieurs occasions.

Du prix des sapes.

Dans nos derniers siéges, on a payé indifféremment 30 sols de la toise courante de toutes

d'un pot en tête, ce qui double au moins leurs fatigues. On ne peut donc mieux faire que de suivre encore ici les traces de Mr de Vaubán. Quiconque les quitte sans nécessité, court risque de s'égarer.

les sapes, sans aucune distinction; mais Mr le maréchal de Vauban propose d'y en mettre, et de les payer grassement, si l'on veut faire diligence; et voici les prix qu'il propose.

„Le prix le plus raisonnable de la sape doit-être 40 sols la toise courante; savoir tout le long du travers de la 2e place d'armes et tout ce qui se trouve entr'elle et la 3e.

Pour la 3e place d'armes, et le travail jusqu'au pied du glacis, 2 livres 10 sols.

Pour celle qui se fait sur le plat glacis, 3 livres.

Pour celle qui se fait sur le haut du chemin couvert, 3 livres 10 sols.

Pour celle qui entre dans le chemin couvert, 5 livres.

Pour celle qu'on fait au passage des fossés secs, 10 livres.

S'ils sont pleins d'eau, et quand elle sera double, ce qui arrive quelquefois, il faudra payer au double, suivant les endroits où on la fera, 20 livres.

A l'égard de celle qui se fera dans les brèches des demi-lunes et bastions, elle n'a point de prix réglé, parce qu'elle est exposée à tout ce que la place a de dangereux; c'est pourquoi, selon le péril auquel les sapeurs seront exposés, il faudra donner ce que l'on jugera à propos.

Le toisé doit se faire par un seul ingénieur-préposé pour cela à chacune des attaques; le même fait le compte des brigades de sapeurs, en présence de leurs officiers et sergens, qui ont soin après de faire distribuer aux escouades ce qui leur revient. C'est pourquoi, ils doivent contrôler tous les jours ce que chacun aura fait d'ouvrage, de concert avec l'ingénieur qui fera le toisé, sur le prix duquel on pourroit retenir un dixième pour les officiers et sergens, afin de les rendre plus exacts à relever et à faire servir les sapes.

En observant cet ordre, comme tous seront intéressés au travail, il ne faut pas douter qu'il ne se pousse avec toute la diligence possible, et l'on peut estimer qu'ils en feront 80 toises en 24 heures.

Au surplus, l'ingénieur qui les toisera, le doit faire tous les jours; il doit toujours laisser des marques sensibles à la fin de chaque toisé, et tenir registre du tout, afin que quand on voudra le vérifier, on le puisse faire sans confusion.

Or 80 toises, à 2 livres la toise, font 160 livres. Retranchez le dixième montant à 16 livres, il restera pour les sapeurs 144 livres, qui distribuées à 24 hommes font 6 livres pour chacun, ce qui est un gain raisonnable. Ils ne gagne-

gagneront guères davantage dans le courant du siége, quoique le prix de la sape augmente à mesure qu'ils approchent de la place, parce que le péril augmente aussi. Car il est sûr que plus ils approcheront, et moins ils feront d'ouvrage.

On a accoutumé de leur payer quelque chose de plus que le prix de la toise courante, pour chaque coupure qu'ils font dans la tranchée, par la raison qu'il y a plus d'ouvrage là qu'ailleurs. Cela peut se réduire à doubler le prix de la première toise, et rien plus.

Au reste, il y a une chose à laquelle les officiers doivent bien prendre garde, c'est que souvent les sapeurs s'enivrent à la tête de leur sape, après quoi ils se font tuer comme des bêtes, sans attention à ce qu'ils font. C'est ce qu'il faut empêcher, en ne leur permettant pas d'y porter de vin, sans être mêlé de beaucoup d'eau.

Comme rien n'est plus convenable à la sûreté, à la diligence et à la bonne façon des tranchées, que cette manière d'en conduire les têtes et de les ébaucher, rien n'est aussi plus nécessaire que d'en régler la conduite: car, outre que la diligence s'y trouve, il est certain qu'on préviendra beaucoup de friponneries qui s'y font par la précipitation confuse avec laquelle elles se conduisent, qui fait qu'il y a toujours de l'embrouillement, et quelqu'un qui en profite."

I

Remarque de Cormontaingne.

Quoique tous ces prix que propose Mr le maréchal de Vauban pour la toise courante de sape, paroissent très-convenables, on ne les a néanmoins pas suivis dans nos derniers sièges sur la frontière d'Allemagne; et nous voyons même que la chose vaut bien la peine qu'il y ait un réglement sur cela; car il y règne actuellement une espèce de désordre, chaque directeur différent de siége réglant différemment lesdits prix. Ainsi, en attendant qu'il survienne un pareil réglement, nous allons donner les prix des deux siéges de Traerbach et de Philipsbourg, faits en 1734, dans l'un desquels nous avions le détail.

Le premier de ces deux siéges étoit autant engagé dans les rochers, que l'autre l'étoit dans les marais et dans les eaux; ainsi ils comprennent assez généralement les prix des différens ouvrages qui peuvent se rencontrer dans le courant des siéges.

Traerbach.

Le présent exemple est un des plus économes qu'il puisse y avoir; Mr le comte de Belle-isle, qui commandoit la petite armée de ce siége, voulant le faire à peu de frais et en peu de temps, y donna des marques bien évidentes de sa grande capacité dans la guerre.

Comme il n'y avoit point, ou très·peu de
terre dans tous les cheminemens des tranchées,
elles furent toutes tracées au gabion par les sapeurs, après quoi l'on faisoit filer les travailleurs derrière (¹), à deux gabions par homme,
qui les remplissoient du mieux qu'ils pouvoient, avec un peu de terre et de mousse répandue sur la surface du rocher, et beaucoup
d'éclats de roc ardoisin; quelquefois même il
se trouvoit si peu de ces matières à enlever au-

(1) Ici Cormontaingne lui-même déroge à la règle qu'il a
recommandée plus haut, et emploie la méthode
qu'il a précédemment improuvée dans les termes les
plus forts.   C'est qu'il tenoit bien plus à ce qu'exi-
geoient de lui les propriétés du terrain sur lequel il
avoit à cheminer, qu'à la prétention de plier tous les
cas particuliers à une règle trop générale qu'il avoit
voulu établir. En effet, ici, à Traerbach, il falloit
poser les gabions sur une pente très-rapide de rocher,
ce qui ne pouvoit se faire qu'en calant avec soin
chaque gabion sous la plupart de ses piquets, et
qu'en l'affermissant par toutes sortes de moyens, de
manière à lui donner une assiette solide. Or il est
clair qu'on ne pouvoit compter assez sur les travailleurs ordinaires, pour se promettre de tous, l'intelligence et l'attention nécessaires pour cette pose
étudiée de gabions; il fallut donc bien la faire faire
par les sapeurs, et n'abandonner aux travailleurs ordinaires que le travail vulgaire de remplir ces gabions, après qu'ils furent artistement posés.

I 2

tour de soi, qu'on remplissoit les gabions de fagots de sape, ne pouvant mieux; et ensuite on les couronnoit de fascines à l'ordinaire. Ces sapes volantes à gabions vides, posés par les sapeurs, de nuit, étoient payeés 15 sols *la toise courante.*

Néanmoins, il s'en est fait quelques petites parties, dont les sapeurs remplissoient eux-mêmes les gabions, en des endroits où il y avoit un peu de terre; la sape étant achevée à $2\frac{1}{2}$ pieds de profondeur sur 4 de largeur, elle a été payée aux sapeurs 20 sols *la toise courante* pour la nuit, et 25 sols pour le jour.

Quand la sape ne se trouvoit faite qu'aux deux tiers lorsqu'on y faisoit passer les travailleurs, on en payoit 20 *sols* pour le jour, et à proportion pour les autres cas etc.

Quand la sape étoit faite de deux rangs de gabions le long de l'épaulement, sans être remplis, mais seulement posés en sape volante, on en payoit 20 *sols* la nuit, et 25 *sols* le jour.

Chaque journée de 24 heures aux soldats ouvriers de Royal-artillerie, 20 *sols.*

Chaque journée de 24 heures aux sapeurs employés au comblement du fossé, 4 *livres.*

Idem, pour les journées de sapeurs employés à des logemens d'ouvrages.

Chaque brigadier d'ingénieur avoit un sergent pour l'accompagner et l'aider au service de la tranchée, sur le pied de 75 *livres* par mois.

Nota. On ne donne ordinairement que 45 à 50 livres par mois aux dits sergens, quand le siége est long; mais, comme à celui-ci ils ne furent employés que pendant 15 jours, on voulut les payer sur un plus haut pied.

Philipsbourg.

Toutes les sapes, soit volantes soit couvertes, et indifféremment lorsqu'on étoit près de la place comme lorsque l'on en étoit loin, soit de nuit soit de jour, le tout sans aucune distinction, étoient payées aux sapeurs, 30 *sols la toise courante*; et nous avons même dit ci-devant que les sapeurs se trouvoient payés à ce prix, de sapes où ils n'avoient rien fait du tout; ce qui étoit évidemment un bien grand désordre.

Les passages sur des marais par des comblemens de fascines étoient faits par les travailleurs ordinaires.

Moitié des passages de fossés ont été faits par les mineurs, et moitié par les sapeurs; quelques-uns ont été payés, d'autres ne l'ont pas été du tout; autre désordre.

Il n'y avoit point de sapeurs tirés des troupes de la ligne; on ne s'est servi que des sapeurs des deux bataillons de Royal-artillerie employés à ce siége, qui furent presque tous écrasés; et néanmoins les sapes très-mal ordonnées, parce qu'il n'y avoit pas assez de sapeurs, et les ingénieurs étoient obligés de tracer toutes les nuits à la sape volante, en toutes occasions généralement, et un petit nombre de sapeurs se présentoient au point du jour, pour être payés d'un grand travail de sape où ils n'avoient point paru; c'est-à-dire que c'étoient de grands fripons et de grands vauriens, les ingénieurs de grandes dupes, et tout ce désordre provenoit de ce que les supérieurs de ce corps ne savoient pas établir le bon ordre.

Le siége de Traerbach, petit en comparaison de celui de Philipsbourg, étoit servi par une compagnie de sapeurs de la ligne, composée de 40 sapeurs partagés en 5 brigades, et chaque brigade en deux escouades de 4 sapeurs, chacune ayant son chef de sape, le tout commandé par un capitaine, deux lieutenans et deux sergens.

Il y avoit en outre une compagnie de sapeurs du bataillon de Royal-artillerie en service à ce siége, de manière qu'on employoit autant de sapeurs au siége de Traerbach qu'à celui de Philipsbourg, quoiqu'infiniment moindre; aussi les sapes étoient très-bien servies, et les dépenses très-bien réglées, et le tout exécuté

avec ordre au siége de Traerbach, et rien de
tout cela à celui de Philipsbourg.

Il faut dire aussi que les légères sapes de
Traerbach, toujours sur le rocher, n'eussent
néanmoins jamais été tenables, si l'on n'eût
parfaitement éteint les feux d'artillerie et même
de mousquéterie de ce château; ce fut aussi par
où Mr le comte de Belle-isle commença, et n'é-
pargna en cette occasion, ni le plomb, ni la
poudre, ni le canon, ni les bombes. On re-
trouva bien cette dépense d'ailleurs, et l'on mé-
nagea les troupes; ce qui fut à un tel point à
Traerbach, qu'on n'y perdit pas 200 hommes,
tant tués que blessés.

A l'égard des travailleurs ordinaires, on ne
les payoit que sur les billets des ingénieurs qui
en faisoient la revue le matin pour les travailleurs de nuit, et vers le soir des travailleurs de
jour, suivant laquelle ils délivroient un billet à
l'officier qui conduisoit chaque détachement;
sur lequel billet, le major de la troupe recevoit
le payement des travailleurs des mains du major
d'infanterie ayant le détail de la tranchée, et le
distribuoit ensuite aux travailleurs. Ainsi point
de mécompte sur ce fait, non plus que sur les
autres, à Traerbach.

Conduite du général de l'armée, et des principaux ingénieurs.

Le matin, vers les 10 heures, le général de l'armée se fait rendre compte du progrès de la tranchée de la nuit précédente, et constate avec le directeur des attaques les opérations de la nuit et du jour suivans, et généralement toutes les choses relatives aux fonctions de ce dernier, les faisant transcrire dans un registre destiné à cet usage chez lui. L'ingénieur chargé du détail a copie de ceci dans son livret, avant que les choses soient proposées au général (1), et y change ce que le général supprime; reçoit le mot de l'officier qui commande ce jour à la ligne, et de même de celui qui commande à la tranchée, le donne ensuite au directeur des attaques et à l'ingénieur qui commande les autres la tranchée suivante, et porte à chacun sa quote-part des ouvrages ordonnés pour les 24 heures suivantes.

(1) C'est-à-dire, que le directeur des attaques et l'ingénieur chargé du détail concertent ensemble d'avance ce qu'ils se feront ordonner par le général de l'armée, et que même ils le constatent par écrit dans le livret de l'un d'entr'eux, et qu'il n'est plus question ensuite, pour avoir complétement *l'ordre*, que de noter sur ce livret, les changemens que le général peut avoir faits à ce qu'on lui a proposé.

Le général, en conséquence de ce qu'il vient
de régler, distribue à tous les corps ce qui leur
échéoit en partage, à-peu-près de la même façon
que l'ingénieur chargé du détail l'a distribué aux
ingénieurs, et tout concourt sur-le-champ à
l'exécution des choses réglées; et, lorsqu'une
chose ne s'exécute pas, le général a recours à
son registre, et de là à ceux tenus de l'exécution;
redresse enfin ce qui est à redresser, et contraint
un chacun à l'exactitude.   Nous avons détaillé
ceci amplement ailleurs, où tout se voit avec
plus d'étendue et de circonstances; mais ce que
nous disons ici, suffit pour entrevoir les fonctions
d'un chacun.

Quand les siéges sont petits, l'ingénieur faisant le détail sous les ordres du directeur des attaques, fait aussi les fonctions de major, et n'en
fait pas moins outre cela son service particulier
de la tranchée, suivant son rang; de sorte que
cela devient extraordinairement fatigant pour cet
officier, qui doit d'ailleurs avoir de l'acquit et
de la force de tempérament, pour s'acquitter,
comme il faut, de tant d'affaires.   Mais le mieux
est de partager toujours ces deux emplois, que
nous allons détailler succinctement.

Du directeur des attaques.

Le directeur des attaques règle par lui-même tout ce qui concerne les travaux du siége et des lignes, et le présente au général qui l'approuve.

Son service journalier est de se rendre le matin vers les dix heures chez le général, avec l'ingénieur chargé du détail sous lui, qui est par conséquent le 2d ingénieur en grade au siége; le directeur étant le premier.

Là, il présente au général ce qu'il a concerté avec l'autre, pour la nuit et le jour suivans, c'est-à-dire pour les 24 heures suivantes; et, le général l'ayant approuvé, il donne ses ordres au major des ingénieurs, qui porte ensuite les ordres particuliers aux autres ingénieurs. Ces ordres particuliers consistent en travailleurs demandés, sapeurs et autres ouvriers, ce à quoi l'on doit les employer, ceux de nuit et ceux de jour, leur nombre et leur lieu de rendez-vous; en amas et transport de matériaux, quels ingénieurs sont commandés, ce que chacun d'eux doit faire etc. Tout ceci étant réglé devant le général, celui-ci donne respectivement ses ordres aux majors généraux et particuliers, qui les distribuent tout de suite à d'autres, pour que tout ce qui vient d'être réglé, soit ponctuellement exécuté.

Le directeur des attaques se retire ensuite
chez lui, accompagné des deux autres officiers
ses inférieurs, et achève de régler avec eux les
mêmes détails de ce qui vient d'être concerté.
Le major part en conséquence, et va porter les
ordres du directeur des attaques à un chacun.

Les ingénieurs commandés pour la nuit suivante dinent communément chez le directeur,
et messieurs les brigadiers, ou autres chefs commandés, reçoivent de lui les ordres sur ce qu'ils
ont à faire, et partent ensuite pour se rendre à
la tranchée.

Le directeur des attaques et l'ingénieur de
détail se rendent aussi, peu de temps après, à
la tranchée, et répètent aux autres sur les lieux,
ce qui a été résolu au camp; ensuite de quoi, le
directeur des attaques se retire, à moins que
quelque chose de considérable ne les y retienne
l'un et l'autre, pour voir mettre les choses en
train.

Quelquefois l'ingénieur de détail y demeure
quelque temps seulement, mais le plus souvent
ils n'y demeurent ni l'un ni l'autre, et se conten-
tent d'indiquer ce qui a été réglé, et d'en convenir sur les lieux, après en être convenus au
camp.

D'autres fois, il n'y a que l'ingénieur de détail qui se transporte à la tranchée, lorsqu'il n'y

a que peu de choses à y faire; mais celui-ci n'y manque jamais, et pour bien faire, il doit s'y trouver de grand matin, et venir faire son rapport au directeur, et celui-ci au général de l'armée, lorsqu'ils y retournent ensemble vers les dix heures; car le général doit être informé de quelle manière ses ordres ont été exécutés, et en savoir la cause, pour y porter le remède convenable.

De l'ingénieur chargé du détail.

Quoique l'on ait déjà vu en plus grande partie dans ce qui précède, quelles sont les fonctions de cet officier qui commande les ingénieurs sous le directeur, nous dirons encore

1°. que tous les matins il doit se rendre de bonne heure chez le directeur; il concerte avec lui les opérations des 24 heures suivantes. Ils admettent avec eux le major dans cette conférence, lorsqu'ils le jugent à propos, et c'est le mieux, lequel écrit dans son livret ce que ces deux messieurs ont intention de proposer au général: savoir, les ouvrages à faire dans les 24 heures suivantes, les matériaux, les travailleurs et autres ouvriers de toute espèce, les troupes pour les actions, s'il y en a, et le dispositif à régler en conséquence; les ingénieurs commandés, ce que chacun d'eux doit faire, et

généralement tout ce qui concerne les attaques;
ce qui étant fait, tous trois se rendent chez le
général de l'armée.

2°. Si le directeur vient à disparoître par accident ou maladie, cet ingénieur le remplace, et
prend la direction des attaques, et le plus ancien
brigadier le remplace, en attendant que la cour
nomme.

Du major des ingénieurs.

Outre ce que nous en avons dit, il est dépe-
sitaire des fonds destinés pour le travail des sapes, des appointemens de siége des ingénieurs,
de ceux des officiers des sapeurs de la ligne etc.

Il présente tous les jours sa feuille de dépenses au directeur des attaques pour la viser,
reçoit les fonds chez le trésorier de l'armée sur
les ordonnances du général, paye la façon des
gabions, claies et fagots de sape, et les différens ouvriers, mineurs etc., employés aux travaux du siége, selon les prix réglés. Enfin, à
la fin du siége, il règle son compte général, le
certifie; le directeur-général et l'ingénieur de
détail le certifient aussi; ensuite il le présente
au général, qui le vise et en ordonne le parfait
payement chez le trésorier de l'armée. Ce
même fait les décomptes du pain chez le mu-
nitionnaire, et du fourrage, s'il y en a etc.

Continuation des attaques.

Cheminement sur le glacis, et petit cavalier de tranchée.

Voici le travail de la sape le plus dangereux du siége, car il est question de gagner l'angle du chemin couvert, en épargnant le sang que l'on répand, lorsqu'on s'y porte par une insulte générale et de vive force. Ce travail est aussi le plus industrieux, et où il faut le plus d'intelligence. Entrons en opération.

La parallèle sur le glacis étant bien établie et perfectionnée, on débouche une double sape A, fig. 35, sur la capitale; les deux files de gabions de part et d'autre doivent être à 12 pieds au moins de distance. Une escouade de sapeurs établit la file de gabions à droite, et une autre escouade établit celle à gauche, ayant chacune leur gabion farci devant elle, en sorte que toute la tête de la sape en soit fermée, comme il se voit au profil, fig. 34.

Pl. 6.

Les deux sapeurs de la tête doivent se concerter, et lorsque l'un et l'autre ont rempli chacun leur gabion, ils ne poussent également devant eux les gabions de sape farcis, qu'autant qu'il le faut pour poser un nouveau gabion de chaque côté, qu'ils remplissent comme le précédent, et toujours de suite, d'autres, avec les mêmes attentions qu'à la sape ordinaire, pour les 4 sapeurs travaillant de chaque côté.

Cette sape ne peut être enfilée que de quelques mousquetaires placés sur le saillant de l'ouvrage, et encore assez difficilement, à moins que cet ouvrage n'ait une grande supériorité sur le glacis; mais, en tout cas, c'est l'affaire d'une traverse tournante dans la double sape, lorsqu'on s'apercevra qu'on y peut être plongé.

De plus, on établit une vingtaine de fusiliers aux endroits D de la parallèle, qui font un feu continuel sur les tireurs de ce saillant, lesquels étant en petit nombre, sont bientôt forcés de se taire devant le grand nombre qu'on leur oppose.

A mesure que la double sape avance, et qu'elle a sa profondeur et sa largeur, on y introduit les travailleurs ordinaires de part et d'autre, pour enlever *la dame* (le noyau) de terre que les sapeurs ont laissée au milieu.

La double sape étant parvenue vers son extrémité, les sapeurs y laissent leurs gabions farcis, et les chargent de terre, comme si c'étoient des gabions ordinaires, et plantent des piquets contre, pour les empêcher de tomber dans la sape, ils y mettent le couronnement etc.

Ceci fait, les sapeurs de la droite et de la gauche ôtent de part et d'autre un gabion, pour cheminer sur les branches B du T en sape ordinaire, en se défilant des pointes des ouvrages, et toujours leurs gabions farcis devant eux, et poussent ces branches jusques à dépasser de 8 ou 10 gabions les prolongemens F F des faces du chemin couvert, et contourneront l'extrémité d'autant, pour y faire les cavaliers de tranchée C; observant que dans cet endroit, ils ne doivent point mettre de couronnement de fascines sur les gabions.

Les gabions des cavaliers C étant remplis, et y ayant assez de terre pour y avoir une plate-forme de 3 à 4 pieds d'assiette, on y pose un second étage de gabions que l'on remplit aussi; après quoi, on les couronne de trois fascines, fortifiant toujours l'épaulement; enfin l'on y pose les créneaux de sacs à terre. (1)

Le

(1) Cette manière de former les cavaliers de tranchée est plus expéditive, à la vérité, mais moins solide que celle que nous avons proposée dans l'*Essai général de fortification*. Elle est moins solide, en ce que les gabions du 2d étage, qui posent sur le remblai à terre roulante formé en avant du 1er étage de gabions, n'y ont qu'une base mouvante, tandis que chez nous ils en ont une fixe dans les deux rangs du 1er étage, posés sur le solide, et affleurés de niveau

par

Le travail que nous venons de détailler, se peut faire de nuit comme de jour; le mieux est d'y travailler de suite, car ceci a ses petits embarras dans l'un et dans l'autre cas. De nuit, on est tourmenté par des sorties successives jusqu'à ce que les branches du T soient établies, et occupées par des grenadiers; et de jour, où l'on ne craint plus de sorties, que le feu de la parallèle à bout touchant détruiroit facilement, les sapeurs sont exposés à des feux qui les inquiètent de toutes parts, et dont ils ne peuvent se garantir qu'avec beaucoup d'adresse et de précaution, comme on vient de voir.

La fig. 35 offre le plan de l'établissement d'un T et cavaliers de tranchée à mi-glacis.

A Tige en double sape ⎫
⎬ du T.
B Branches ⎭

C Petits cavaliers de tranchée.

par un même couronnement de fascines; et cette base mouvante entraîneroit vraisemblablement la culebute de tout l'ouvrage, si l'on étoit obligé, pour le porter à hauteur, de poser un 3e étage de gabions. Aussi l'auteur ne suppose-t-il pas qu'il soit besoin de plus de deux gabions de hauteur aux cavaliers de tranchée, et l'on ne peut disconvenir que ce ne soit le cas le plus ordinaire, dans lequel, par conséquent, on fera bien de s'en tenir à sa méthode, et de ne recourir à la nôtre que quand les cavaliers exigeront un ou plusieurs gabions de hauteur de plus.

K

D Fusiliers faisant feu sur le saillant de l'ouvrage qui pourroit plonger la double sape A (¹).

G Batteries de petits mortiers à grenades, dont l'usage sera expliqué plus bas.

La fig. 36 est le profil d'un cavalier de tranchée.

On a soin de pratiquer des banquettes pour que le soldat puisse monter jusques en G, à 4 pieds au-dessus de l'horizon du glacis; or, si l'on suppose que ce glacis a 3 pouces de pente par toise, et que l'on est ici à 15 toises de la crête du chemin couvert, ce point G est à-peu-près au niveau de cette crête; de manière que le soldat montant sur cette banquette G, plonge le chemin couvert de toute sa hauteur, et y prend un commandement de 4 ou 5 pieds qui lui fait découvrir tous ceux qui l'occupent.

On estime qu'il ne faut guéres moins de 24 heures, pour parfaire un semblable T, et même 36 heures, pour peu qu'il survienne des incouvéniens.

Fig. 36.

(1) Il ne faut pas oublier que, lorsque ces fusiliers sont là, et y font feu, il n'y a encore de fait que la tige A, et tout au plus le commencement des branches B du T. L'auteur ne travaillant que pour lui et pour ses camarades, a cru pouvoir s'épargner une figure, et réunir dans la même, deux opérations nécessairement successives, sans craindre que l'on s'y méprît, et qu'on les crût simultanées.

Enfin tous les T du front de l'attaque étant finis, ainsi que les petits cavaliers; à la petite pointe du jour, on poste une compagnie de grenadiers à chaque cavalier; l'on fait monter cinq ou six bons tireurs sur la banquette, pour faire feu sur tous ceux qui se présentent, pendant que le restant des grenadiers ne fait que charger les armes et les passer à ceux qui tirent, pour que ce petit feu soit continuel. On verra qu'en moins de deux heures, l'ennemi aura dégarni le chemin couvert, et qu'il n'y restera plus que quelques soldats isolés contre les traverses, n'y ayant plus que ce petit espace où ils ne soient pas vus et plongés.

A la faveur de ce feu, les sapeurs ouvrent une nouvelle double sape H, fig. 37, qu'ils con-   Pl. 7. duisent droit au saillant du chemin couvert, pour y faire le logement I, de 5 à 6 toises de part et d'autre de l'angle; les gabions posés à 15 pieds de la palissade, non compris l'épaisseur du gabion.

La fig. 37 est le plan de ce logement sur le saillant du chemin couvert, et de sa communication avec le cavalier en arrière.

Comme la double sape H se trouve sous le jet de la grenade du chemin couvert, s'il arrive donc qu'il soit resté quelqu'un dans l'angle, où il y a un petit espace que les cavaliers ne sauroient découvrir, et que lesdites grenades incommodent

K 2

si fort les sapeurs, qu'ils ne puissent plus cheminer, il faut, sans hésiter, faire sortir un sergent
avec 6 ou 8 grenadiers, qui se portant subitement
sur le haut du chemin couvert de cet angle, fassent
feu à bout touchant sur ceux qui l'occupent, et
viennent regagner ensuite le boyau au plus vite,
répéter cette manoeuvre si l'ennemi s'obstine,
et, pendant ce temps, profiter des intervalles
pour avancer promptement la double sape; et,
lorsqu'elle est parvenue à 5 ou 6 toises de la palissade, il faut jeter aussi force grenades, ce
que l'on pourra commodément à cause de la
proximité; mais de plus loin, cela est inutile,
car nos troupes n'y entendent rien, et ne les lan-
cent pas, soit manque d'exercice (¹), soit que

(1) Telle est la suite naturelle de la séparation de l'art
de la guerre en deux branches, dont l'une est exclusivement abandonnée aux seuls ingénieurs! Les
officiers des troupes, qui ne s'inquiètent en rien de
celle de ces deux branches qui a l'attaque et la défense des places pour objet, n'exercent leurs troupes à quoi que ce soit qui y ait rapport. Les noms
restent, à la vérité, mais les choses s'abolissent.
On a par-tout des compagnies de grenadiers, et nulle
part d'hommes qui sachent lancer la grenade. Presque nulle part, il n'existe de véritables sapeurs,
c'est-à-dire d'hommes qui sachent exécuter une
sape avec intelligence, promptitude et précaution.
On dit qu'il y en a chez les Autrichiens. Peut-être

l'on est trop gêné dans ces sapes pour cette manoeuvre.

Mais si l'on parvient une fois à établir le bout de logement I sur la crête du chemin couvert, de 5 à 6 toises de part et d'autre de l'angle, il faut se contenter pour ce moment de cette acquisition, bien perfectionner ce logement, en sorte que l'on y puisse poster une compagnie de

y en a-t-il chez les François. Je ne connois pas de pays où l'on exerce l'infanterie à rien de ce qu'elle doit faire dans un siége. On se contente, lorsque l'on en a un à faire, d'y appeler des ingénieurs, de leur y donner à guider toute une armée *d'aveugles*, et de rejeter sur eux le blâme de tous les faux-pas de ces derniers. La première armée qui prendra le parti de se constituer pour la guerre de siéges, comme pour la guerre de campagne, qui instruira ses officiers également dans l'une et dans l'autre, qui exercera ses troupes 8 ou 10 jours par an aux diverses opérations de l'attaque des places, qui y joindra des corps de sapeurs et de mineurs véritablement instruits et exercés au métier qu'ils ont à faire à la guerre; la première armée, dis-je, qui fera tout cela, prendra infailliblement sur les autres dans la guerre de siéges, une prépondérance et un ascendant qui ne nuiront en rien à ceux qu'elle pourroit avoir d'ailleurs dans la guerre de campagne; car rien n'aguerrit et n'encourage autant le soldat, qu'un siége bien conduit, et où tout réussit.

grenadiers (¹); l'on aura surmonté alors tout ce qu'il y a de plus difficile. Lorsqu'en trois jours on parvient à ce point, à commencer de la parallèle sur la queue du glacis, l'on n'a point perdu son temps. Le reste du couronnement du chemin couvert n'a plus les mêmes difficultés.

Attaque du chemin couvert de vive force, par une insulte générale.

On ne seroit pas volontiers d'avis d'attaquer le chemin couvert par une insulte générale et de vive force, attendu qu'il s'y répand toujours beaucoup de sang de part et d'autre, surtout du côté de l'assiégeant, et on ne l'admettroit que dans le cas où l'on craindroit une armée de secours, et que par conséquent le temps presse.

Il faut examiner si la garnison est forte et ferme, et sur cela régler sa conduite. Supposant donc qu'elle fût telle, on doit supputer que si la garnison est forte de 9000 hommes, il y en a 3000 de service chaque jour; que, de ces 3000, l'artillerie, les fortifications, les mines, les magasins etc. en ont 1000; partant restent 2000; que, de ces 2000, il y en a 500 sur le corps de

(1) Il faut ici, et ailleurs où il est question de compagnies de grenadiers, se rappeler qu'alors en France elles n'étoient que de 40 hommes.

place et la demi-lune du front d'attaque: partant, restent 1500 hommes, qui sont dans le chemin couvert de ce front; savoir 150 hommes dans chacune des quatre places d'armes rentrantes (¹), font 600 hommes; 100 hommes dans chacun des 3 saillans, font 900; et 100 hommes dans chacune des 6 branches de chemin couvert comprises entre ces sept places d'armes, font 1500 hommes, auxquels nous avons affaire. Voilà donc la défensive que l'on prévoit que l'ennemi peut faire, pour défendre vigoureusement son chemin couvert. Réglons maintenant sur cela notre offensive, de manière à ne pas échouer dans une entreprise de cette conséquence. Car, si l'on venoit à la manquer, les troupes rebutées par la grande perte et le péril, et ayant eu le loisir d'y faire réflexion, n'y reviendroient plus. Le moyen le plus sûr pour ne pas tomber dans ce malheur, est d'attaquer deux contre un, et ce n'est pas trop.

Pour cet effet, on commandera 4 compagnies de grenadiers pour chacun des quatre rentrans, 3 compagnies pour chacun des 3 saillans, et

(1) Il n'y a véritablement que deux places d'armes rentrantes au front d'attaque, mais on y doit joindre ici les deux collatérales, qui soutiennent, autant que les premières, les places d'armes saillantes des bastions.

deux compagnies pour chacune des six branches; ce qui fait en tout 37 compagnies de grenadiers, dont chacune sera soutenue d'une compagnie de piquet du même corps, qui suivra
immédiatement la compagnie de grenadiers; le
tout compose 2960 hommes. Voilà donc les
troupes qui doivent attaquer le chemin couvert.

Aussitôt que les grenadiers débouchent de la
parallèle sur la queue du glacis, un bataillon
vient occuper leur place vis-à-vis chaque rentrant, et, de plus, deux bataillons sur la droite,
et deux sur la gauche, pour prévenir les sorties
de l'assiégé, qui au moment de l'attaque devien-
droient fâcheuses, et troubleroient tout. Cette
précaution s'est trouvée nécessaire au siége de
Fribourg en 1713, où il se fit une pareille insulte de chemin couvert, au moment même que
les ennemis débouchoient pour faire une sortie.

Les grenadiers étant donc tous rangés dans
la parallèle, et postés sur les banquettes de l'é-
paulement de la tranchée, chacun vis-à-vis ce
qu'il doit attaquer, les travailleurs sont derrière
eux, ayant chacun un gabion avec une pelle et
une pioche; et, au signal donné, tout se met
en mouvement, chacun à sa destination, les armes hautes sur 3 de hauteur, tant les grenadiers
que les piquets, jusqu'à la crête du chemin
couvert, où étant parvenus, ils forment un

couronnement complet sur 6 de hauteur; chaque rang fait consécutivement sa décharge à
bout touchant (¹), et, si chaque soldat ajuste
comme on doit le lui avoir fait entendre, l'ennemi sera bientôt écrasé.

(1) On ne peut s'empêcher de trouver cette manière de
     faire feu d'autant plus extraordinaire, et sujette à
     mettre le désordre dans la troupe qui s'en sert,
     que, s'il est une occasion où le mouvement de
     genou en terre soit convenable au 1r rang, c'est
     certainement sur la crête d'un chemin couvert,
     qu'il n'est pas question de franchir, et où il faut
     nécessairement s'arrêter, surtout contre des gens
     sur lesquels on tire de haut en bas, de 7 à 8 pieds
     de hauteur, et desquels on n'a conséquemment
     point à craindre d'être chargé à la baïonnette.
     D'ailleurs, l'ordre sur 6 de hauteur, qui paroît en
     quelque sorte avoir forcé l'auteur à prescrire ce
     genre de feu, ne paroît ici ni nécessaire ni conve-
     nable. Il n'est point nécessaire, puisque la portion
     de chemin couvert que l'auteur fait attaquer tout
     à la fois, a environ 400 toises de développement,
     et que cette étendue est plus que suffisante pour y
     déployer sur 3 rangs environ 3000 hommes. Il
     n'est point convenable, parce que 1°. il expose au
     feu de l'artillerie, les troupes sur une profondeur
     double de celle sur laquelle il leur est possible de
     faire usage de leur mousquéterie; ce qui double à
     la fois leurs dangers, et diminue de moitié leur
     effet. 2° Indépendamment de l'action simultanée de
     tous les feux de la troupe, que procure son ordre

Les travailleurs suivent immédiatement les
troupes armées, ayant les ingénieurs à leur tête,
qui établissent leurs lôgemens sur les saillans
du chemin couvert, jusqu'à déborder de 3 ou
4 toises les premières traverses. En ce moment,
les grenadiers et piquets se retirent un peu en
arrière, et se couchent sur le ventre, car le feu
supérieur des ouvrages de la place ne tardera pas
à se réveiller. Une heure de temps s'étant écou-
lée dans cette posture, les troupes devant les
rentrans (¹) se retirent dans la parallèle à l'endroit d'où elles sont parties; les bataillons qui
les sont venus occuper, retournent aussi à leur
premier poste.

.sur 3 de hauteur, le développement de cette même
troupe sur toute l'étendue du chemin couvert attaqué est encore avantageux, en ce qu'il embrasse
les défenseurs de toutes parts, et les prend en tous
sens: de front, sur tout leur développement à la
fois, et en même temps en flanc et à dos, derrière
les traverses et les côtés de tous les angles embras-
sés. Il n'étoit peut-être pas inutile de faire voir
que cette attaque, dont pouvoit dégoûter la tactique de l'auteur, (qui, au reste, étoit celle de son
temps et des troupes qu'il connoissoit), ne peut
que gagner à être exécutée dans l'ordre le plus habituel des troupes actuelles.

(¹) Celles de devant les branches doivent se retirer aussi,
puisqu'on ne fait de logemens qu'aux saillans.

Le signal doit être d'un certain nombre de coups de canon, comme 3 ou 4; alors tout monte sur l'épaulement de la parallèle, que l'on doit avoir accommodée en banquettes du haut en bas, pour en faciliter la montée, se met promptement en bataille, et marche légérement; car, de la vitesse de ce mouvement, dépend déjà la moitié de la victoire, pour ne pas donner le temps à l'ennemi de nous recevoir; et l'autre moitié est bientôt obtenue, si le soldat ajuste.

Le vrai temps du signal est un quart d'heure avant la nuit close; car encore faut-il y voir un peu pour ajuster, et pour que les ingénieurs voient ce qu'ils font; et, si l'ennemi voit aussi, il ne voit que des choses très-redoutables, plus propres à le troubler qu'à l'éclairer.

On n'aura point de peine à se persuader qu'une pareille attaque étant bien conduite, elle ne sauroit manquer de réussir, et de coûter en même temps bien du monde; cela est inséparable de ces sortes d'actions; aussi faut-il de fortes raisons pour les entreprendre, et l'on fera toujours bien mieux de s'en tenir à la sape, dût-on y employer trois ou quatre jours de plus.

On doit compter, s'il est possible, les barriéres de sortie du chemin couvert qui se trouvent comprises dans le front de l'attaque, et commander trois soldats-ouvriers de l'artillerie pour la rupture de chacune de ces barrières.

L'un porte une bonne masse de fer fortement emmanchée, le 2d un levier de fer, ou pince de 3 à 4 pieds de long, et le 3e une forte hache de charpentier. Ordinairement il y a une barrière à chaque face de place d'armes rentrante, et une à chaque intervalle de traverses des branches du chemin couvert; par conséquent, dans le présent cas, il y auroit 14 barrières à rompre, pour lesquelles il faut 42 soldats-ouvriers. Ces petites escouades de 3 hommes doivent marcher immédiatement après les piquets, chacune vis-à-vis la barrière qu'elle doit rompre. Après la 1e décharge des six rangs de troupes qui attaquent, ces ouvriers se portent sur les barrières, où ils ne trouveront plus de résistance, ou peu, à quoi les troupes auront bientôt mis ordre; et, comme ils sont ouvriers, ils sont plus propres à s'acquitter d'une semblable commission que d'autres soldats. A coups de masse, ils feront sauter la serrure, en frappant du côté où elle se trouve appliquée, sur le fléau de la barrière, où les deux autres engageant la pince et la hache, aideront beaucoup à une rupture soudaine; ce qui étant fait, ces soldats-ouvriers se retireront à la parallèle.

S'il y a double palissade et double barrière, ils rompront l'une et l'autre barrière.

Chacun de ces soldats doit avoir un écu pour cette manoeuvre, et s'il y en a de tués, les autres partagent.

Les barrières étant rompues, les troupes s'introduisent dans le chemin couvert, jouent de la baïonnette s'il y a de la résistance, ou font des prisonniers si l'ennemi se rend. C'est à quoi les officiers doivent veiller, et empêcher, autant qu'il est possible, les actes d'inhumanité. Il suffit que le soldat profite des dépouilles, et le roi des prisonniers.

Attaque du chemin couvert, partie à la sape, et partie de vive force.

On ne peut pas, non plus, pratiquer ces sortes d'insultes générales, tant qu'on le voudroit, par des obstacles qui en arrêtent, en plus grande partie, la réussite.

Par exemple, si le chemin couvert a une double palissade, des tambours de charpente solides et en bon état dans les places d'armes saillantes et rentrantes, nous n'en conseillerions jamais une insulte générale et de vive force; on y perdroit beaucoup de monde, pour ne pas faire plus d'ouvrage qu'en n'insultant que les pointes du chemin couvert seulement.

Ce seroit encore pis, s'il y avoit des réduits de terre revêtus en maçonnerie, avec fossé devant, dans les places d'armes rentrantes, ainsi qu'à Metz, Thionville, Luxembourg etc.

Dans les présentes occasions, on fait attaquer chaque saillant par quatre compagnies de grenadiers et autant de piquets; et, comme ci-devant, les travailleurs suivent, et les ingénieurs établissent le logement.

Ceci suppose que les petits cavaliers de tranchée ne rendent pas le bon office que l'on en espéroit, ou que le fossé étant sec et rempli des troupes de l'assiégé, il rafraîchisse de temps à autre le chemin couvert, la garnison étant nombreuse et ferme; soit enfin que cela provienne de ceux qui occupent les petits cavaliers, qui ne s'acquittent pas de leur devoir, ou qui sont mauvais tireurs; l'un et l'autre cas nous est arrivé tout à la fois, car notre infanterie ne sait plus ajuster qu'à bout touchant.

A l'égard des ingénieurs, il doit y en avoir au moins trois à chaque saillant, et, pour bien faire et qu'il n'arrive point d'inconvénient, quelqu'un d'eux venant à être tué ou blessé, il faut, autant qu'on le peut, en employer une brigade à chaque saillant.

Pl. 7. Le sousbrigadier avec un ingénieur subalterne établit le logement A, fig. 38 de la droite de l'angle ; le chef de division avec un subalterne établit le logement B de la gauche de l'angle ; deux autres subalternes établissent la communication C.

Le brigadier veille sur le tout, et commet le dernier ingénieur pour conduire et faire filer les matériaux aux logemens.

Il faut 300 travailleurs de nuit pour le logement de chaque saillant de chemin couvert, et moitié de cette quantité pour le jour ensuite.

Le sousbrigadier prend 100 hommes, le chef de division autant, et les 100 qui restent, sont pour la communication.

Chaque ingénieur chef de travail est accompagné de deux sapeurs pour l'aider à poser les gabions, de sorte qu'il en faut six à chaque saillant ; l'ingénieur commence à établir un crochet d à l'extrémité du logement, et y met les travailleurs derrière, un à chaque deux gabions. Ensuite il revient, en posant vers l'angle, en faisant les traverses e avec leurs recouvremens f, et finit à l'angle g, où celui de la droite se réunit avec celui de la gauche.

Chacun d'eux doit avoir un plan exact du logement qu'il doit établir, où le nombre des gabions soit représenté, pour bien régler sa conduite et son travail. Si le fossé a 15 toises de largeur, et qu'il y ait des traverses sur la prolon-

gation des faces de l'ouvrage, il supputera l'é-
tendue du logement, comme il suit.

Travers du fossé . . .	15 Toises.
Largeur du chemin couvert .	5
Largeur de la traverse et de son passage	5
Prolongation au-delà . .	5
Le pourtour des deux traverses du logement . . .	12
Leurs deux recouvremens .	6
Le crochet à l'extrémité . .	5
Total . .	51.

Il y en aura encore autant pour l'autre côté
du logement, et encore autant pour la communication; c'est pourquoi l'on a mis également
100 hommes à chaque partie; ce qui fait 300 travailleurs pour le logement entier.

Mais il faut 150 gabions pour faire 50 toises
courantes de gabionnade; c'est pourquoi l'ingénieur ayant commencé à poser à l'extrémité *d*,
laisse un travailleur à chaque deux gabions (¹),

de

(1) Il faut ici expliquer et sauver une contradiction ap-
parente de l'auteur. Il nous a précédemment, en
nous expliquant ce que c'est que *la sape volante*,
prescrit de ne donner à chaque travailleur, de creusement à faire que sur l'étendue de son gabion,
ce qui fait, dit-il, *qu'il est bien plutôt à couvert,*

et

de sorte que les 100 gabions étant posés, il y demeure 50 travailleurs; et les 50 autres travailleurs vont chercher chacun un nouveau gabion, conduits par leurs officiers et sergens qui les ramènent; et l'ingénieur achève de tracer son lo-

et ce qui convient aussi, *le danger étant bien plus grand que ci-devant;* cependant, ici, sur la crête du chemin couvert, où le danger est encore plus grand, il revient à donner lui-même à chaque travailleur pour sa tâche, l'étendue de deux gabions.

Voici quel a dû être, dans ce dernier cas, le motif de l'auteur. Ce logement sur la crête d'un saillant du chemin couvert doit être tracé et exécuté avec beaucoup d'ordre et de justesse. Mais si les gabions y arrivoient tous à la fois, portés chacun par un travailleur pressé de creuser sur le champ derrière, et de s'y mettre promptement à couvert, le logement seroit nécessairement tracé avec précipitation par les travailleurs, plutôt que par les ingénieurs, et exécuté à la hâte, sans donner à ceux-ci le temps d'en rectifier le tracé; et dans cette exécution, il y auroit encore à craindre le désordre qui ne manqueroit pas de résulter, et de l'entassement des travailleurs se gênant l'un l'autre, et du carnage plus grand que feroit parmi eux le feu si rapproché des ouvrages de la place.

Là, au contraire, où l'auteur nous a proposé pour la 1e fois de nous servir de la sape volante, et nous a prescrit la manière de la tracer et de l'exécuter, il étoit question de boyaux en avant de

L

gement, en gardant le recouvrement des traverses pour le dernier.

Mais, de ces 50 travailleurs, il n'en demeure
que 25 derrière leurs 50 gabions, et les autres
25 hommes sont employés à chercher continuellement des fascines pour couronner les gabions,
et l'on emploie les sapeurs à ce couronnement.

> la 2e parallèle, où il n'y avoit rien de pareil à
> craindre, et où il vouloit surtout nous enseigner à
> tracer et à exécuter lestement un travail considé-
> rable par son étendue, duquel l'exécution se trou-
> veroit retardée, si on le traçoit à plusieurs repri-
> ses, et si surtout on en faisoit successivement po-
> ser les gabions, par un petit nombre de sapeurs,
> pour placer ensuite derrière, les travailleurs char-
> gés de les remplir.
>
> L'auteur n'ayant écrit que pour lui-même, n'a
> songé qu'à noter ce qu'il y avoit de mieux à faire
> dans chaque cas particulier, sans s'occuper à re-
> marquer en quoi et pourquoi il dérogeoit aux règles
> qu'il avoit précédemment posées d'une manière trop
> générale. S'il eût écrit pour le public, et en vue
> du public; en un mot, s'il eût cru faire un livre,
> peut-être y trouverions-nous une théorie plus con-
> séquente à ces principes trop généraux, mais en
> même temps aussi une pratique moins sûre et
> moins adaptée à ce qu'exige la variété des circon-
> stances. Lequel vaut le mieux dans un art, où il
> y va de la vie des hommes que l'on prétend in-
> struire ?

Comme il y a immancablement des travailleurs qui viennent à être tués ou blessés, on les remplace avec ces vingt-cinq.

Les 200 travailleurs destinés pour les logemens des deux côtés de l'angle, étant placés, alors défilent seulement les 100 derniers travailleurs destinés pour la communication en double sape, dont on trace les deux gabionnades à la fois. Un ingénieur trace un côté, et un autre l'autre, à 12 pieds parallèlement pour le plus serré, et à 15 pieds pour le plus large; l'oeil guide seul dans ces dimensions.

On doit faire travailler avec diligence tous les travailleurs pendant l'étendue de la nuit, remplacer sur-le-champ ceux qui sont tués ou blessés, s'approfondir plutôt que de s'élargir, pour être couvert lorsque le jour arrive; car on est fort exposé à être plongé dans ces logemens, par la proximité des ouvrages, selon leur plus ou moins de supériorité.

Il doit y avoir une certaine quantité de civières préparées dans la 2e.parallèle, que l'on fait passer dans la 3e au moment de l'attaque; chaque civière portée par deux hommes, des sergens et des officiers pour y veiller. On porte les blessés à cette 3e parallèle, et de là, à la queue de la tranchée, au petit hôpital pour recevoir le

1r appareil; de là, on les porte sur des chariots commandés, jusqu'au camp.

Il ne faut pas souffrir que, sous ce prétexte, les travailleurs enlèvent leurs camarades pour disparoître ensuite; car les logemens ne se feroient pas, ce qui seroit le pire de tous les inconvéniens; d'autant que tout ce grand tapage de l'assiégé ne tend qu'à ce but uniquement; mais les civières peuvent sans grand danger les venir prendre dans les logemens mêmes où ils ont été blessés.

A l'égard des troupes armées, elles peuvent transporter elles-mêmes leurs blessés jusqu'à la 3e parallèle, après que le 1r effort de l'ennemi a produit son effet; le retour de celui-ci n'étant pas fort à craindre, d'autant qu'il restera vraisemblablement toujours assez d'assaillans sur le lieu pour le repousser.

Artillerie.

Comme l'artillerie doit aussi prendre part à la prise du chemin couvert, il est bon de prendre connoissance des secours que l'on en doit tirer, pour faciliter, autant qu'il est possible, l'événement le plus considérable et le plus chatouilleux d'un siége, et ménager le sang, dont on prodigue souvent beaucoup mal à propos; ce qui ruine imperceptiblement le roi et l'état.

Mais aussi, si l'on veut parer à ce vice ordinaire de nos siéges, il ne faut pas épargner le plomb ni la poudre, ni aux troupes qui occupent la tête des tranchées, ni aux batteries. C'est pourquoi, chaque jour, on doit régler ce que les unes et les autres en doivent consommer, et que les officiers-généraux de tranchée y tiennent exactement la main, pour que l'exécution suive la distribution et le projet; ce qui est négligé d'une manière qui fait mal au coeur, soit par ignorance, soit par paresse, ou manque de bon ordre, ou enfin par tous trois à la fois.

1°. Nous remarquerons que, lorsque la 3e parallèle sur la queue du glacis est établie, les batteries de canon sur la 2e parallèle sont masquées, et ne peuvent ni n'osent plus tirer ni à ricochet ni à plein fouet (¹); il ne reste plus que

(1) Cela n'est vrai sans exception que des batteries de plein fouet contre le front d'attaque, et à ricochet contre les faces de la demi-lune de ce front, à moins que, ce qui n'arrive que trop souvent, on n'ait trop étendu la parallèle de droite et de gauche. Car si, comme on le doit, on l'a terminée quelques toises avant qu'elle ne rencontre le prolongement des faces de bastions du front d'attaque, on peut continuer à battre à ricochet ces faces et celles des demi-lunes collatérales, et de plein fouet les faces des bastions de l'attaque, extérieures au front d'attaque.

les mortiers qui peuvent continuer à jeter des
bombes sur les ouvrages seulement, et non dans
le chemin couvert, attendu le danger qu'il y auroit que la 3e parallèle n'en reçût aussi souvent
peut-être que le chemin couvert.

Par cette raison, on doit le plutôt qu'il est
possible, établir des batteries de pierriers sur la
3e parallèle; savoir une pour chaque saillant du
chemin couvert, et une pour chaque rentrant;
ce qui fait 7 batteries, que l'on voudroit au moins
de 4 pierriers chacune, dont on détourneroit un
pierrier à chaque batterie, pour les branches du
chemin couvert.

Si ces batteries sont bien servies, surtout la
nuit (¹), elles feront plus de mal que le canon
ni les bombes, et faciliteront infiniment la prise
du chemin couvert.

2°. *Des grenades.* Nos troupes ne savent plus
jeter de grenades, d'où il suit que nous n'en
pouvons plus faire usage dans nos siéges; les
ennemis nous l'apprennent à la défense de leurs

_____

(1) Il est aisé de comprendre que des pierres, que, de
    nuit, on ne peut voir venir, y sont beaucoup plus
    inquiétantes et plus dangereuses que de jour, où
    avec de l'attention l'on peut jusqu'à un certain
    point les éviter. C'est tout le contraire avec les
    bombes et les obus, que leur fusée fait apercevoir
    bien mieux de nuit que de jour.

places, mais nous ne songeons pas à profiter des leçons qu'ils nous donnent, pour prendre notre revanche.

Ils ont de petits mortiers portatifs de fonte, qu'un soldat transporte où il veut. Il le dirige et le sert seul sans aucune aide, de manière que la manœuvre et le service en sont bien aisés. Ce petit mortier de fonte est coulé d'un seul jet avec un plateau qui lui tient lieu d'affût, incliné sous l'angle de 30 degrés à l'horizon, ou de 60, si l'on veut, au-dessous de la verticale ou ligne d'à-plomb (¹). On s'en sert aussi pour jeter des balles à feu pour brûler les gabions et fascines, mettre le feu aux poudres des batteries etc. Rien enfin ne seroit meilleur, si l'on vouloit en étudier et pratiquer l'usage. A l'égard de celui qu'on en pourroit faire pour la prise du chemin couvert, ce seroit de le placer à côté des petits cavaliers de tranchée, quatre ensemble, fig. 35 G. Pl. 6. Ils peuvent tirer aussi vite que la mousqueterie, et même plus vite (²); et, une heure ou deux

(1) Ces petits mortiers sont de l'invention du célèbre Cochorn, et ont long-temps porté son nom.

(2) Cela pouvoit être vrai du temps de l'auteur, où l'on chargeoit lentement avec des baguettes de bois, après avoir amorcé, et où, peut-être, l'usage des cartouches, qui permet de charger tout à la fois la balle et la poudre, n'étoit pas encore formellement

avant que d'attaquer le chemin couvert, on les feroit agir vivement pour contraindre le gros des troupes à l'abandonner. Ceci, joint au feu des petits cavaliers, l'y contraindra sûrement, et en facilitera extrêmement l'acquisition.

Des Contremines.

Si l'on est instruit que la tête des glacis soit contreminée, il y a des précautions à prendre pour ne pas essuyer les funestes effets des poudres enterrées, capables de rebuter, plus que toute autre chose au monde, toutes les troupes, lorsque les mines sont pratiquées d'avance avec intelligence.

1°. Si c'est une guerre souterraine défensive, préparée à l'avance, il faut ne rien épargner pour être informé en quoi elle consiste, afin de pouvoir prendre avec justesse les mesures convenables pour la rendre inutile en tout ou en partie.

2°. Si ce ne sont que des travaux souterrains, construits un peu avant ou pendant le siége, il faut questionner exactement les déserteurs, et employer tous les moyens imaginables pour débaucher quelques mineurs de la place, et tous autres généralement qui peuvent en procurer quelques connoissances. Mais, en général, d'a-

introduit, ou généralement pratiqué dans les troupes françoises.

près le peu de loisir que l'assiégé aura éu dans
ce dernier cas, ses travaux ne sauroient consis-
ter qu'en quelques fougasses sous les pointes du
chemin couvert de la place, et en quelques fourneaux sous l'emplacement des batteries de brêche et des contrebatteries, et c'est beaucoup faire
en si peu de temps; ce qui suppose, d'ailleurs,
qu'il y a une forte garnison pour fournir des ai-
des à ce travail, et beaucoup de poudre; car rien
n'en consomme tant que les mines.

Des fougasses.

S'il n'y a que des fougasses, qui ayent leur
entrée ou issue dans le terre-plein du chemin
couvert, on fera suivre les trois soldats-ouvriers
qui doivent rompre les barrières, de deux mineurs; et ils visiteront tous ensemble le terre-
plein du chemin couvert, pour arracher les saucissons qui portent le feu auxdites fougasses, et
s'en reviendront au plus vite. Ceci est une suite
des précédentes insultes, qu'on ne répète pas.

Si, outre ces fougasses, on saït qu'il y a des
fourneaux sous la tête du glacis, au niveau du
fond du fossé, le plus sûr, pour les rendre inutiles, et en même temps acquérir le chemin couvert, c'est d'ouvrir un rameau en A, fig. 39 et 40,   Pl. 7.
à la tête du T, à 15 toises du saillant du chemin
couvert, directement sur la capitale; dé con-

duire ce rameau en avant, en descendant sur la
dite capitale, jusqu'à ce qu'on atteigne le lieu
d'un fourneau au niveau du fond du fossé, à
une distance de la palissade égale à la hauteur
des terres à enlever. Le profil, fig. 39, où la
ligne BC marque le niveau des contremines et
du fossé de la place, éclaircira tout.

Suivant ce profil, on a aux environs de 20
pieds à enlever. Si l'on cube cette dimension,
et que l'on en retranche ensuite le dernier chiffre, on aura la charge du fourneau, qui est de
800 livres, pour produire un bon effet; c'est à
dire un bon entonnoir, et combler en plus
grande partie la place d'armes saillante du chemin couvert.

Quant au temps que les mineurs emploient
à ce travail en y travaillant sans cesse, jour et
nuit, si les terres sont faciles à remuer, ils en
feront un pied courant par heure, et les 102
pieds (1) en 4 jours et demi; et 24 heures pour

(1) Il y a ici évidemment erreur. La distance totale
de l'entrée de la mine à la crête du chemin couvert n'étant que de 15 toises ou 90 pieds, desquels
encore l'auteur en retranche 20, pour fixer l'emplacement de son fourneau, il est clair que le travail des mineurs assiégeans, loin d'avoir 102 pieds
de longueur, n'en a que 72 ou 73, même en tenant compte de ce dont le ralonge la rampe.

charger, font 5 jours et demi; c'est-à-dire que le 6e jour à l'entrée de la nuit, on pourra faire jouer la mine, et se loger en toute sûreté à l'égard de celles de l'ennemi sous cet angle. Car, ou les mineurs les trouveront en cheminant, et les rendront inutiles, ou bien ce sera l'effet du présent fourneau qui rendra celles de l'ennemi qui en sont à portée, inutiles. Finalement, l'entonnoir est un logement sûr, qui ouvre le chemin couvert à ne le plus reconnoître, et par conséquent sans retour pour l'ennemi.

Aussitôt que la mine aura fait son effet, on y portera une compagnie de grenadiers, soutenue de deux autres, si l'ennemi s'y porte aussi pour la rechasser; cette compagnie de grenadiers est

Quant à la vitesse du travail, d'un pied par heure, elle paroît excessive et tout ce qu'il est humainement possible de faire, en supposant qu'il n'y aura ni un seul moment perdu, ni le moindre contretemps, ce sur quoi l'on ne doit jamais compter, à la guerre surtout: Au reste, en rectifiant la distance, et la réduisant à sa juste valeur, de 72 à 73 pieds, et semblablement réduisant le progrès journalier du travail à 3 toises, comme le font les mineurs les plus expérimentés, les quatre jours et demi de l'auteur seront encore, largement, à la vérité, ce qu'il faudra pour exécuter ce travail souterrain. Ainsi, en dernière analyse, le résultat de l'auteur est encore parfaitement juste.

suivie de 50 travailleurs, un ingénieur à la tête, pour se loger dans l'entonnoir B, fig. 40, en couronnant de gabions le haut de l'entonnoir, sur sa partie du côté de l'ennemi. Pendant ce temps, un autre ingénieur établit la communication C en double sape, avec 100 travailleurs.

Aussitôt que les gabions de ce logement seront pleins, on établira de part et d'autre de l'entonnoir, des sapeurs, pour faire à la sape ordinaire les logemens de part et d'autre en couronnement sur la crête du chemin couvert, comme il a été détaillé ci-devant.

Continuation des attaques.

Le précédent logement étant perfectionné, on achève le couronnement de tout le chemin couvert du front de l'attaque. Pendant ce temps, les sapeurs ouvrent deux sapes en E, fig. 40, pour tomber dans le passage vis-à-vis les profils des traverses, et de là se communiquer de l'un à l'autre par un logement G, traversant le terreplein de la place d'armes saillante, et atteignant le derrière du revêtement de la contrescarpe à l'arrondissement du fossé.

S'il y avoit un petit tambour de charpente H dans cette place d'armes, on amassera beaucoup de fagots de sape, aux endroits F du logement sur la crête du chemin couvert, dont quelques

centaines seront goudronnés, et force menus bois
secs, propres à s'enflammer; on jettera toutes
ces choses contre les bois du tambour, en quoi
l'on n'aura point de peine, n'y ayant que 9 à 10
toises de distance; ensuite on y jettera des tourteaux goudronnés, qu'on enfile à la pointe d'un
piquet que l'on jette avec pour donner de l'élan.
En moins de deux heures de temps pendant le
jour, on verra le feu tant aux bois du tambour
qu'à la palissade en avant s'il y en a une, et l'ennemi ne sauroit se présenter pour l'éteindre, à
cause du logement D. On achèvera le logement
dans le terre-plein, en détournant le brasier qui
pourroit se rencontrer sur son chemin, et qui
ne seroit pas encore éteint.

Il faut observer qu'en faisant les débouche-
mens E pour atteindre les passages des traverses,
il faut descendre en rampe depuis le fond du
logement A, fig. 41, jusqu'au fond desdits pas- Pl. 7.
sages B, et poser même une gabionnade C sur
le haut du profil de chacune de ces traverses.

Descente du fossé.

C'est aussi sous ces traverses que l'on commence la descente du fossé, par une galerie de
charpente à l'ordinaire, de sorte qu'aussitôt que
l'on a atteint le fond du passage B, l'on y met
les mineurs, qui descendent droit devant eux,

jusqu'à ce qu'ils ayent atteint le derrière du revêtement de la contrescarpe; de là, ils retournent leur descente le long dudit mur, jusqu'à
ce qu'ils ayent atteint le fond du fossé, et ils
continuent encore de se prolonger de 4 ou
5 toises.

On a attention de percer le mur de toise en
toise, pour pratiquer des créneaux sur le fossé,
et pouvoir faire feu sur l'ennemi, s'il vient à se
présenter sur le débouché dans le fossé, ou sur
le passage dudit fossé.

Si donc la contrescarpe a 14 pieds de hauteur, en faisant la descente d'un pied de rampe
sur 4 pieds de long, cette descente aura 9 toises
de longueur, dont on a déjà 5 sous la traverse;
reste pour 4 le long du derrière du mur. Ici est
le débouché, et ensuite 5 autres toises dont il
faut se prolonger au-delà, pour flanquer le
passage.

S'il y avoit moins de profondeur de fossé, il
faudroit passer autrement sous la traverse, et
déboucher par un bout de sape I, fig. 40, sur
le revers de la traverse, et lorsqu'on l'auroit
jointe, entrer en galerie le long du derrière du
mur etc.

Dans le précédent cas, où l'excavation de la
galerie doit avoir au moins 4 pieds de large sur
7 de haut, et par conséquent est quadruple de

celle des rameaux, on ne pourra pas cheminer si vite. Néanmoins, en donnant des soldats travailleurs pour aider les mineurs, ils pourront poser deux chassis en 12 heures de travail, c'est-à-dire faire une toise courante de galerie, si les terres sont douces et aisées à remuer, comme elles le sont ordinairement le long des murs, où ce sont des remblais, à moins qu'on ne soit dans le roc vif.

Quatre mineurs et quatre servans à chaque relais, qui se relayeront de 2 heures en 2 heures, feront ce travail jusques et compris le débouché, en 4 jours, travaillant et relayant jour et nuit. Il faut tâcher de ne déboucher qu'à la nuit, afin que, l'ennemi ne sachant pas où est le débouché, on puisse profiter de cette nuit pour faire l'épaulement du passage K du fossé, fig. 40.

Attachement du mineur.

On doit aligner la gabionnade de l'épaulement du dit fossé, depuis le débouché N, fig. 40, droit à l'angle intérieur du parapet de l'ouvrage O, pour y éviter autant qu'il est possible, les feux jetés d'en haut. Etant arrivés auprès du mur, les mineurs font un épaulement L du côté où l'on est vu, avec des sacs à terre empilés; ensuite ils font l'appentis ou blindage M avec de gros madriers destinés à cet usage, et dont il a été parlé ci-devant, qu'ils dressent contre ledit mur, pour y être à l'abri des bombes que l'ennemi fait rouler dessus du haut du parapet, des grenades, des feux d'artifice etc.; ce qui étant fait, ils compassent leurs fourneaux.

Pl. 8.   Les quatre fourneaux A, B, C, D, fig. 42, se posent sur l'alignement de la queue des contreforts, en sorte que les trois distances AB, BC et CD soient égales, et de 30 pieds chacune. Les fourneaux E et F poussés en avant dans les terres servent à rendre la rampe de la brêche plus praticable, et à déblayer un bon *nid de pie*, le long du sommet de la brêche G, où se pose la gabionnade du premier logement. Cela assure aussi ce logement contre les fourneaux que l'ennemi auroit pratiqués lui-même, pour le faire sauter lorsqu'on y seroit établi. On les pousse de 15 pieds au-delà des branches des T, avant dans les terres, de sorte qu'ils sont situés à-peu-près sous le sommet intérieur ou crête du parapet KL.

Il faut cependant compasser les feux, en sorte que les fourneaux E et F n'agissent qu'un instant après les autres. Les mineurs étant diligens et entendus, emploiront trois jours à ce travail; savoir un jour pour percer le mur et faire la tige HI, un jour pour les branches

IA,

IA, IB et IE, et un jour pour charger et bourrer, de sorte qu'à l'entrée de la quatrième nuit, on fera sauter l'angle de l'ouvrage, pour s'y loger: enfin, à moins qu'il ne survienne de fâcheux accidens, il y auroit de la négligence d'y employer plus de quatre jours.

On voit, suivant tout ce qu'on vient de dire, que, depuis qu'on a commencé la descente du fossé, jusqu'au logement sur l'ouvrage, on a employé 8 jours de temps, et encore faut-il que les mines, toujours incertaines, réussissent. C'est pourquoi, autant qu'on peut, il faut se servir du canon; il est bien plus sûr et plus expéditif. Car, le lendemain qu'on est logé sur le chemin couvert, on y marque les batteries de brèche, qui sont en état de tirer le 2d ou le 3e jour, au plus tard; et deux jours ensuite suffisent pour faire brèche, pendant le quel temps on fait la descente du fossé, de sorte que, le même jour que l'on y débouche, on est en état de donner l'assaut; et l'on y gagne la moitié du temps que l'on est obligé de donner à la mine, dont l'effet encore n'est pas toujours conforme aux espérances. Ainsi nous concluons qu'on ne doit s'en servir que par nécessité et non autrement, pour faire brèche à des revêtemens d'ouvrages.

M

Il nous reste néanmoins encore quelque chose à dire sur les mines, concernant leur charge.

Pl. 8. 1°. Il faut que la distance AB, fig. 43, soit moitié de la hauteur BC du profil.

2°. Considérer cette moitié, qui est ici de 12 pieds, comme la ligne de moindre résistance des fourneaux.

3°. En cubant cette ligne de moindre résistance, comme ci-devant, et retranchant la dernière figure ou chiffre, on aura la charge des fourneaux, pour produire en cette occasion l'effet le plus convenable à une brèche commode à monter pour les troupes qui attaquent, et pour les travailleurs qui doivent se loger au haut de cette brèche. Ainsi, dans le présent exemple, le cube de 12 est 1728, dont retranchant le dernier chiffre, reste 172 L. de poudre pour la charge de chaque fourneau ([1]).

(1) Cette charge, comparée avec celles des tables de MM. de Valière, Vauban et autres, paroîtra foible au 1er coup d'oeil, puisque la charge d'un fourneau de 12 pieds de ligne de moindre résistance, qui a de la terre légère à faire sauter, est de 160 L., et qu'ici, où c'est en très-grande partie de la maçonnerie, cette charge devroit être augmentée des $\frac{7}{12}$, et être par conséquent de 265 L. Mais qu'on fasse bien attention qu'il n'est pas ici ques-

On peut augmenter cette charge, au risque de quelques inconvéniens, mais on ne sauroit la diminuer sans renoncer entièrement à l'effet, parce que, suivant ce que nous venons d'établir, il n'y a que la poudre qu'il faut, pour faire

tion de faire sauter ni de déblayer un entonnoir, mais seulement de faire écrouler le revêtement, et avec lui les terres qu'il soutient. Or, pour ce dernier cas, la charge de l'auteur paroîtra vraisemblablement trop forte, aussi au 1r coup d'œil, car nous avons établi, liv. II, chap. VI de *l'Essai général de fortification*, que pour faire parvenir jusqu'à la surface du terrain, sans faire entonnoir, l'ébranlement produit par un fourneau de 12 pieds de ligne de moindre résistance, il suffisoit de $57\frac{1}{4}$ L. de poudre; à quoi ajoutant les $\frac{7}{11}$, attendu qu'il est ici question de maçonnerie, on auroit $93\frac{5}{4}$ L. environ, pour la charge demandée. Mais qu'on fasse bien attention encore, qu'il n'est pas ici simplement question d'ébranler et de faire souffler en un point le revêtement, mais de le renverser totalement à l'angle flanqué et de part et d'autre, et de faire couler à long talus les terres qu'il soutient. Il paroît donc, tout bien examiné, que la charge de 172 L., donnée par la règle de l'auteur, tenant à-peu-près le milieu entre celle de 265 L., capable de déblayer complétement son entonnoir, et celle de $93\frac{5}{4}$ L., suffisante pour faire souffler le mur de revêtement, est assez bien choisie pour produire l'effet desiré.

M 2

écrouler le mur et les terres en rampe, sans déblayer les entonnoirs, et souffler l'un et l'autre au loin; ce qui fait deux inconvéniens.

Le 1r. Par ce grand élancement des pierres et des terres qui sont poussées du côté des attaques, on les dérange quelquefois beaucoup, et l'on estropie et écrase du monde fort mal à propos, ou pour mieux dire, par mal-adresse.

Le 2d inconvénient de la trop grande charge, c'est que les fourneaux décident tellement leurs entonnoirs, que les terres du côté du rempart en deviennent escarpées et impraticables à grimper, de sorte qu'il y faut travailler avec la pelle et la pioche; manoeuvre bien difficile au moment d'un assaut, où l'ennemi préparé occupe le haut de la brèche, d'où il assomme les travailleurs à volonté.

Assaut.

Nous ne devons pas omettre de dire que, lorsqu'on donne l'assaut, de quelque manière que l'on s'y soit pris pour faire brèche, il faut faire suivre les troupes armées, de quelques mineurs, qui vont, aussitôt que l'ennemi est chassé, reconnoître le long du pied du rempart, s'il ne s'y trouve pas quelques embouchures de mines, telle que seroit **D** sur le précédent profil, fig. 43, pour en arracher les saucissons, et

empêcher que l'ennemi par ce moyen ne fasse
sauter le logement au haut de la brèche. Il ne
faut jamais manquer à cette précaution, qui est
d'une haute conséquence.

Des passages de fossés, lorsqu'ils sont pleins d'eau.

Nous avons supposé jusqu'ici des fossés secs;
traitons présentement de ceux qui sont pleins
d'eau. Supposons qu'il y ait 24 pieds de hauteur
de revêtement de contrescarpe, (ils ne sont pas
ordinairement si hauts dans les terrains où il se
fait des manoeuvres d'eau), et qu'il y en ait
12 pieds dans le fossé en question.

On creusera en A, fig. 44, dans le logement Pl. 8.
sur la crête du chemin couvert, en sorte qu'on
soit approfondi de 8 pieds au-dessous du plan
des glacis, et à ce point il descendra en pente
une galerie de 4 pieds au moins de large dans
oeuvre, sur 7 de haut, allant se rendre à fleur
d'eau au débouché B, où l'on fera un petit retour de 12 à 15 pieds de part et d'autre, le long
dudit mur par derrière, pour servir d'abri aux
sapeurs et officiers occupés nuit et jour à la
construction du pont, observant que les terres
provenant de l'excavation de ces retours soient
jetées dans le fossé C, vis-à-vis le débouché,
pour y asseoir la culée du pont.

Les mineurs n'emploieront guéres moins de
5 à 6 jours de temps à faire cette galerie, pendant lequel temps on construit les batteries, et
l'on bat en bréche; ainsi il n'y en a pas encore
de perdu.

Aussitôt donc que la galerie est achevée, et
le débouché fait, les sapeurs, pour qui l'on a
fait l'amas convenable des matériaux nécessaires
sur le revers des logemens à portée, commencent à jeter des fascines, de longueur devant
eux, dans l'eau, et ils doivent être prompte-
Pl. 8. ment servis. Ayant arrangé un 1r lit A, fig. 45,
de longueur, ils en arrangent un autre en travers sur 3 à 4 pieds en avant, et même plus,
s'ils peuvent les jeter plus loin. Sur ce 2d lit,
ils en posent un 3e, de longueur, comme la 1e
fois, de sorte que les fascines de chaque lit recroisent celles du lit immédiatement inférieur.

Ces trois lits étant faits, le sapeur peut marcher dessus en toute sûreté. Il plante des piquets dans les fascines en quinconce, de 3 pieds
en 3 pieds, en les lardant de la main, et pose
un sac à terre sur la tête de chaque piquet, en
aplatissant le sac à terre du pied, qu'il frappe
dessus.

Ceci fait enfoncer les 3 lits de fascines à fleur
d'eau, sur quoi il pose un lit de clayes, pour
marcher dessus, sans que la jambe s'enfonce en-

tre les fascines, observant de ne mettre de sacs
à terre qu'autant qu'il en faut pour que le pont
soit à fleur d'eau, afin que l'ennemi ne puisse
pas le brûler.

Le sapeur pouvant donc marcher et agir en
sûreté sur ce commencement de plateforme A,
fait de droite et de gauche le reste de la largeur
du pont, qui doit être de 8 toises pour les plus
larges, et de 6 toises pour les plus étroits; ce
qui se réduit à 2 toises de moins par le haut,
lorsque le pont est achevé, et qu'il a 6 pieds
d'épaisseur; car alors il flotte sur l'eau, et néanmoins on peut passer dessus.

Les sapeurs ayant donc fait ce commencement
de pont, que nous nommons *culée*, sur trois fascines d'épaisseur, ils le prolongent, en répé-
tant la même manoeuvre, sur une nouvelle fascine de longueur jetée en avant comme ci-devant sur toute la largeur du pont, chargent un
2d lit en travers sur ce premier, et le 3e comme
le 1r, mettant les piquets en quinconce, des
sacs à terre dessus, et sur le tout un tapis de
clayes, comme la 1e fois ci-dessus.

Pendant que deux sapeurs font cette nouvelle prolongation du pont, deux autres sapeurs
font une nouvelle *tune* sur la culée, de trois fascines de hauteur, faisant trois lits; chaque lit
croisant toujours sur l'autre comme ci-devant;

mettent les piquets et les sacs à terre en plus grande quantité que ci-devant, et les clayes par-dessus le tout. On met plus de sacs à terre sur cette 2e *tune* qu'à la première, parce qu'alors le pont commence à avoir de la force, et qu'il faut du poids dessus pour l'enfoncer dans l'eau, et empêcher par ce moyen que l'ennemi ne le puisse brûler.

Pour rendre notre explication plus claire, nous nommerons *tune*, les trois lits de fascines posées les unes sur les autres en les croisant à chaque lit, et nous nommerons *reprise*, chaque fascine de longueur du pont.

On voit jusqu'ici que, lorsque la 1e tune de la 2e reprise est faite, il y a deux tunes de faites à la 1e reprise; et, si l'on a eu soin de jeter les terres des deux retours de galerie de part et d'au-tre du débouché, dans le fossé, une seule tune doit suffire à la culée; car, à mesure qu'on y en jette, un sapeur a soin d'en égaliser le sommet sur toute la largeur que doit avoir le pont; et, comme ces terres prennent dans l'eau le talus Pl. 8. CD, fig. 46, les tunes prennent la position A et B sur ce talus; ce qui enracine les tunes, les unes au bout des autres, et empêche que le pont ne se rompe, comme cela est arrivé en plusieurs occasions.

Nous estimons qu'une tune prend à-peu-près deux pieds d'épaisseur, de sorte que trois tunes feront l'épaisseur totale du pont.

Une 1e tune suffira à la culée, à cause des terres jetées dessous.

A une toise de distance ou à la 1e reprise, deux tunes suffiront, et les trois tunes ne seront nécessaires, qu'à la 3e reprise.

L'on charge un bon tapis de sacs à terre sur la 3e et dernière tune, ensuite des clayes par dessus, après quoi l'on répand de la terre sur le tout, autant qu'il en faut pour que le pont ne sorte que d'environ deux pieds hors de l'eau.

A mesure que le pont se prolonge, on fait l'épaulement sur le pont du côté du feu de l'ennemi, de deux rangs de gabions l'un contre l'autre, fig. 47, remplis de sacs à terre ainsi que les joints entre les gabions; observant de ranger sous ces gabions, avant de les poser, deux fascines les unes sur les autres, pour servir de base audit épaulement, qui fait par son poids enfoncer le pont de la hauteur de deux fascines à-peu-près. On couronne ensuite les gabions de fascines et de sacs à terre, et l'on tapisse toute la surface du pont, ou pour le moins celle de l'épaulement, avec des peaux de boeufs fraîchement écorchés, pour empêcher que l'ennemi

Pl. 8.

n'y mette le feu par des tourteaux goudronnés et autres artifices qu'il jette dessus.

Si la culée du pont du côté de la contrescarpe se trouve plongée du haut du parapet de l'ouvrage vis-à-vis, il faudra établir un cours de blindages comme on l'a décrit ci-devant, et cela sur l'étendue du pont qui est plongée seulement, et couvrir aussi de fascines et de peaux de bœufs par-dessus.

Toute cette construction de ponts demande toutes les batteries nécessaires sur la crête du chemin couvert, non seulement pour mettre en brèche, mais aussi pour contre-battre, et en imposer à tous les feux qui peuvent nuire auxdits ponts; et surtout beaucoup de pierres et de mousqueterie. Par ce moyen, ils feront diligence, et l'on y épargnera bien du monde.

Nous assurons même que l'ennemi est moins à craindre dans un fossé plein d'eau que dans un fossé sec, où l'on est exposé à des sorties très-fâcheuses, lorsque l'assiégé a de l'intelligence et de bonnes troupes. Turin nous en fournit un exemple bien funeste.

Quantité de fascines nécessaire pour la construction des ponts de passages de fossés.

Savoir:

Pour une reprise de 6 pieds de longueur ou une toise courante de passage de fossé dans l'eau.

Il entre 10 fascines dans une surface d'une toise en carré, la fascine ayant 6 pieds de long; partant, dans les trois lits de la

1e tune sur 8 toises de base, ci 240 fascines.
2e tune sur 7 toises de large, ci 110   —
3e tune sur 6 toises de large, ci 180   —
Les deux lits de fascines sous

l'épaulement   .   .   20   —
Le couronnement, autant .   20   —

Total -   670   —

Qu'il faut mettre à 1000 fascines,
attendu les déchets, mal-
façon, accidens etc., ci   1000 fascines.

Sacs à terre.

8 sacs à terre par chaque toise
carrée sur la 1e tune, ci   .   64 sacs à terre.
16 sur la 2e tune, ci   .   .   112   —
32 sur la 3e tune, ci   .   .   192   —

Dans les gabions de l'épaulement, sur leur couronnément
et dans leurs joints . 150 —
Total . 518 —
Qu'il faut mettre à 600, ci . 600 sacs à terre.

Clayes.

Pour la 1e tune . . . 8 clayes (¹).
Pour la 2e — . . . 7 —
Pour la 3e — . . . 6 —
Total . . 21 —
Qu'il faut mettre à 30 clayes, ci 30 —

Gabions.

Il en faut 6 pour l'épaulement,
par chaque toise courante, ci . : 6

Blindes.

Il en faut 4 par chaque toise courante . 4

(¹) Il y a eu, je crois, ici distraction de la part de
l'auteur. Il ne porte qu'une claye par toise carrée, tandis que son intention est d'en *tapisser* complétement le dessus de chaque tune, et cependant
ses clayes n'ont, suivant les dimensions qu'il leur
a assignées, que 3 pieds $\frac{1}{2}$ de large, et même que
$2\frac{1}{2}$ pieds, suivant qu'elles avoient été commandées
au siège de Fribourg, ainsi qu'on l'a vu plus haut,
toujours sur 6 pieds de long. Prenant donc la
moyenne entre ces deux largeurs, ce seroit juste le
double de clayes de ce qu'en demande l'auteur.

Peaux de boeufs.

Si l'on ne veut couvrir que l'épaulement, où l'ennemi peut le plus aisément mettre le feu, prenant la précaution de répandre des terres sur le reste du pont, il en faudra deux par chaque toise courante ci . . . 2 peaux de boeufs.

Sachant maintenant ce qu'il entre de chacune de ces différentes espéces de matériaux dans chaque toise courante de ponts, il sera aisé de calculer ce qu'il en faut pour ceux à faire.

Supposons deux ponts sur le grand fossé, de 20 toises de long chacun, ci . . 40 toises.
Deux ponts à la demi-lune, de 15 toi-
ses de long chacun , . . . 30
Total . 70

En multipliant donc ce que l'on vient de trouver ci-devant, par 70, on aura l'état qui suit pour tous les matériaux nécessaires à la contruction des ponts de passage sur les fossés du front attaqué; savoir:

Fascines 70,000
Sacs à terre 42,000
Clayes . . . . . 2,100 [1]
Gabions, 420, et moitié en sus pour
les accidens 630

────────

(1) Voyez la note précédente, qui prouve qu'il en faudra le double, ou 4200.

Blindes, 280, et moitié en sus pour

les accidens 420

Peaux de boeufs 140

Des sapeurs nécessaires à la construction d'un pont.

Comme il y a trois tunes sur l'épaisseur totale d'un pont, on travaille à trois reprises à la fois. Lorsque la 1e tune se fait à la 3e reprise en avant, on fait la 2e tune à la 2e reprise, et la 3e et dernière tune à la 1e reprise, et de là successivement jusqu'à ce que le pont soit achevé; ce qui occupe 6 sapeurs à la fois. Il en faut 3 relais à chaque pont, qui se relèvent de deux heures en deux heures; partant 18 sapeurs

et pour les 4 ponts . . . 72

Du temps nécessaire à faire les ponts.

Nous estimons que deux sapeurs arrangeront un lit de fascines pour une reprise commodément en une heure, pourvu qu'ils soient bien servis. Par conséquent, y ayant 6 sapeurs qui travaillent à la fois sur trois différentes reprises, il se trouvera sur ce pied, que dans une heure ils feront la valeur d'une tune, et en trois heures celles des trois tunes qui forment l'épaisseur du pont, plus une heure pour l'épaulement; de cette sorte, en 4 heures de temps, on aura une

toise courante de pont de fait. Si le pont a 20
toises de longueur, il faudra 80 heures pour l'a-
chever; c'est-à-dire aux environs de 4 jours de
travail continuel; car il doit cheminer nuit et
jour. Comme il faut au moins ce temps, avec
celui qu'on emploie à faire la descente, pour
construire les batteries, et battre en brèche, il
se trouve que le tout concourt en même tems (1)
à l'achévement des attaques.

(1) J'aimerois mieux m'en tenir à ce que l'auteur a dit
plus haut: savoir, que la brèche aura eu le temps
d'être faite par le canon, pour le moment où l'on
débouchera dans le fossé, ce qui doit être, en
effet, pour qu'on puisse travailler sans risque à en
faire le passage. Car, s'il falloit faire ce passage
en même temps qu'on battroit en brèche, les sapeurs qui y travailleroient, seroient estropiés des
éclats du revêtement à mesure qu'ils en approche-
roient, et dès le commencement même du passage
des fossés étroits, tels que ceux de demi-lunes.
Il faut donc que, pour le moment où l'on entame
un passage de fossé, la brèche soit déjà, pour le
moins, fort avancée, et le revêtement écroulé; en-
sorte qu'il n'y ait plus à tirer que dans les terres,
pour en adoucir la montée aux troupes destinées à
y donner l'assaut.

Du gain des sapeurs.

Mr le maréchal de Vauban indique ci-devant 10 L. (¹) pour la toise courante de sape dans les passages de fossés pleins d'eau. Il entend par là seulement l'épaulement que les sapeurs y font du côté du feu de l'ennemi, supposant que les troupes ordinaires de la ligne commandées pour le travail des passages font le pont; ce que nous avons vu pratiquer aussi au siége de Fribourg en Brisgau en 1713.

De cette sorte, on commande un grand nombre de travailleurs qui jettent l'un après l'autre leurs fascines dans l'eau, en chargeant chaque fascine d'un sac à terre pour la faire descendre; et de cette sorte, sans aucun arrangement ni art, on se contente d'en tant jeter à force de monde, de temps et de tuerie, que les ponts se font. Aussi, à ce siége, y employa-t-on 13 jours, et plus de 100 hommes tués par jour.

On fut plus sage au dernier siége de Philipsbourg en 1734, siége aquatique, s'il en fut jamais. Les mineurs furent chargés de la construction de la moitié des ponts, et les sapeurs de l'autre. De semblables ponts à ceux que nous venons de décrire, furent faits en 6 jours

de

(1) L'auteur se méprend, Mr de Vauban fixe 20 L. pour prix de la toise courante de cet ouvrage.

de travail, dans des fossés de 20 toises de largeur, et dans lesquels il y avoit pour lors 12 à
15 pieds de hauteur d'eau. Cependant on ne
perdit pas 20 hommes à chaque pont; à la vérité,
la plupart étoient mineurs ou sapeurs. Du côté
de la dépense, ces ponts ne coûtèrent pas plus
d'argent que ceux de Fribourg; car, après avoir
engagé les mineurs et sapeurs à les faire sous
de grandes promesses, l'ouvrage achevé, on loua
beaucoup leur zèle, mais on ne leur donna rien;
vilenie des plus contraires au bien du service! et
l'on s'en seroit bien aperçu, s'il fût survenu
encore quelques siéges ensuite de celui-ci.

Nous avons vu que 6 sapeurs font l'ouvrage
d'une toise courante de pont en quatre heures;
mais ceux-ci ont deux relais, qui tous ensemble
font dix-huit hommes, et travaillent jour et
nuit. Ils feront donc 6 toises courantes de pont
dans 24 heures, s'ils sont bien servis; ce qui
n'arrive que bien rarement, par le grand nombre d'incidens qui surviennent continuellement, et qui retardent le progrès de telle sorte,
que c'est bien aller si ces 18 sapeurs en peuvent
faire quatre toises courantes. Chaque sapeur
doit avoir un écu de jour, et 2 L. la nuit; ce qui
fait 5 L. pour chacun pendant les 24 heures, et
90 L. pour les 18 sapeurs; et comme il y a quatre toises courantes de pont de fait, chaque toise

N

courante reviendra à 22 L. 10 S., qu'il faut mettre à 24 L. à cause des blindes à poser et à ajuster sur l'entrée du pont; et, qui plus est, on doit payer fidèlement un gain aussi dangereux et aussi légitime, et il n'est pas croyable qu'on puisse se rassasier du sang des soldats, comme on l'a fait à Philipsbourg. A la bonne heure, qu'on suspende le payement du pont, jusqu'à ce qu'il soit achevé, quoique le mieux seroit de payer à fur et à mesure du progrès, chaque 24 heures; ce qui animeroit davantage l'ouvrier, et lui feroit faire diligence. Un jour que ces sapeurs gagneront par leur diligence, donnera au roi plus de 10,000 L. d'économie et bien des soldats; et c'est surtout en ceci que consiste le bien du service en fait de siége.

Des outils.

Les outils des sapeurs sont ici les mêmes que ci-devant; ils se servent également de l'une et l'autre fourche, et du maillet à long et à court manche; il n'y a que de la pelle et de la pioche, qu'ils n'ont que faire.

De la fourniture et transport des matériaux nécessaires à la construction des ponts.

L'officier-général de jour à la tranchée, et qui y commande, doit faire poser les armes au

quart des troupes qui y sont de garde, pour aller
chercher des fascines à la queue de la tranchée,
et les porter sur le revers, vis-à-vis la descente
du fossé. • Les troupes de la droite portent à la
droite, celles de la gauche à la gauche, et le
centre au centre; bien entendu que le quart des
officiers les conduisent. Quand ce quart des
troupes a fait son voyage, chaque homme chargé
de deux fascines, (ce qu'il peut faire commodément, n'ayant ni pelle ni pioche), il retourne à
ses armes, et un autre quart le relève, et ainsi
de suite le jour et la nuit. On estime que toutes les troupes de la tranchée feront de cette sorte
trois voyages par 24 heures.

S'il y a donc 4000 hommes de garde aux attaques, il y a aura 24,000 fascines de portées, c'est-
à-dire 6000 à chacun des quatre ponts des fossés
des bastions et de la demi-lune, dans les deux
derniers desquels il n'entrera que 9000 fascines
à chacun, comme on va voir; de sorte que le 2d
jour, ou les secondes 24 heures, on y aura
dans deux voyages les fascines nécessaires;
après quoi, et même pendant ce temps, on
fait remplir des sacs à terre sur le revers des
tranchées, et on les fait porter à portée des dé-
bouchés, et semblablement des clayes, gabions,
piquets, peaux de boeufs, blindes etc.; et tout
se trouvera fourni et transporté à portée des

N 2

ponts, avant les trois jours écoulés, ainsi que cela doit être.

Nous disons qu'il ne faut que 9000 fascines pour chacun des deux ponts de la demi-lune, quoiqu'il en paroisse davantage dans notre précédent calcul, que nous avons fait plus fort, et qui doit rester tel; mais ici il doit être comme il suit.

1°. Les ponts des passages de fossé de la demi-lune ne doivent avoir que 6 toises de base; cela suffit pour les réduire à 4 toises par le haut, attendu que l'assaut de la demi-lune ne demande pas qu'on assemble une grosse troupe sur ses ponts, comme à ceux des bastions; ainsi l'on calculera comme il suit.

Quantité de fascines nécessaire pour la construction de chacun des ponts de la demi-lune.

Savoir, *pour une toise courante*;

Il entre 10 fascines dans une surface d'une toise carrée, la fascine ayant 6 pieds de long; partant dans les trois lits de la première tune sur 6 toises de large   .   .   .   180 fascines.

2e tune sur 5 toises de large   150

3e tune sur 4 toises de large   120

Les deux lits de fascines sous

l'épaulement   .   .   .   20

Le couronnement, autant   .   20

Total   .   490

Qu'il faut mettre à 500 pour

une toise courante   .   .   500

Si le fossé a 12 toises de large, le pont se trouvera réduit à 9 toises de long, à cause de la rampe de la brèche d'une part, et, de l'autre, à cause des terres vidées par le débouché; pour lesquelles 9 toises de pont, il faudra 4500 fascines, qu'il faut doubler, attendu les accidens; partant, il faut pour chaque pont de la demi-lune, ci   .   .   .   .   9000 fascines.

Nota, pour tout le reste à proportion, comme ci-devant.

Revenons aux grands ponts des deux bastions de l'attaque.

Si le fossé a 20 toises de large, il sera réduit à 17 toises, par les raisons ci-dessus dites; ce qui, à 1000 fascines par toise courante, et une moitié en sus pour les accidens, fait pour chacun des deux ponts des bastions, 25000 fascines.

Les trois premiers jours, il en aura été porté 18000 à chaque pont (¹), de sorte que, le 4e

_____

(1) Il n'en aura été porté que 9000 à chaque pont de la demi-lune, puisqu'il n'y en faut que cela, et par conséquent on en aura pu porter 27000, ou seulement 25000, qui sont tout ce qu'il y faut, à chaque pont de bastions.

jour dès les premiers voyages, le tout y sera, ainsi que les sacs à terre, gabions, blindes, clayes, peaux de boeufs etc. (¹).

Autres travailleurs commandés à chaque pont.

Ceux-ci sont, comme pendant tout le courant du siége, de deux espéces, savoir les travailleurs de jour, et les travailleurs de nuit.

Comme il y a, en commençant le travail des ponts, au moins une vingtaine de toises, depuis le débouché jusqu'aux premiers logemens sur le revers desquels les troupes de la tranchée déposent les matériaux, en mettant une file de travailleurs à 3 pieds de distance les uns des autres, cela fera 40 travailleurs, qui se passeront de main en main les choses que les sapeurs demandent. Il faut une double file qui se regarde avec l'autre; c'est en tout 80 travailleurs à chaque pont, qu'il est bon de mettre à 100, pour que le service se fasse rondement.

(1) C'est parce qu'il y a encore toutes ces choses, outre les fascines, à apporter, qu'il faut encore quelques voyages le 4e jour; car les trois premiers jours, à 24,000 fascines par jour, suffisent et au-delà au transport des 70,000 fascines nécessaires à la construction des quatre ponts.

Chaque 24 heures, on augmente de 20 hommes à chaque pont, à cause de son progrès qui augmente le trajet, de sorte que le 5e et dernier jour, il y en a 200 à chaque pont.

Ceci demande de l'ordre, et beaucoup d'officiers pour le maintenir, et faire servir avec attention ce que les sapeurs sur le pont demandent pour leurs besoins. Comme il y a deux files de travailleurs pour ce service, l'une doit n'être constamment occupée qu'à passer des fascines de main en main, et l'autre, de temps à autre, fait passer les autres matériaux dont il faut moins, des sacs à terre remplis, lorsqu'il en faut, des piquets, des clayes etc.

Il faut avoir attention d'imposer silence aux cris des soldats malins qui troublent la parole donnée au pont; cela est de conséquence, nous avons été témoin de pareil désordre. Les sapeurs ayant besoin de piquets, la parole ne fut pas à moitié chemin de la file, que l'on demandoit les piquets des troupes de la tranchée; et, qu'au bout de la file, on crioit au secours, et que l'on avoit l'ennemi sur les bras. Il faut même châtier sur le champ ces perturbateurs du service.

Des assauts aux ouvrages détachés.

Avant que de régler le dispositif d'un assaut, il faut examiner quel est l'ouvrage que l'on veut insulter, quels sont les obstacles que l'on doit rencontrer dans son intérieur, quelle sorte de troupes on aura à combatre, enfin tout ce qui peut contribuer aux avantages ou aux désavantages de l'assiégeant, afin de régler les mouvemens et la conduite de ce dernier, de manière à le faire parvenir à la réussite de son entreprise.

Par exemple, il est question ici de se rendre maître de la demi-lune.

1°. Si le fossé est plein d'eau, on examine si le pont est solide, et capable de porter un grand fardeau sans s'effondrer dans l'eau, ce qui est arrivé quelquefois ; s'il y a au moins 12 pieds de largeur de passage pour s'y assembler sur 4 de front ; si l'épaulement est à l'épreuve : et, si l'on remarque quelque défaut dans toutes ces choses, on y fait remédier, avant que de rien entreprendre.

2°. Si le fossé et sec, que le passage ou tranchée au travers jusqu'au pied de la brèche ait au moins 15 pieds de large, pour s'y assembler sur six hommes de front, et que l'épaulement soit suffisamment haut pour les couvrir des plongées des ouvrages qui flanquent la demi-lune.

3°. Si la rampe de la brèche est praticable et facile à monter, sinon continuer encore à la battre.

4°. S'il est resté une partie du parapet au haut de la brèche, achever de l'ouvrir avec le canon et les bombes.

5°. Examiner le long de l'extérieur du parapet, si l'ennemi n'y a pas manifesté quelques coupures sur le rempart.   Quelquefois il y fait des coupures, et néglige de couper le parapet; alors, en filant le long dudit parapet, on les attaque et prend à revers, et, par cette négligence, on les rend inutiles et de peu d'effet.

6°. Savoir des prisonniers et des déserteurs, si l'assiégé n'a point fait de retranchement ou réduit dans la demi-lune, si c'est en terre ou en charpenterie seulement, s'il n'a point fait quelques fourneaux sous les brèches, ou en arrière des brèches, et même sous toute l'étendue des rempart et terre-plein.

Toutes ces connoissances, étant bien recherchées et découvertes, servent à régler la conduite qu'un chacun doit tenir dans l'insulte qu'on se propose de faire.

Enfin 7°., examiner si l'ennemi prêt à être attaqué dans la demi-lune, y marque une bonne contenance, et s'il est nombreux. Ceci se juge par la façon dont il se montre au haut des brèches, et par le monde qui occupe le derrière du parapet, et qui y fait feu.

Supposons que l'ennsmi ait véritablement dessein d'y faire ferme avec 150 hommes, et que de plus il y ait un réduit gardé par 50 hommes; ce qui fait en tout 200 hommes de bonnes troupes, résolues à se bien défendre.

Ceci montre qu'il faut pendant tout le jour qui précède l'attaque, accabler cette demi-lune de pierres et de bombes sans relâche, pour y mettre le désordre parmi les troupes et dans les retranchemens, raser autant qu'il sera possible avec le canon le haut des brèches de part et d'autre de l'angle, attaquer avec le double de monde à l'entrée de la nuit, savoir 200 grenadiers qui attaquent, et 200 qui soutiennent.

Calculer le travail des logemens, et la quantité de travailleurs nécessaire pour les établir, et en augmenter le nombre, d'un tiers ou d'un quart; savoir:

Longueur des deux communications

Pl. 9.   A et B, fig. 48   .   .   .   20 toises.

Longueur du nid de pie C   .   20

                    Total   .   40

Pour faire ces 40 toises de logement, il faut 120 travailleurs portant chacun un gabion, une pelle et une pioche.

On peut mettre ces 120 travailleurs à 150,
partagés entre trois ingénieurs. L'un établit le
logement en nid de pie C, et les deux autres
établissent fes deux communications A et B,
chacun ayant 50 travailleurs et deux sapeurs pour
les aider à poser, couronner les gabions de fascines, redresser ceux qui penchent ou qui sont
mal assis, remplacer ceux que le canon enlèvera etc.

Les troupes qui attaquent doivent être sui-
vies de quelques mineurs, pour visiter s'il y a
des entrées de mines au pied des remparts, et,
s'ils en trouvent, ils doivent en arracher les saucissons etc.

Ces mineurs doivent être gens sages et dis-
crets, ne doivent point donner à connoître
quelle est leur commission, qui jetteroit le trou-
ble et l'épouvante dans le soldat, s'il s'apercevoit d'aucun soupçon sur ce fait. Ils doivent
même se tenir à l'écart, et suivre les troupes armées, sans faire semblant de rien. Il faut encore faire suivre ces troupes par une escouade
d'ouvriers de Royal-artillerie, munis d'outils
comme ci-devant, pour rompre les barrières,
palissades, portes de réduits de charpente, chevaux de frise etc., enfin tout ce qui arrête les
troupes dans la poursuite de l'ennemi; lesquelles

troupes protègent par leur feu à bout touchant,
les opérations de ces ouvriers.

Une brigade de ces ouvriers doit suivre la 1e
compagnie de grenadiers à la droite, et une autre
semblable à la gauche, et l'on doit les endoctri-
ner sur ce qu'ils ont à faire, autant qu'il est possible. Si ce sont gens fermes et braves, tels cas
peuvent arriver, qu'on en retirera un grand
profit.

Toutes les précédentes choses étant bien mé-
ditées, et posées en faits autant certains qu'il se
peut, on règle 1°. le dispositif des troupes qui
doivent insulter, et de celles destinées à soutenir ces premières et à courir à leur secours, si le
cas y écheoit, comme il suit, et ce le plus succinctement et le plus nettement qu'il se peut;
c'est le style dont on doit absolument se servir ici.

Dispositif des compagnies de grenadiers, et de celles de piquet destinées à les soutenir.

Savoir: deux compagnies de grenadiers seront
postées à portée de la descente du fossé de la
droite, et autant à la gauche, avec autant de
compagnies de piquet des mêmes corps et en
même nombre que lesdites compagnies de grenadiers. Un peu avant la nuit, ces compagnies

fileront sur les passages du fossé, et immédiatement ensuite les piquets suivis des travailleurs.

Au signal donné de deux coups de canon à
la batterie joignante, les deux compagnies monteront subitement sur la rampe de chacune des
brèches (¹), s'y mettront en bataille sur 5 de
hauteur, achèveront de la monter, les armes
hautes, la baïonnette au bout du fusil, chargeront l'ennemi, et le poursuivront, la baïonnette dans les reins, jusques dans ses retranchemens, seront suivis d'une escouade d'ouvriers
de Royal-artillerie avec leurs outils, pour rompre ce qui se trouvera nécessaire à rompre, soit
portes ou barrières. Les grenadiers, maîtres
des retranchemens, s'y maintiendront un quart
d'heure, pour donner le temps aux ouvriers de
rompre ce qui est à rompre, se retireront ensuite sur le rempart, et de là derrière le logement sur le haut des brèches, chacun de son

(1) Comme il n'y a réellement ici qu'une seule brèche,
laquelle est à l'angle flanqué de la demi-lune, l'auteur ne veut dire autre chose, sinon que la compagnie de grenadiers de la droite montera la rampe
de la partie de la brèche qui est sur la face droite,
et la compagnie de grenadiers de la gauche, celle
de la partie de la brèche qui est sur la face gauche
de cette demi-lune.

côté, c'est-à-dire ceux de la droite sur la droite, et ceux de la gauche sur la gauche.

Lorsque les compagnies de grenadiers chargeront l'ennemi, les piquets les suivront jusques sur le rempart, y feront halte jusqu'à leur retour, ou accourront à leur secours, s'ils en sont requis. Le contraire sera annoncé par un *v.ve le roi!* de la part des grenadiers maitres des retranchemens; lesdites compagnies de piquet se retireront au retour des grenadiers, et se posteront sur la rampe des brèches, jusqu'à parfait établissement des logemens.

Les mineurs commandés feront ce qui leur sera ordonné sur les lieux.

Dispositif pour les ingénieurs.

Il y aura trois ingénieurs commandés pour les logemens sur le saillant de la demi-lune. Pl. 9. fig. 48. Le 1r établira le logement en nid de pie C, embrassant toute l'étendue des deux brèches, passant par le milieu du terre-plein de la barbette, s'il y en a une, sinon bordera l'arrondissement intérieur du rempart, en en passant à 15 pieds près. Les deux autres ingénieurs feront de part et d'autre les communications A et B, depuis le passage du fossé jusqu'au nid de pie C, en montant de biais la rampe des brèches pour rendre la montée plus aisée.

Chaque ingénieur sera suivi de 50 travailleurs chargés chacun d'un gabion, d'une pelle
et d'une pioche, en fera la revue, et les assem-
blera derrière les piquets qui doivent suivre et
soutenir les grenadiers.

Au signal donné de deux coups de canon
tirés à l'entrée de la nuit à la batterie joignante,
les grenadiers commandés pour l'attaque ayant
marché, suivis de leurs piquets, les ingénieurs
marcheront aussi et les serreront de près, suivis
des travailleurs jusqu'au lieu de leur destination,
où chacun établira le logement dont il est chargé;
savoir, le 1r en tête faisant le nid de pie C, et
ensuite les deux autres pour les communications
de part et d'autre.

Chacun de ces trois ingénieurs sera accompagné de deux sapeurs, pour l'aider à poser les
gabions, les aligner, ranger, serrer, redresser
etc., les coëffer de fascines, quand ils seront
pleins de terre etc.

Les travailleurs de nuit ne se retireront pas
avant le jour, sous quelque prétexte que ce soit,
hors qu'ils ne soient blessés; auquel cas ils seront soudainement remplacés par les surnuméraires que l'on tiendra à portée de soi; mais ils
travailleront avec force et diligence, surtout à
s'approfondir, pour se mettre hors de prise du
canon de l'ennemi. Au jour, on les relèvera,

en les remplaçant par les travailleurs de jour, dont il ne faut que moitié des premiers.

Les officiers commandés avec lesdits travailleurs empêcheront les mauvais effets des fausses alarmes, dont les travailleurs profitent volontiers pour s'éclipser, et les retiendront contre leurs gabions. Car, quand bien même l'ennemi reparoitroit, leurs gabions étant pleins, ils sont en sûreté en se blotissant contre, et les troupes armées ont la liberté de faire feu par-dessus les gabions; sur l'ennemi, s'il ose se présenter; ce qui ne peut être qu'en bien petit nombre, et ne doit point troubler l'ordonnance du travail. Les ingénieurs auront aussi attention de prendre langue des mineurs, sur ce qu'ils auront découvert, et sur ce qu'ils auront fait. Ils s'y reporteront même avec eux, pour plus de sûreté et de certitude.

Nota, qu'on peut biaiser davantage les passages D et E, fig. 48, pour mieux éviter l'intérieur F du parapet.

Remarque, des insultes par sape.

Si l'on remarque qu'il sort peu de feu de la demi-lune, avant le temps où l'on a dessein de l'insulter, et que l'ennemi n'y a laissé qu'un foible détachement, il suffira d'attaquer avec une compagnie de grenadiers de chaque côté, soutenue

tenue chacune par un piquet, qui se comporte-
ront toujours comme ci-devant. A l'égard des
travailleurs, et autres attentions qui ont rapport
à l'insulte de la demi-lune, c'est aussi le même
que ci-devant.

Quelquefois il arrive qu'une garnison est foible ou peu ferme, et qu'elle abandonne absolument la demi-lune, n'y laissant qu'un sergent
avec quelques soldats pour fusiller, et amuser
l'assiégeant au devant de chaque brèche, et qu'on
ne laisse là que pour être instruit du moment
auquel l'assiégeant monte. On doit profiter de
ce relâchement de l'assiégé, et voici comment.

On fait agir un bon feu de mousqueterie et
de canon sur le haut de la brèche, pour en imposer au petit détachement de l'assiégé. Pendant ce temps, une escouade de sapeurs à chaque brèche y entreprend une sape ordinaire sur
la rampe marquée A, (au profil figure 49); toute   Pl. 9.
l'adresse qu'il y a ici de plus qu'aux sapes ordinaires, c'est 1°. de préparer à la pelle et à la pioche, une assiette B de niveau, fig. 50, pour y
poser un gabion solidement, 2°. de pousser devant soi le gabion farci C, (même figure) que
l'on retient en place avec deux piquets, ou avec
deux pioches dont la pointe est plantée en terre,
et dont le tranchant soutient le gabion farci. Le
gabion posé étant rempli, le sapeur remonte le

O

gabion farci de la même sorte, pour poser un
nouveau gabion, et toujours de suite jusqu'à ce
qu'il soit parvenu aux trois quarts de la brèche.
Ce travail doit se commencer de jour, trois ou
quatre heures avant la nuit; et, lorsqu'elle est
arrivée, on commande un lieutenant avec 15 grenadiers à chaque brèche; et, au signal donné,
ils chargent le petit détachement, et le poursui-
vent vivement, suivis des ouvriers de Royal-
artillerie et des mineurs, pour les raisons ci-
devant dites.

Il faut pourtant avoir attention de ne pas
donner dans une ruse de l'ennemi, qui affecte
exprès de ne faire paroître que deux ou trois soldats sur le haut de chaque brèche, pour faire
croire qu'il a véritablement abandonné la demi-
lune, et engager par là l'assiégeant à ne faire
qu'une foible insulte négligée, tandis qu'il s'est
préparé à tenir ferme avec 150 ou 200 hommes.

C'est pourquoi, il faut donner ordre aux deux
lieutenans de se retirer sur les passages de fossé,
au cas qu'ils aperçoivent l'ennemi en force dans
la demi-lune; alors on en revient à une insulte
ferme et vigoureuse, telle qu'on l'a décrite ci-
devant.

Ce que les sapeurs trouveront de plus incommode en poussant leurs sapes de brèche, ce sont
les grenades; c'est pourquoi, il faut pousser ces

Pl. 9.

sapes F et G, fig. 51, en s'inclinant l'une vers l'autre, et en échappant à l'angle intérieur A du parapet, laissant néanmoins une ouverture en B, pour passer les deux lieutenans avec leurs 15 grenadiers chacun, pour faire leurs petites insultes à l'entrée de la nuit. Ils sont immédiatement suivis de deux ingénieurs, dont l'un établit le nid de pie C, et l'autre les communications D, avec cette attention que, si ce dernier s'aperçoit que ces communications D sont exposées au revers des faces de bastions de droite et de gauche, il doit communiquer en double sape, droit de B en E sur la capitale.

Les ingénieurs principaux doivent toujours faire des croquis sur les lieux mêmes, et autant exacts que l'oeil le permet; mais l'habitude et l'expérience jointes ensemble nous les font toujours former tels que les choses sont effectivement; et, sur ces croquis, ils consultent et combinent avant que de rien entreprendre. Rien de plus dangereux tant pour eux que pour les troupes, que de demeurer dans une sécurité préjudiciable, qui les conduit bonnement jusqu'à l'exécution même, sans avoir fait aucune réflexion, ni digéré cette exécution, qui par là se trouve déconcertée, fait manquer des coups importans pour l'acquisition de la place, et cause néanmoins bien des pertes. Il faut ici voir,

O 2

examiner et étudier, autant qu'on le feroit dans une paix, à la bâtisse d'une fortification, et c'est ce que doivent faire indispensablement les principaux ingénieurs chargés de conduire les autres.

Nous dirons aussi, avant que de finir la présente façon de gagner le saillant d'un ouvrage mis en brèche, que si l'ennemi, voyant les sapeurs établis en F et G, sur les rampes des brèches, et l'ouvrage prêt à être insulté, faisoit jouer quelques fourneaux sous lesdites brèches, il est indubitable que les établissemens F et G seroient bouleversés, et ceux qui les occuperoient alors, perdus et enterrés. C'est pourquoi, l'on n'y doit tenir que les sapeurs, et le moins de servans qu'il se peut, jusqu'au moment de l'insulte; et, ces fourneaux ayant joué, couronner sur-le-champ le haut de leurs entonnoirs du côté de l'ennemi, ce qui restitue un nouveau logement plus sûr que le premier; et, si alors le jour se trouve tombé, attaquer avec les deux lieutenans, suivis chacun de leurs 15 grenadiers, et se loger en totalité sur l'angle de la pièce.

Mais les ingénieurs, avant toutes choses, doivent examiner les effets qu'ont produits les mines de l'ennemi aux deux brèches, en faire leur croquis, l'examiner soigneusement, et ensuite préparer toutes choses pour parvenir à une bonne exécution.

Nous allons donner des exemples de tous ces assauts différens, dont nous avons été témoins dans nos siéges de Traerbach et de Philipsbourg en 1734, et d'Ypres en 1744.

Assaut donné à la pièce 38, sur la tête du château de Traerbach, année 1734.

Nous rapportons cet exemple, pour servir dans les cas d'ouvrages de chicane, tels qu'ils sont la plupart dans ces anciens châteaux, rhabillés à la moderne par des mains habiles.

La situation de la pièce 38 étoit des plus bi- Pl. 10. zarres ; assise sur un penchant très-rapide de A en B, fig. 52, elle avoit un fossé C taillé dans le roc, flanqué par une caponnière D, enclavée dans un escarpement de rocher E, de plus de 50 pieds d'élévation, qui fermoit ce côté de la pièce ; et, quoique cet escarpement prît une très-grande supériorité sur la pièce 38, il n'en revenoit aucun avantage à l'assiégeant. Car le talus A E étoit de roc pelé, et si rapide qu'on ne pouvoit y cheminer, non plus qu'en remontant plus haut vers la lanterne (¹). A plus d'un

(1) Je prie qu'on fasse attention à cet exemple d'une situation dominante qui, loin d'être un avantage, étoit un obstacle pour l'assiégeant ; et je puis assurer

trajet de fusil, du côté de F, le revêtement de
la pièce étoit aussi assis sur un escarpement,
d'où le roc pelé tomboit avec roideur de F en B.
Il y avoit une galerie en G, qui régnoit le long
du revêtement F, et qui en formoit le parapet
intérieurement, laquelle ayant eté rompue vers
l'angle H, dans les précédens siéges, avoit été
rétablie en charpenterie, comme le représente le
profil I, fig. 53, de 4 pieds de large, sur 6 pieds

que l'auteur n'en dit point encore assez à cet égard,
car je connois le local, pour l'avoir souvent visité
et étudié sous le rapport de ce qu'il offroit de favo-
rable et de défavorable à la fortification du château
de Traerbach, et je puis dire que j'avois reconnu
d'avance, et avant d'avoir lu ce qu'en dit ici l'auteur, que la hauteur à pente rapide en face de la
pièce 38, étoit peut-être la meilleure défense de
cette pièce et du château. Car on ne pouvoit cheminer sur cette pente, et le canon que l'on eût
établi au sommet, n'eût pu être pointé assez bas
pour atteindre, non seulement la pièce 38, mais
même la tour la plus élevée du château. Ce château donc, bâti à mi-côte sur une arrête de montagne qui descendoit rapidement à la Moselle, ne
pouvoit être battu par du canon, qu'à deux ou trois-
cents toises de distance, par des batteries assises
sur des hauteurs séparées de cette arrête, par de
grands vallons ou gorges, ou de bas en haut, de la
rive opposée de la Moselle. De plus, il n'étoit
abordable à des tranchées que par le petit coin à

de haut. Les jambages étoient des poutrelles
de 8 à 9 pouces de grosseur, plantées debout
l'une contre l'autre, recouvertes de madriers de
4 pouces d'épaisseur, le tout en chêne, et cré-
nelé sur le terre-plein de la pièce; le ciel de la
galerie formant la plongée du parapet de ladite
pièce.

On n'avoit pu trouver sur la rampe rapide de
A en B, qu'un petit emplacement K, pour trois

gauche de la grande hauteur, où l'on voit par quels
moyens et avec quelle peine on parvint à établir la
petite batterie K, et le bout de sape N O, dont
l'une fit la brèche, et dont l'autre permit d'achever
le comblement du fossé. Qu'eussent dit cependant,
en visitant ce château ou en l'examinant par dehors,
la plupart des connoisseurs? Ils eussent sans doute
dit que ce château étoit commandé d'une manière
effroyable, et à n'y pouvoir tenir une heure contre
une pareille hauteur. Eh bien! c'étoit justement
de cette hauteur qu'on ne pouvoit ni l'aborder, ni
même lui nuire! Défions-nous donc des adages, et
même des maximes générales, (j'ai pensé dire, des
axiomes) en fortification. N'employons jamais dans
nos jugemens, que le raisonnement et l'examen
le plus réfléchi; et quand quelque chose nous
frappe soit en bien, soit en mal, déterminons bien
en quoi cette chose nuit à l'attaque, et en quoi elle
favorise la défense, *et vice versà*. Car il n'y a que
cela à considérer, et tout autre motif d'approuver
ou de désapprouver, doit être hardiment rejeté.

pièces de canon, et la pente étoit si forte, que
sur la gauche les plate-formes étoient établies sur
plus de 6 pieds de hauteur de fascines et de me-
nues pierrailles; car, pour de la terre, il n'y en
avoit point pour remplir un sac à terre sur le
lieu. Les deux pièces de la gauche, et même
une seulement, voyoient l'angle de la pièce, à
cause que par-tout ailleurs la hauteur de la contrescarpe effaçoit le revêtement de l'ouvrage, et
qu'il ne restoit qu'une petite échappée par dessus le petit batardeau L, fermant le fossé C; cependant on parvint à ouvrir l'angle de la pièce
sur 3 ou 4 toises de large.

On auroit volontiers cheminé de B en F,
quoique le trajet montât rapidement, et ne fût
que de roc pelé; mais il y avoit un escarpement
de roc en B, de 9 à 10 pieds de hauteur, où l'on
avoit mis des mineurs qui en 6 ou 7 jours n'a-
voient pas approfondi la descente de 4 pieds.
Il fallut donc abandonner cette route, et se porter sur la contrescarpe de roc du fossé C de la
pièce, et faire un comblement M, à force de sacs
à terre.

Après que nous eûmes examiné la situation
présente de l'attaque, et que nous en eûmes
rendu compte, Mr le comte de Belle-isle se
rendit à la tranchée avec deux compagnies de

grenadiers et deux piquets de dragons (¹) de
renfort; il s'aperçut que les sapeurs étoient extrêmement incommodés du feu de la pièce, en
jetant leurs sacs à terre pour faire la descente
de la contrescarpe de roc. Il nous ordonna de
prolonger une sape de N en O, pour prendre
de la découverte et du commandement sur la
pièce et sur son fossé, que les ennemis occupoient, d'où ils jetoient force grenades sur les
sapeurs, et nous n'en avions point ni au parc
ni à la tranchée pour leur en rendre. Nous
établîmes sur-le-champ cette sape avec bien de
l'embarras, car la pente étoit telle qu'il falloit se
traîner, comme on dit, *à quatre pattes*, et l'on
cheminoit sur un roc pelé avec des gabions
farcis de fagots de sape. Par cette raison, nous
la fîmes de deux rangées de gabions, l'une contre l'autre. Le plus difficile étoit de rendre le
gabion stable sur une telle pente. On en vint
cependant à bout, en posant des fascines en travers, en forme de petite plate-forme, sur laquelle
se posoit le gabion, fig. 54, au pied duquel on   Pl. 10.
lardoit des piquets. En une heure de temps,
la sape fut achevée, protégée par un grand feu
des attaques. Aussitôt on y fit passer les deux

(1) C'étoit alors, en France, l'usage, de faire faire aux
dragons, dans les sièges, le service de grenadiers.

piquets de dragons, qui, par leur grand feu sur
la pièce et sur son fossé, donnérent moyen d'a-
chever promptement la descente, que l'on découvroit parfaitement de l'endroit O. Nous
aperçûmes aussi de ce même endroit la galerie de
charpente I, fig. 53, formant l'intérieur du parapet à l'angle de la pièce; que la montée de la
brèche étoit praticable; qu'il y avoit un souterrain P, voûté à l'épreuve de la bombe, qui ser-
voit de corps-de-garde pour la porte d'entrée Q
du château; qu'il n'y avoit plus de pont pour
communiquer dudit château à la pièce; et que
les ennemis y montoient de la gorge R, avec des
échelles. Incontinent, Mr le comte de Belle-
isle, sur notre rapport, fit dresser le dispositif
suivant.

Dispositif de l'assaut de la pièce 38.

L'insulte sera faite par les deux compagnies
de grenadiers du régiment de la couronne (¹),

(1) Le nom de ce régiment lui venoit, d'avoir pris d'assaut, avec la plus grande valeur, un ouvrage à couronne au siége de Mastricht, en 1673. Louis XIV,
attentif à récompenser les belles actions, accorda à
ce régiment, pour prix de celle-ci, le nom de *la
couronne*, pour le porter à perpétuité, et lui donna
dans ses drapeaux une couronne de lauriers, avec
cette devise: *hanc nobis dedit Mastreca coronam:*

assemblées à cet effet sur le bord du fossé. Au signal ou commandement donné, un lieutenant avec quinze grenadiers descendront dans le fossé, suivis du capitaine avec le reste de la compagnie, et cette compagnie et la seconde, dont elle sera suivie, monteront la rampe de la brèche, se porteront sur la galerie de charpente formant l'angle intérieur du parapet, culbuteront trois ou quatre madriers du ciel, se plongeront dans la dite galerie (^{1}), pousseront ceux qu'ils y trouveront, la baïonnette dans les reins, jusqu'aux échelles de la gorge de la pièce; savoir, le lieutenant et les 15 grenadiers se porteront sur la gauche, le capitaine et le reste de la compagnie se porteront sur la droite, jusqu'à la caponnière qui bat dans le fossé (^{2}), et la 2e

et telle est la puissance des noms et des signes employés à propos, que depuis lors ce régiment n'a laissé échapper aucune des très - nombreuses occasions qu'il a eues de se signaler, et d'ajouter à l'éclat de son nom et de l'action qui le lui avoit mérité !

(1) Cette partie de la besogne, comme il est aisé de s'en apercevoir immédiatement, ne regarde que la 1e compagnie, et même, à ce que nous croyons, que le lieutenant et ses 15 grenadiers.

(2) Il ne paroît pas par le plan, que ce capitaine et sa troupe ayent pu se porter là, par la galerie, laquelle finit à la porte d'entrée *a* de la pièce. Parvenu en

compagnie se portera dans le souterrain servant
de corps-de-garde. L'ennemi chassé de l'ouvrage, chacun se maintiendra dans les postes
qu'on vient de désigner; savoir, le lieutenant
avec les 15 grenadiers dans la galerie à gauche,
le capitaine avec le reste de la compagnie dans
la caponnière qui bat dans le fossé de la pièce,
et la 2e compagnie dans le souterrain servant de
corps-de-garde.

Dispositif pour les ingénieurs et tra-
vailleurs.

Un ingénieur avec 25 travailleurs et deux sapeurs, chacun muni d'un gabion, d'une pelle
et d'une pioche, se plongera dans la galerie de
la pièce, se portera à son extrémité sur la gauche, jusqu'à la gorge, et établira un logement
sur ladite gorge, depuis R jusqu'au souterrain
P, où 4 mineurs feront une ouverture au jam-
bage, pour y communiquer par ce bout. Il fera
de même une petite partie de sape S à l'autre
bout, où est la porte du souterrain, pour se

---

haut de la brèche, il aura fait fouiller la galerie de
H en Q, et, assuré qu'elle ne contenoit plus d'ennemis, il se sera porté par le terre-plein de la
pièce, à la caponnière D, sans s'occuper du souterrain P, que le 2d capitaine avec sa compagnie
entière étoit chargé d'emporter.

communiquer avec la caponnière qui bat dans
le fossé de la pièce.

Un autre ingénieur avec 25 travailleurs et
deux sapeurs, se portera sur l'angle de la pièce,
et y fera le nid de pie H, observant de le communiquer de part et d'autre avec les gabions.

Exécution.

Sur les trois heures après-midi, l'on monta
à l'assaut, et les grenadiers exécutèrent ponctuellement le dispositif, dont les officiers furent
parfaitement instruits sur les lieux, au moyen
de la sape O, d'où l'on voyoit parfaitement la
manoeuvre à faire. On comptoit prendre quelques prisonniers dans la caponnière qui bat dans
le fossé de la pièce, mais aussitôt qu'ils y aper-
çurent nos gens, ils s'enfuirent, et gagnèrent
leurs échelles, avant que le lieutenant et les 15
grenadiers les y eussent devancés pour leur couper retraite. On tua précisément le dernier qui
se mettoit en devoir de descendre l'échelle, et
qui blessa le lieutenant à la main, d'un coup de
fusil. On desiroit des prisonniers pour savoir
s'il y avoit des mines.

Il n'en fut pas tout-à-fait de même des logemens projetés. A mesure qu'on se présentoit
en R, pour se loger sur la gorge, au débouché
de la galerie, on y étoit écrasé de coups de fusil,

et les gabions enlevés à vide par le souffle du
boulet de canon de la tour bastionnée 37 qui
tiroit à bout touchant sur le nid de pie H, qui
n'en étoit pas moins incommodé. Car, à peine
le gabion étoit-il posé en A sur le haut de la

Pl. 10. brèche, fig. 55, que le canon l'enlevoit et le travailleur avec; ce que voyant l'ingénieur, et que
tout ce qui se faisoit, étoit aussitôt détruit, il
descendit plus bas, et posa sa gabionnade en B,
qu'on remplissoit de sacs à terre qui avoient
servi à la rampe de la contrescarpe de roc, ainsi
que l'entre-deux C. Pour lors le nid de pie se
maintint, y ayant une épaisseur de terre que le
boulet ne pouvoit plus percer, et il fut achevé
en moins d'une heure.

Mr le comte de Belle-isle, qui de la sape N
découvroit tout ce qui se faisoit, envoya demander à Cormontaingne, ingénieur qui établissoit
le nid de pie, pourquoi celui qui étoit chargé
du logement de la gorge, ne l'établissoit pas.
Il lui en alla représenter les raisons, et l'assura
que la chose étoit impossible pendant le jour,
par les raisons que l'on vient de dire, mais qu'à
la nuit il se chargeroit d'en venir à bout, et si
solidement, à force de sacs à terre, qu'il seroit
en sûreté contre le canon de la tour 37; et effectivement Cormontaingne exécuta sa promesse.
Le lendemain au matin, les assiégés capitulé-

rent; car, pas loin de cette pièce, sur le long
côté du château à la gauche, il y avoit une brèche, qui dans peu auroit été accessible.

Remarque.

On fit, dans cette occasion, fort bien de monter à l'assaut de jour, attendu le peu de monde
qu'on y devoit exposer, et les chicanes de cette
pièce, qui demandoient qu'on vît clair à la besogne qui pouvoit s'y rencontrer, au cas que
l'ennemi un peu plus ferme eût voulu en profiter. Ceci doit être remarqué pour les autres
occasions semblables, où l'on ne risque pas
beaucoup de sang.

Pour plus parfaite intelligence du plan, fig.
52, on avertit que T désigne le grand fossé de
la tête du château.

Assaut à l'ouvrage à corne de Phi-
lipsbourg, année 1734.

Mr le comte de Belle-isle se trouvant lieutenant-général de jour, commandant la tranchée,
chargea Cormontaingne ingénieur d'examiner
en quel état étoit le pont A du passage de fossé,
fig. 56, et la brèche à l'angle du demi-bastion   Pl. 11.
gauche de la corne, et s'il n'y auroit pas lieu
d'entreprendre quelque chose; ce qu'il exécuta,
et rapporta que le pont étoit joint à la brèche,

et que la rampe de cette brèche étoit praticable;
que l'ennemi paroissoit en petit nombre dans
cet ouvrage, et qu'il y avoit moyen de s'établir
sur l'angle en s'y prenant sagement, et en se
contentant pour une 1e fois, d'un nid de pie sur
la barbette de l'angle, avec ses communications
au pont.   Sur cela, il fut fait sur-le-champ, vers
les 9 heures du matin, le dispositif qui suit.
Ceci nous fournira un exemple pour les assauts
des ouvrages foiblement défendus.

Dispositif de l'assaut au demi-bastion gauche de la corne de Philipsbourg.

Un ingénieur et deux sapeurs cuirassés commenceront une sape au pied de la brèche, pour
la conduire de biais vers le haut de ladite brèche.   Il sera placé une file de travailleurs sur le
pont et le débouché, pour passer aux sapeurs,
de main en main, les matériaux qui seront demandés.   Lorsque cette sape sera parvenue aux
trois quarts à-peu-près de la rampe de la brèche, on commandera un lieutenant et 15 grenadiers, pour charger ceux qui se trouveront occuper le derrière du parapet au haut de ladite
brèche, et ce petit détachement sera soutenu par
le capitaine avec le reste de la compagnie, qui
restera sur le haut de la rampe, et accourra au
secours de son lieutenant, s'il en est requis.   En
même

même temps, il débouchera un ingénieur avec 50 travailleurs, pour établir le nid de pie, et pour achever les communications audit nid de pie ; et le lieutenant avec les 15 grenadiers viendra rejoindre le capitaine sur le haut de la brèche, après avoir poursuivi l'ennemi, la baïonnette dans les reins, environ 100 pas ; et l'un et l'autre se rangeront derrière les travailleurs qui établissent le nid de pie, posant une sentinelle sur le droite, et une sur la gauche.

On portera une 2e compagnie de grenadiers sur le pont, pour accourir au secours de la 1e, s'il en est besoin, et derrière celle-ci une autre, jusqu'au nombre de quatre.

Exécution.

Cormontaingne commença la sape de la brèche, vers les 10 heures, avec deux sapeurs, à qui l'on filoit les matériaux nécessaires de main en main, comme le spécifioit le dispositif ; et, quand il fut parvenu au bout d'une petite demi-heure, aux trois quarts de la rampe de la brèche, ne pouvant monter plus haut, sans être fusillé à bout touchant, il fit le signal convenu pour faire charger le lieutenant et les 15 grenadiers, qui exécutèrent bravement leur insulte, mais qui s'abandonnèrent à la poursuite de 12 ou 15 fuyards, jusqu'à une traverse E au milieu de la

P

courtine, ce qui réveilla soudainement le feu
du couronné en arrière du présent ouvrage,
où l'ennemi accourut en foule; de sorte que les
grenadiers, arrêtés contre ladite traverse, et
l'ennemi tirant dessus de toutes parts, furent
bientôt tués ou blessés par leur faute et leur désobéissance. Un grenadier blessé, qui s'en re-
vint au nid de pie, dit en passant au reste de la
compagnie, *on échine nos gens*; aussitôt le capitaine et le reste de la compagnie escaladèrent le
nid de pie, renversèrent une partie des gabions,
que l'on commençoit seulement de remplir; et
coururent joindre leur petit détachement. Ils
furent bientôt aussi maltraités, malgré Cormontaingne qui ne put les retenir. La 2e compagnie
suivit bien vite la première, entraînée par une
bravoure des plus déplacées, et par le zéle in-
discret de deux ou trois officiers qui accom-
pagnoient Mr le comte de Belle-isle, et encore
une fois la gabionnade fut renversée, aussitôt
que rétablie. Sur-le-champ, accourt une 3e
compagnie aussi mal à propos que les deux précédentes. Cormontaingne envoya avertir Mr le
comte de Belle-isle de l'imprudence de cette démarche, et qu'il étoit impossible d'établir le logement, que les grenadiers qui accouroient sans
raison renversoient à chaque instant; point du
tout, il accourut jusqu'à huit compagnies de gre-

nadiers, qui répandus dans la moitié de cet ouvrage à corne, s'acharnoient à tirer contre les
murailles et les parapets du couronné; enfin on
les fit retirer, non sans perte, car il en demeura
plus de 80 étendus sur les remparts de la corne,
tant officiers que grenadiers. Après ce désordre,
il en survint un autre; c'est que ces troupes cul-
butèrent sur nouveaux frais le nid de pie, en
repassant; et, ne pouvant toutes contenir sur la
brèche, elles se portèrent en foule sur le pont,
et le firent enfoncer de telle manière, qu'il y en
eut quelques-uns de noyés.

Cormontaingne rétablit encore une fois ce
logement, sur lequel les ennemis avoient eu
tout loisir de pointer leur artillerie, qui y fit
aussi du désordre. D'un autre côté, à peine le
pont fut-il rompu, qu'un petit détachement de
8 à 10 hommes des ennemis, armés de cuirasses,
la baïonnete au bout du fusil, vinrent se présenter au logement. Le nid de pie étant fort
petit, il n'y avoit que les grenadiers du 1er rang
qui voyoient venir l'ennemi, et qui ne s'ébran-
lèrent point, à cause de son petit nombre, mais
tout le reste des troupes, entassé comme des ha-
rengs sur la rampe de la brèche, croyant la chofe
plus sérieuse, étoient près de se précipiter tous
dans le fossé où il y avoit 12 pieds de hauteur
d'eau. Cormontaingne voyant l'ennemi à 25 pas

du logement, dit aux grenadiers de faire feu ;
mais, outre que leurs armes n'étoient pas chargées,
ils n'avoient plus ni poudre ni plomb, l'ayant
toute consommée dans leurs *escopétades* précédentes contre les murs du couronné ; ce que voyant
Cormontaingne, il dit qu'il falloit charger la
baïonnete au bout du fusil. Aussitôt un lieutenant et 15 ou 20 grenadiers se ruèrent dessus,
en tuérent quatre ou cinq, poursuivirent le reste
jusqu'au flanc, et s'en revinrent sagement. Ensuite l'ennemi ne reparut plus. On rétablit enfin le logement, on répara le tout ; et tout ce
petit désordre, qui dura environ deux heures,
ne fut engagé que par la désobéissance du premier petit détachement de 15 grenadiers, qui,
au lieu de s'en tenir à l'ordre prescrit de ne pousser l'ennemi qu'à la distance de 100 pas, s'abandonnèrent jusqu'à la traverse au milieu de la
courtine, où arrétés sous le feu de l'ennemi,
qui y avoit du monde, au lieu de s'en revenir
promptement sur leurs pas, ils s'obstinèrent à faire
feu contre cette traverse. Le capitaine avec le
reste de sa compagnie y accourut assez mal à propos, puisque ce n'étoit que pour augmenter le
mal, et s'obstina aussi à cette traverse. Deux
ou trois officiers braves, mais imprudens, qui
servoient d'aides-de-camp à Mr le comte de Belle-isle, qui les avoit envoyés séparément recon-

noître, pour lui en venir faire ensuite le rapport,
au lieu de faire leur commission, entraînèrent
l'épée à la main après eux, tout le resté des grenadiers de la tranchée; misérable bravade, qui
fit tout le mal, et qui en auroit fait bien davantage, si Mr le comte de Belle-isle, qui s'aperçut
de l'étourderie de ces messieurs (¹) et de l'inu-

(1) Cet exemple, entre mille, suffit pour prouver jusqu'à l'évidence, que ce n'est pas assez pour assurer
la réussite d'un siége, ni même d'une opération
quelconque de siége, que d'avoir des ingénieurs parfaitement habiles et braves, si l'ignorance règne
parmi le reste des officiers, ou si seulement il est
possible de parvenir à certains grades et à certains
postes, entièrement dénué de connoissances sur la
guerre de siéges. C'est cependant ce qui existe d'un
bout de l'Europe à l'autre, et l'on ne pourroit assez
s'en étonner, si l'on ne savoit que, d'une part, on
n'exige des officiers d'autres connoissances que celles qui leur sont nécessaires pour diriger le service
journalier et les manoeuvres habituelles d'exercice de
leur troupe, et que, de l'autre, il ne leur est guères
possible, même en leur supposant le plus grand
desir de s'instruire en fortification, d'y parvenir
d'une manière utile pour eux, dans cette multitude
de livres qui en traitent sans aucun rapport avec
l'usage qu'on en fait à la guerre, usage que leurs
auteurs ou ne connoissent pas, ou auquel ils n'ont
garde de soumettre leurs systèmes, incapables d'en
soutenir la redoutable épreuve. Si donc on veut de

tilité de pareille manoeuvre, n'eût promptement
fait retirer les huit compagnies de grenadiers sur
la rampe de la brèche!

Il falloit donc s'en tenir purement et simplement au dispositif; l'on n'auroit peut-être pas
perdu un homme; et cette petite action auroit
servi de modèle pour gagner le saillant d'un ouvrage que l'on s'aperçoit que l'ennemi n'a pas
dessein de défendre en force et de pied ferme.

Cormontaingne fit suivre le petit détachement de 15 grenadiers par deux mineurs, pour

bonne-foi s'instruire dans cet art, d'une manière
vraiment utile pour la guerre, il faut, sans balancer,
quitter la route battue par les systématiques et les
pédans, apprendre la fortification dans les livres et
dans les écoles où on l'enseigne dans tous ses rapports avec l'attaque et la défense des places, et recueillir soigneusement les mémoires précieux des
hommes du métier, qui, tels que celui-ci, ne contiennent rien qui ne soit démontré par le raisonnement, et appuyé sur l'expérience et sur les faits.
Il resteroit bien encore à joindre à toutes ces études
sédentaires, qui ne prendroient pas aux officiers le
quart de leurs loisirs, quelques exercices de siéges,
moins pénibles et tout aussi instructifs, même pour
tout autre genre de guerre, que ceux qu'ils répètent
si fréquemment sur leurs champs d'exercice en rase
campagne; mais c'est sur quoi nous avons déjà in-
sisté ailleurs inutilement.

visiter le pied du talus du rempart, et voir si l'on n'apercevoit pas quelques embouchures de mines. Il fut aussi visiter lui-même, la chose lui paroissant d'une extrême conséquence ; l'on n'en trouva point, et effectivement l'ennemi n'y avoit pas songé.

Dispositif de l'assaut au couronné de Philipsbourg, année 1734.

Pl. 11.
Fig. 57.

On commandera deux compagnies de grenadiers qui attaqueront chaque brèche, et deux pour les soutenir ; ce qui fait 8 compagnies, c'est-à-dire 4 à chaque brèche, lesquelles s'assembleront dans les logemens à portée des deux passages de fossé.

Ces grenadiers seront suivis de 400 travailleurs à chaque brèche, qui s'assembleront en arrière des 8 compagnies, pour les suivre immédiatement, lorsqu'elles se mettront en mouvement, avec chacun un gabion, une pelle et une pioche. On aura attention de faire un amas de 600 gabions et de 1000 fascines, à portée de chacun des passages de fossé.

Une demi-heure avant l'attaque, qui se fera à l'entrée de la nuit, 2 compagnies de grenadiers se mettront en bataille sur chaque pont du fossé. Les deux autres qui doivent les soutenir, se tiendront à portée près lesdits ponts, pour ac-

courir au secours des deux premières, lorsqu'elles insulteront l'ennemi, si elles en sont requises.

Au signal donné de deux coups de canon de
la batterie joignante, les deux compagnies de
grenadiers en bataille sur chaque pont monteront en même temps la rampe de la brèche, chargeront l'ennemi sans tirer, seulement la baïonnette dans les reins, le pousseront de part et
d'autre du couronné jusqu'aux branches, avec
cette attention, qu'une compagnie cheminera de
chaque côté sur le rempart, et l'autre sur le parapet pour tourner les coupures ou traverses,
s'il s'en trouve sur ledit rempart du couronné.

Les deux compagnies de grenadiers, ayant
de chaque côté poussé l'ennemi hors de l'ouvrage, jusqu'aux tenaillons à l'extrémité des
branches, se replieront derrière le pignon des
casernes et bâtimens situés au centre du présent
couronné, s'y maintiendront jusques vers le
point du jour, où on les fera avertir de se retirer derrière les logemens, qui alors seront en
état de les recevoir.

Les deux compagnies de grenadiers, qui doivent soutenir les deux premières à chaque pont,
se porteront sur les rampes des brèches de part
et d'autre, laissant un intervalle, pour donner
la liberté aux travailleurs et aux matériaux de

défiler aux logemens, et lesdites compagnies accourront au secours des premières qui auront chargé, si elles en sont requises; sans quoi, ne quitteront point ce poste.

On commandera 4 compagnies de piquet des mêmes corps que les grenadiers, pour remplacer les 4 secondes compagnies de grenadiers, si elles sont obligées d'aller en avant. Ces piquets prendront poste dans les tranchées après les 4 secondes compagnies. On prendra les précautions nécessaires pour que les grenadiers de la droite se reconnoissent avec ceux de la gauche (¹).

Dispositif des ingénieurs.

On ne soupçonne aucun retranchement dans le bastion par lequel il est question de s'introduire dans le couronné; les déserteurs et prisonniers de la garnison n'en ayant point vu faire; en tout cas, s'il s'en rencontre, on y aura égard, comme il suit.

Il sera commandé une brigade d'ingénieurs à chaque brèche, une sur la droite, et une sur la gauche.

(1) Cela devenoit surtout nécessaire, lorsqu'ils viendroient à se rencontrer derrière les bâtimens du centre du couronné, à l'abri desquels les uns et les autres devoient se mettre jusqu'au jour.

Deux ingénieurs marcheront à la tête de 400 travailleurs commandés à chaque brèche, chargés chacun d'un gabion, d'une pelle et d'une pioche. Lorsque les compagnies de grenadiers s'ébranleront pour marcher en avant, les travailleurs en feront autant, et, lorsqu'elles insulteront, on se portera droit au milieu des courtines, où l'on posera les gabions à reculons, laissant un travailleur derrière deux gabions, et les surnuméraires retourneront au dépôt, conduits par des officiers et sergens pour les ramener à la continuation des logemens (¹),

(1) Il paroît que l'on avoit supputé que chacun des deux logemens emploieroit 600 gabions. Les 400 travailleurs auront donc commencé par poser chacun le leur, et il sera resté 200 travailleurs pour les remplir. Les 200 autres seront retournés au dépôt, et en auront rapporté 200 gabions, qu'ils auront posés, et derrière lesquels seront restés 100 travailleurs pour les remplir. Les 100 travailleurs qui auront été de reste, n'auront pas manqué d'emploi, car ils auront eu à apporter les fascines qui devoient couronner la gabionnade, et les sacs à terre dont on dut la créneler; ils ont eu, de plus, les travailleurs tués et blessés à remplacer. Dans ces occasions, où l'on trouve de l'inconvénient à apporter les gabions tous à la fois, la règle est qu'ils le soient entièrement en deux; et, pour cela, il faut que le nombre des travailleurs soit à celui des gabions à transporter, comme deux est à trois.

avec cette remarque, que moitié des officiers doivent rester derrière ceux qui restent au travail, et ne les point quitter.

Ayant d'abord établi le logement A, fig. 57, Pl. 11. à 15 pieds du talus du rempart, on établira ensuite ceux sur le retranchement B, s'il s'en trouve un à la gorge de ce bastion, et qu'il ait été forcé; ensuite les zigzags C sur les flancs, puis les logemens D sur les faces, enfin l'on terminera par les communications E.

Tout le logement étant établi de cette sorte, on aura soin de le visiter pour voir s'il n'est pas resté quelques intervalles entre les travailleurs, afin de les remplir, s'il y a des blessés, les faire transporter sur-le-champ; enfin, que tout travaille avec diligence, pour qu'au jour les logemens soient mis en sûreté et à l'épreuve du canon de la place, dont on sera vraisemblablement battu avec vivacité.

S'il se rencontre un retranchement à la gorge du bastion, que les troupes n'ayent pu forcer, soit en le tournant le long du parapet du bastion, ou autrement, on se contentera de s'établir sur les deux faces seulement.

On commettra une personne entendue et connue, avec deux mineurs et quatre grenadiers, qui suivront immédiatement la 1e compagnie, pour descendre au pied du rempart, et se saisir des mineurs ennemis, s'il s'en trouve derrière le saillant du bastion, découvrir toutes les bouches des mines, en arracher les saucissons etc,

Il faut que tout ceci soit secret, autrement la démarche pourroit devenir dangereuse, en effarouchant les troupes.

On s'approvisionnera de brancards et autres choses nécessaires au transport et au soulagement des blessés, le plus à portée que faire se pourra,

Exécution.

Les troupes exécutèrent parfaitement le dispositif, à cela près, qu'ayant trouvé des farines dans les casernes, elles se mirent à les piller et transporter hors du couronné, pendant une grande partie de la nuit, et ne cessèrent que, lorsque Mr de Polastron, maréchal-de-camp de tranchée, s'en aperçut, et fit cesser ce commerce, attendu qu'il étoit dangereux, l'ennemi pouvant aisément rentrer dans le couronné par les tenaillons à l'extrémité des branches.

Les logemens furent pareillement bien établis, malgré un inconvénient auquel on ne s'attendoit pas, et dont personne n'étoit instruit; c'est qu'il n'y avoit point de rempart au couronné, mais seulement une banquette de 5 à 6

pieds de large, comme le représente le profil A, Pl. 11.
fig. 59, avec un grand talus, tombant sur 20 à
24 pieds de hauteur, dans des marais qui se trouvoient au pied.

Cormontaingne, qui avoit travaillé aux précédens dispositifs, et qui se chargea du logement de la gauche avec Riverson (¹), en fut

(1) Officier de réputation, devenu par la suite directeur
des fortifications de l'Alsace, et maréchal des camps
et armées du roi. Il fut envoyé en 1757 à la tête
de quelques officiers du génie et de l'artillerie, alors
réunis en France en un seul corps, aux armées
de l'impératrice - reine, où il dirigea l'attaque de
Schweidnitz, lorsqu'il fut pris par le comte Nadasti.
Les dégoûts que lui donna à Vienne, l'hiver d'ensuite, le duc de Choiseul, alors ambassadeur de
France, lui firent demander son rappel, au grand
regret de l'impératrice-reine. Quelques années après,
le duc devint en France ministre de la guerre, et
l'un des premiers actes de son ministère fut d'accor-
der à Mr de Riverson une retraite qu'il ne demandoit pas, et qui fit perdre au roi vingt années d'uti-
les services que cet habile officier lui eût encore
rendus. On sera sans doute étonné de cette basse
vengeance de la part d'un homme qui a passé pour
généreux; mais Mr de Riverson avoit humilié l'a-
mour-propre du duc, en démasquant son ignorance
militaire dans une discussion publique qu'il avoit
eue avec lui sur un point intéressant de son métier;
et l'amour-propre humilié ne pardonne point.

étonné. Ils continuèrent de cheminer avec
leurs travailleurs sur cette banquette, jusqu'au
milieu de la courtine; et, tout en chemin faisant, ils conclurent qu'on ne pouvoit mieux
faire en cette occasion, que d'asseoir la gabionnade sur le milieu de la banquette, comme B,
fig. 59, et de prendre les terres derrière soi, tant
qu'on voudroit, pour renforcer l'épaulement;
observant de s'enfoncer en C, de manière que
l'épaisseur C D ne pût être pénétrée par le canon.
Car, de porter la gabionnade sur le parapet en E,
l'intérieur du logement se seroit trouvé acculé
contre le revêtement F, de manière à n'avoir
pas la moitié du jeu nécessaire dans le logement,
dans lequel le canon, qu'on porteroit dans la
suite en avant, devoit passer, Ils mirent donc
leur avis à exécution, et l'on s'en trouva bien.
Car, quoiqu'au jour le canon de l'ennemi dé-
rangeât beaucoup la gabionnade B, il ne fit cependant pas grand mal à ceux qui étoient dans
le fond du logement C, qui se trouvoit creusé à
profondeur convenable.

Au point du jour, on fit retirer les travailleurs de nuit, que l'on remplaça par ceux de
jour, sur le pied de trois gabions par chaque
travailleur etc.

Cet exemple suffit pour les grands dehors, comme le précédent pour les occasions moins considérables.

N. B. que la fig. 58 montre l'exécution du lo- Pl. 11. gement, dont la fig. 57 fait voir le projet.

Remarques sur les précédens assauts.

On n'a trouvé ni mines ni retranchemens dans les ouvrages pris d'assaut à Traerbach et à Philipsbourg, ce qui nous montre bien visiblement que les défenses de places sont très-peu industrieuses chez les Impériaux.

Nous avons remarqué dans ces deux siéges:

1°. Qu'ils n'y laissent que leur plus mauvaise infanterie.

2°. Qu'ils ne destinent que peu ou point de fonds pour rajuster les places menacées d'un siége prochain.

3°. Qu'ils ont peu d'ingénieurs et peu de mineurs, et ce peu est très-mal-habile, ou du moins la précédente raison les fait paroitre tels (¹).

(1) Ce correctif, que l'esprit d'équité dicte ici à notre auteur, détruit tout l'odieux de l'imputation qu'il fait au corps des ingénieurs impériaux, imputation qui, au reste, ne peut maintenant s'appliquer en aucune manière, au corps impérial du génie, au-

Pl. 12. Assaut donné au siége d'Ypres, à la lunette A, fig. 60, située sur la digue du canal, la nuit du 22 au 23 juin 1744.

Ordre de Mr le maréchal de Noailles, donné à Cormontaingne, pour le travail à faire la nuit du 22 au 23 juin; savoir:

1°. On achèvera la communication de la gauche, depuis la 1e parallèle jusqu'à la seconde.

2°. On achèvera semblablement celle du centre, pour déboucher à la nouvelle batterie de 8 pièces, commencée la nuit précédente.

3°. On enlèvera par préférence à tout, la seconde redoute sur la digue du canal.

4°. Il faut faire la communication de la parallèle commencée, jusqu'à l'Yper, où elle sera appuyée.

Ordre du 22 au 23 juin.

Mr de Grammont, lieutenant-général.
Mr de Jumilhac, maréchal-de-camp.
Mr des Graviers, brigadier.

Garde

jourd'hui bien supérieur, à tous égards, à ce qu'il étoit alors, et, sans contredit, l'un des premiers de l'Europe.

Garde de la tranchée.

Le Roi	. .	4 bataillons.
La Couronne.	. 1	—
Beauvoisis.	. 1	—
Total	.	6 bataillons.

Grenadiers auxiliaires, Gardes
  françoises . . . . 2 compagnies.
Dragons 100 . . . . 2 —

Total   .   4 compagnies.

Travailleurs.

De nuit . . 1200.
De jour . . 800.

Officiers généraux de jour, et pour la nuit du
  23 au 24.

Mr de Ségur, lieutenant-général.
Mr de Courtomer, maréchal de camp.
Mr de Salis, brigadier.

Garde de la tranchée.

Touraine	. .	3 bataillons.
Royal de marine	. 1	—
Hainaut	. . 1	—
Angoumois	. 1	—
Total	.	6 bataillons.

Grenadiers auxiliaires, Gardes
  suisses . . . 2 compagnies.
Dragons, 100 . . 2 —

Total   .   4 compagnies.

Q

Destination de Mrs les ingénieurs de la brigade de Cormontaingne, pour le travail de la nuit du 22 au 23 juin.

Cormontaingne, brigadier.

1°. A la prise et logement de la lunette.

    Mr de Biscourt, chef de division.

        de Nouzart.

          Milet.

        de la Vallée.

          Bourdelot, volontaire.

2°. A la communication en zigzags, le long du chemin de Bouzingue.

    Mr de Beaune, sousbrigadier.

        Robert de Paradès.

        Villas, volontaire.

3°. A la communication en zigzags sur la droite.

    Mr de la Salle.

      d'Arles.

      d'Hauteville.

Distribution des travailleurs.

Mr de Biscourt aura 500 travailleurs.

Mr de Beaune   .   200   —

Mr de la Salle   .   300   —

Il restera 200 travailleurs en réserve pour les cas imprévus.

Dispositif des grenadiers qui doivent insulter la lunette, la nuit du 22 au 23 juin.

Il débouchera d'abord 20 grenadiers, conduits par Mr Milet ingénieur, lesquels s'introduiront par la face gauche sur la berme, où il y a une trouée à la palissade et à la haie, fileront le long de la dite berme, gagneront la gorge; de là s'introduiront dans la communication à la traverse voûtée, où ils feront ferme derrière ladite traverse. Six de ces grenadiers porteront chacun un gabion, une pelle et une pioche, avec leur arme en bandoulière, pour masquer le passage voûté, et s'y retrancher, en attendant que l'on y fasse passer des travailleurs.

Ces 20 grenadiers seront suivis de la 1e compagnie des grenadiers du roi, commandés par Mr de Meironnet, qui sera précédé de 10 grenadiers, qui monteront par l'épaule droite, 10 par l'épaule gauche, et le reste par le saillant, feront main basse sur ceux qui s'y trouveront; de là, se rassembleront derrière la palissade, le long de la gorge, et y feront ferme pendant qu'on fera les logemens, derrière lesquels ils se replieront, aussitôt que les premiers gabions seront près d'être remplis.

Q 2

Dispositif des ingénieurs pour le logement de la lunette, la nuit du 22 au 23 juin.

Mr Milet de Mureau débouchera le premier à la tête de 20 grenadiers, pour se porter derrière la traverse voûtée au milieu de la communication entre la gorge de la lunette et le chemin couvert de la place.

Ensuite débouchera la 1e compagnie des grenadiers du roi, qui entrera dans la lunette, suivie de Mr de Biscourt, chef de division, à la tête de 100 travailleurs, pour faire un logement le long de la gorge de la lunette, ayant Mr Bourdelot volontaire, pour faire filer lesdits travailleurs.

Ensuite débouchera Mr de Nouzart à la tête de 100 autres travailleurs, ayant Mr de la Vallée ingénieur pour faire filer lesdits travailleurs, et faire la communication audit logement de gorge.

La 2e compagnie des grenadiers du roi prendra le poste de la première, lorsque celle-ci aura débouché, et la soutiendra.

Si le cas y écheoit, il y aura encore 300 travailleurs en réserve pour le travail imprévu des présens logemens, que l'on fera filer à fur et mesure que l'on en aura besoin.

De plus, on postera des piquets de troupes armées de la tranchée à portée de repousser l'en-

nemi, s'il fait quelque tentative sur les présens
logemens.

Exécution.

On entreprit la nuit du 22 au 23 juin l'attaque de la lunette, qui suspendoit par ses revers
tout le progrès de l'attaque de la droite; ce qui
fut exécuté par la 1e compagnie des grenadiers
du roi, soutenue de la 2e, qui s'y portèrent
avec fermeté et valeur.

La brigade de Cormontaingne fut chargée
de ce logement, qui fut très-bien exécuté par
MM. de Biscourt chef de division, Nouzart,
Milet de Mureau, la Vallée, et le Sr Bourdelot
volontaire, qui y fut tué en y menant les travailleurs surnuméraires, dont on se trouva avoir
besoin. Cet officier, quoique très-jeune, marquoit beaucoup de bonne volonté et de courage.

Le roi le nomma ingénieur le matin, mais
il mourut de sa blessure sur les 10 heures du
jour, quelques heures après avoir été nommé.

Il n'y eut qu'un grenadier tué et 3 de blessés,
et environ une soixantaine de travailleurs tués
ou blessés. Cette lunette, lorsqu'on l'insulta,
n'étoit plus gardée que par une douzaine d'hommes, dont on tua deux, l'on en prit un prison-
nier, et le reste se sauva.

La 1e compagnie de grenadiers étoit précé-
dée par 20 autres, conduits par Mr Milet de Mureau, ingénieur, qui gagna la traverse voûtée à
mi-trajet de la communication de la lunette au
chemin couvert de la place.

Pendant ce temps, Mr de Biscourt se logea
sur la gorge, et Mr de Nouzart et de la Vallée
firent la communication (¹). On perdit, comme

Pl. 12.

(1) Cet énoncé des travaux de la nuit est manifestement
incomplet. Car, 1° le *croquis* du travail de Mr
de Biscourt et de sa division, fig. 61, présente,
outre le logement de gorge de la lunette et sa communication en arrière, une gabionnade qui traverse
la digue en entier, à 10 toises en avant de la palissade de gorge de la lunette, et une communication
de cette gabionnade au logement de l'intérieur de
cette même lunette. 2° Mr Milet de Mureau et ses
20 grenadiers, dont 6 portoient des gabions et des
outils avec leur arme en bandoulière, avoient poussé
jusques là, et y avoient fait ferme derrière une traverse, de laquelle les six grenadiers avoient masqué
le passage voûté, et où ils s'étoient retranchés, *en
attendant qu'on y fit filer des travailleurs.* 3° Des
500 travailleurs de Mr de Biscourt et de sa division,
cet officier n'en prit avec lui que 100 pour établir
le logement de gorge de la lunette, et MM. de Nouzart et de la Vallée que 100 autres pour en établir
la communication en arrière. Il y a donc bien de
l'apparence que, des 300 autres travailleurs, *tenus en
réserve pour le travail imprévu des présens loge-*

on le voit, beaucoup de travailleurs, parce que les ennemis, qui s'attendoient à cette attaque, avoient beaucoup garni de troupes le chemin couvert et le rempart du front attaqué de la basse

mens, Mr de Biscourt fit passer à Mr Milet de Mureau ceux qui lui étoient nécessaires pour se retrancher sur la digue, en travers d'un bord à l'autre, ainsi que pour se communiquer avec le logement de l'intérieur de la lunette, et que c'est en menant là ces travailleurs que Mr Bourdelot fut tué. Si le dispositif n'énonce pas positivement le projet de faire tout cela, c'est que, sans doute, Cormontaingne ne vouloit pas promettre au Maréchal de Noailles tout ce qu'il espéroit, mais n'étoit pas sûr de pouvoir tenir; et que Mr de Biscourt, excellent officier, qui avoit sa confiance et son secret dans cette occasion, devoit, suivant les circonstances, pousser les logemens jusqu'à la traverse voûtée, et peut-être jusqu'au saillant du chemin-couvert de la place, s'il l'eût trouvé foiblement garni; car il semble que c'étoit beaucoup trop de 300 travailleurs, pour ne se loger et communiquer que depuis le logement de la lunette jusqu'à la traverse voûtée. Quoi qu'il en soit, nous pensons qu'il faut s'en tenir à ce que *dit* le croquis, plutôt qu'à ce que *ne disent point* le dispositif ni l'exécution, soit qu'ils ayent été tronqués par quelque copiste, soit que Cormontaingne lui-même ait jugé inutile de mentionner plus positivement, ce que le dessin exprimoit de reste, et ce qu'indiquoit suffisamment la mission de Mr Milet de Mureau.

ville, dont ils dirigèrent tout le feu sur cette lunette, et véritablement il fut fort vif pendant toute la nuit.

Mr de Beaune sousbrigadier acheva la communication à la 2e parallèle par un zigzag, et fit perfectionner ceux faits en arrière le jour précédent, entre la chaussée de Bouzingue et l'Yper, ainsi que la dite 2e parallèle. Il avoit avec lui Mrs Robert de Paradès et Villas.

MM. de la Salle, d'Arles et d'Hauteville prolongèrent de 5 zigzags en avant, la communication de la droite, que l'on ne put néanmoins achever, faute de travailleurs.

On fit aussi une communication sur le derrière des nouvelles batteries.

Au jour, on se mit à perfectionner avec 800 travailleurs les ouvrages entrepris pendant la nuit, lesquels furent tous achevés avant que la tranchée fut relevée.

Passage du lit desséché de la rivière de Treissam, au siége de Fribourg, année 1744.

Comme la rivière de Treissam baignoit la queue des glacis de Fribourg, du côté par où on l'a attaqué, l'on fit sur le derrière des attaques un canal pour y détourner les eaux de cette

rivière, qu'on y jeta par un barrage à la tête
du canal, pris au dessus de la place.

Voici de quelle façon l'on passa le lit desséché de cette rivière.

Précautions à prendre, pour le passage du lit desséché de la rivière de Treissam.

Lorsque dans le trajet de la rivière, on trouvera le fond au niveau des eaux, et que par conséquent on n'y pourra point creuser, on fera l'épaulement avec des gabions farcis de fagots de sape, dont on mettra deux rangs A et B, fig. 62, Pl. 12. pour base, avec un autre rang C par dessus, coëffé de trois fascines D, avec un tapis de sacs à terre E et F, posés intérieurement.

S'il s'y rencontre un filet d'eau courante, on posera dans cet endroit plusieurs fascines sous l'épaisseur de l'épaulement, avant que d'y asseoir les gabions. Sur les rivages de la rivière où il y aura un peu de terre, sable ou pierrailles, on s'en servira indistinctement pour remplir les gabions du passage, qui alors se fera comme une sape ordinaire.

Si quelques parties du présent passage se trouvent au jour être plongées, ou vues d'écharpe des ouvrages de la place, on y fera une traverse tournante avec son recouvrement, com-

Pl. 12. me il se voit fig. 63, dans laquelle sont désignés par les lettres suivantes

G Traverse de 5 gabions de longueur et de 4 d'épaisseur.

H Recouvrement de la traverse, de 6 gabions de longueur.

I Epaulement du passage.

K Epaulement du recouvrement.

L Passage de 8 pieds de largeur, au pourtour de la traverse.

Prix des présentes sapes.

Les épaulemens de deux rangs de gabions d'épaisseur, lesdits gabions étant farcis de fagots de sape, seront payés à 3 L. la toise courante, garnis de leur tapis intérieur de sacs à terre.

Les épaulemens de deux rangs de gabions farcis, avec un autre rang de gabions farcis pardessus, coëffés de trois fascines bien piquettées, garnis de leur tapis intérieur de sacs à terre, seront payés à 4 L. la toise courante.

Remarque sur les ponts de chevalets.

Lors du passage de cette rivière, il survint des pluies continuelles et abondantes, qui firent tellement enfler le ruisseau, qu'on ne put jamais jeter dans le canal que la moitié de ses eaux; et l'autre moitié, qu'il fallut laisser passer

dans son lit ordinaire, emporta les trois passages A, B, C, que l'on avoit établi comme on Pl. 13.
vient de le détailler. Il fallut donc avoir recours à des ponts de charpente, établis sur chevalets, et on leur en ajouta même deux autres D
et E; voyez le plan de la place et de ses attaques
fig. 64.

On voit aussi, figures 65 et 66, la construc- Pl. 14.
tion de ces ponts, qui avoient 12 pieds de largeur, et sur lesquels on établissoit un masque
sur le côté du feu de l'ennemi. Ce masque
n'étoit autre chose qu'un épaulement de gabions, dont ceux de la base étoient farcis de fagots de sape, et dont ceux du rang supérieur
l'étoient avec des fascines dressées debout *en
asperges*, et de plus un tapis de sacs à terre du
côté du passage.

On faisoit pareille chose sur le devant, un
peu au-delà du débouché du pont sur le glacis,
pour en couvrir l'enfilade. Mais lorsque le pont
avoit un peu de longueur, on y étoit nécessairement vu des ouvrages de la place, sans pouvoir l'éviter (1), ce qui a coûté la vie à plusieurs
personnes.

(1) Il paroît cependant qu'on pouvoit assez facilement
parer à cet inconvénient, soit en faisant le pont de
deux pièces, dont l'une eût, sur une certaine longueur, côtoyé l'autre, bord à bord. Une traverse

La fig. 65 offre un profil pris sur la largeur d'un de ces ponts, et la fig. 66 en offre un autre, pris sur la longueur de ce même pont.

a Chapeau de 8 et 9 pouces de grosseur.

b Montant de 8 et 9.

c Traverse de 7 et 8.

d Entretoise de 7 et 8.

e Longeron de 9 et 10.

f Madriers de 2 pouces d'épaisseur.

On tenoit continuellement à chaque pont une brigade de sapeurs de jour, relevée par une autre de nuit, avec une garde d'un sergent et 15 hommes, pour aider à remédier, de concert avec un détachement de soldats ouvriers de Royal - artillerie, aux accidens causés par les bombes et le canon, ou plutôt par les pots à feu,

eût été établie à l'extrémité de la portion la plus éloignée du débouché du pont sur le glacis, et auroit paré du feu des ouvrages de la place, tout ce qu'elle auroit eu en arrière. On pouvoit encore, au milieu du pont, ou pour mieux dire, à l'endroit où une traverse lui eût été nécessaire, lui adosser une portion de pont portée sur 3 ou 4 chevalets, sur laquelle on eût établi le recouvrement de la traverse tournante, que cette portion adossée eût donné moyen d'établir sur le pont. Mais peut-être qu'on se crut obligé de renoncer à de semblables moyens, qui parurent incompatibles avec le passage de l'artillerie sur ces ponts.

dont les ennemis tiroient fréquemment. On
s'en préservoit avec des peaux de boeufs fraîchement écorchés, qu'on jetoit promptement dessus pour étouffer le feu. Cependant les eaux
sont ce qui y a causé le plus de dommage, faute
d'avoir eu l'attention de faire d'abord les chevalets assez hauts pour se mettre au-dessus des
crues, qui les ont emportés successivement, et
quelquefois même tous à la fois, suivant que ces
crues étoient fortes et subites; ce qui nous a fait
vivement regretter de n'avoir pas en premier
lieu mieux pris nos précautions.

Remarque sur lesdits ponts.

Nous croyons que c'est la 1e fois qu'il soit
arrivé de passer une rivière ou plutôt un torrent
de 20 toises de largeur sur un homme de hauteur
d'eau, ladite rivière étant située à la queue du
glacis d'une place telle que Fribourg, qui avoit
7 à 8000 hommes de bonne garnison. Mais que
ne fait-on pas dans l'extrême nécessité, et en
présence d'un monarque adoré, à la tête de la
nation françoise! Néanmoins nous pensons que
cette entreprise tient beaucoup de la témérité.

Principes sur lesquels on a réglé le canal, pour détourner la Treissam.

La première opération que l'on fit, ce fut
d'examiner en arrivant devant Fribourg, les eaux

qui couroient dans la rivière de Treissam, dans
un endroit, qui ne fut ni le plus ni le moins rapide de son courant, mais où il se rencontrât
une vitesse moyenne. Comme le lit de cette rivière est rempli de beaucoup d'ilots et bancs de
sable, qui le partagent en plusieurs bras, on en
choisit un endroit où il ne s'y en rencontroit
que deux, de sorte qu'en les profilant exactement,
on les a trouvés comme ci-après.

Examen de la quantité d'eau qui coule dans la Treissam, sous Fribourg, au quartier de Lehen.

Calcul de la surface du profil des eaux.

To pi po

Pl. 14. 1er. Bras, fig. 67, Larg. 5. 0. 0. }
               Haut. 0. 0. 8. } 20 pieds carrés.

2e. Bras, fig. 68, Larg. 6. 3. 0. }
          Haut. 0. 1. 0. } 39   —

                              Total   .   59 pieds carrés.

que l'on peut mettre à 60 pieds carrés, pour
les eaux moyennes qui passent dans la rivière
de Treissam.

Profil du canal proposé pour saigner la rivière de Treissam sous Fribourg, fig. 69.

Pl. 14.

C marque le bord du canal du côté de la place,
par lequel il faut commencer à y jeter les terres
en remblai.

Toisé du déblai du canal par chaque toise courante.

Larg. moyenne 3 To. 4 pi. 6 po. ⎫
Haut. . . 0   4   6   ⎬ 2 T. 4 pi. 10½ po.
                         ⎭

qu'il faut mettre à 3 toises ou 108 pieds carrés.

Remarque sur ce calcul.

Selon le profil proposé pour le canal à faire, il y passeroit un peu moins de 3 pieds de hauteur d'eau, de sorte que lesdites eaux venant à doubler à l'occasion de quelques crues, elles ne surmonteroient pas encore les digues dudit canal; mais on entrevoit qu'on ne sauroit diminuer ce profil, sans s'exposer à plusieurs dangers.

Réflexions sur ce canal.

Comme ce canal dans toute son étendue devoit parcourir la même plaine que parcouroit la rivière, on en conclut que la pente de l'un seroit égale à la pente de l'autre, et que par conséquent les vitesses ou écoulemens d'eau seroient les mêmes. Si cela ne s'est pas trouvé vrai dans l'exécution, du moins l'erreur nous a été avantageuse, en ce que les eaux couloient avec plus de vitesse dans le canal que dans la rivière. En voici la raison.

Le cours de la rivière alloit beaucoup en serpentant, au lieu que le canal alloit presque en droite ligne (¹); de sorte que, n'y ayant de l'entrée à la sortie du canal que les deux tiers du chemin que la rivière tenoit dans ses plis et replis, il y avoit par conséquent dans le canal une moitié

(1) C'est presque le contraire, il faut en convenir, qu'on voit exprimé sur le plan, fig. 64; mais il faut bien que je convienne aussi que cette figure manquoit parmi les planches de la copie du *mémorial* que l'on m'a procurée, et que j'y ai suppléé de mon mieux, par ce plan de Fribourg et de ses attaques, tiré du dépôt des plans d'une puissance alors alliée de la France. L'objet de ceux qui dans le temps firent ce plan pour rendre compte du siége à cette puissance, étant bien moins d'exprimer toutes les sinuosités de la rivière, et le juste degré de courbure du canal de dérivation, que de représenter avec exactitude les ouvrages de la place, les travaux de ses approches, et le nombre et la situation de leurs batteries; il n'y a rien d'étonnant à ce qu'il se trouve sur ce 1r point, en contradiction avec Cormontaingne, qui avoit examiné de bien plus près la chose, en raison de ce qu'elle l'intéressoit davantage. Une preuve, d'ailleurs, que le plan a beaucoup trop forcé la courbure du canal, c'est que ce canal, mesuré partie par partie sur l'échelle, se trouve y avoir plus de 2700 toises de développement; tandis qu'il n'en avoit réellement sur le terrain, que 2492, comme on le verra plus bas, à l'article *du nivellement sur la longueur de ce canal.*

moitié de pente de plus par chaque toise courante que dans la rivière. D'ailleurs, plusieurs
obstacles qui embarrassoient le lit de la rivière,
retardoient son courant, ce qui n'avoit pas lieu
dans le canal, et cela au point que les eaux de la
rivière dans l'état que la représentent les profils,
figures 67 et 68, étant jetées en entier dans le
canal, elles n'y prenoient pas 1 pied ½ de hauteur, tandis que l'on avoit pensé qu'elles y mon-
teroient à 3 pieds (¹).

(1) Cormontaingne, en convenant ici, qu'il croyoit que
    les eaux s'élèveroient dans son canal, à 3 pieds de
    hauteur, avoue son ignorance en hydraulique avec
    une candeur qui fera à coup sûr l'étonnement, et
    peut-être le scandale de beaucoup de ses lecteurs.
    Quoi! diront-ils, cette lumière des ingénieurs
    françois ne savoit pas l'hydraulique, et ne cher-
    choit pas même à nous persuader qu'il la savoit! Il
    lui eût été si facile, après son erreur reconnue, de
    feuilleter quelque traité de cette science, et d'en
    tirer quelque formule qui, appliquée à son canal,
    eût déterminé à un pied et demi, moins quelques
    lignes, la hauteur que l'eau avoit dû y prendre! Il
    pouvoit même nous donner ce calcul, comme fait
    par lui à l'avance, pour régler le profil de son ca-
    nal . . . . mais il paroît que Cormontaingne étoit
    loin de pareille charlatanerie, et d'y perdre un
    temps qu'il trouvoit mieux employé à construire
    les plus belles et les meilleures fortifications qu'ait
    eues jusqu'ici sa patrie, et à étudier l'art d'attaquer

R

Il n'en fut pas de même de l'estime que l'on fit des crues de la saison dans laquelle on entreprenoit le siège de Fribourg. On auroit bien désiré trouver quelqu'un pour s'en instruire; mais tous les habitans des environs s'étoient sauvés à notre approche, de sorte qu'il fallut deviner ce que l'on ne pouvoit apprendre, et voici comme on raisonna.

La rivière n'a creusé son lit au-dessous de l'horizon de la campagne que de 4 pieds $\frac{1}{2}$ au plus; il n'y a qu'à en faire autant au canal, les bords n'en seront point surmontés (^{1}). Car on

et de forcer, dans le moins de temps et avec le moins de perte possibles, celles des puissances ennemies. Il fournit donc un exemple illustre encore après celui de Vauban, qu'on peut être grand ingénieur, tant en paix qu'en guerre, sans être un sublime géomètre, et que pour les arts de la guerre, comme pour ceux de la paix, ce qu'il y a dans les mathématiques de plus utile et de plus usuel, ce sont leurs élémens; ce qui soit dit, bien moins pour affoiblir l'estime et le respect dûs aux hautes sciences, qui toutes aussi ont leur utilité, que pour empêcher que ceux des artistes, et surtout des ingénieurs, qui ne les possèdent point, ne se découragent, et ne se croient interdit de pouvoir exceller dans leur profession.

(1) Rien de plus juste, si l'on eût donné au canal la même largeur qu'à la rivière, puisqu'on lui suppo-

ne voit aucune digue sur les bords de la rivière pour s'opposer à ses débordemens; apparemment que les crues n'en surmontent point les bords, et ne noient pas la campagne qui est

soit la même pente! mais on lui en avoit à peine donné le tiers, puisque les deux bras de cette rivière avoient ensemble 11 toises 3 pieds de largeur, et que le canal n'en avoit que 3 toises, 4 pieds, 6 pouces. Ici le moindre degré, je ne dis pas de science, mais d'attention, eût suffi pour s'apercevoir de l'erreur, et l'éviter; mais il est bien plûtôt à croire que Cormontaingne et les autres ingénieurs du siége de Fribourg la commirent à-peu-près volontairement cette erreur, et se dissimulèrent la fâcheuse vérité qui les eût condamnés à faire un canal, d'une douzaine de toises de large, travail qui, au lieu de 8 jours, leur en eut demandé plus de 40, et peutêtre de 50, pour être exécuté par le nombre de bras dont ils avoient à disposer. On en usa sans doute ici, comme dans beaucoup d'autres cas à la guerre, où l'on est restreint à ce qui est faisable dans un temps et avec des moyens donnés. Il suffit que ce temps et ces moyens offrent, à défaut de certitude, quelque probabilité de succès, pour justifier l'entreprise, si surtout ce succès est grand, éclatant, décisif; et c'étoit le cas à Fribourg assiégé par le roi en personne, auquel les François étoient jaloux de ne pas laisser recevoir un affront, et disposés par conséquent à tout tenter et à tout souffrir, comme ils le prouvèrent, pour le lui éviter.

R 2

toute cultivée, et qui autrement seroit gâtée
par les sables que les eaux y jetteroient.

Ces raisonnemens qui paroissoient fondés,
en ne consultant que les précédens profils, et
en ne supposant que des crues ordinaires, ne
s'en trouverent pas moins très-éloignés de la
vérité par la fâcheuse expérience que nous en
fîmes. Car les crues devinrent extrêmes, et
n'auroient pas été contenues dans un canal
une fois aussi large encore que celui ci-dessus.
Il est vrai aussi que l'on étoit tombé dans la saison de l'année la plus pluvieuse dans ce pays,
et que les pluies étoient extrêmement abondantes et presque continuelles. On fit donc aussi
une très-grande faute de ne se pas presser davantage à faire ce siége, avant le mauvais temps
de l'entrée de l'hiver, et de l'entreprendre précisément dans le plus fâcheux de l'année à cet
égard. Peu s'en est fallu aussi qu'on n'ait été
obligé de le lever.

Projet de canal pour saigner la rivière de Treissam sous Fribourg, sur 2400 toises de longueur.

Si l'on compte employer un travailleur par
chaque toise courante dudit canal, il aura évidemment 3 toises cubes de terre à déblayer et
ranger à la pelle en 8 jours de temps, qu'on

prétend employer à la fouille de ce canal ; ce qui fait un peu plus d'un tiers de toise cube par jour, et c'est tout ce que le soldat fera dans cette occasion ; éncore faudra-t-il y tenir soigneusement la main,

Conduite de ce travail.

Le 1r jour de travail, ou pour mieux dire, la 1e nuit, car il ne le faut entamer qu'à l'entrée de la nuit, on disposera tous les travailleurs sur les alignemens déterminés de jour, de toise en toise, en marquant par un piquet ou une fascine, que chacun d'eux portera avec une pelle et une pioche, leur toise de long par travailleur, qui commenceront par creuser une tranchée ordinaire, qu'ils quitteront au matin, lorsqu'ils seront relevés par les travailleurs de jour, observant de jeter les terres du côté de la place, parce que c'est ce bord qu'il faut entamer le premier, et de ne point relever les travailleurs de nuit que la tranchée ne soit excavée de 4 pieds réduits de largeur, sur 4 pieds $\frac{1}{2}$ de profondeur au-dessous de l'horizon de la campagne, comme le marque la ligne verticale A B, fig. 69.   Pl. 14.

Ce travail de nuit sera soutenu par 6 bataillons, dont 2 à la droite, 2 à la gauche, et 2 au centre du trajet du canal qui avoisine le plus la place ; lesdits bataillons placés en arrière du travail, et leurs compagnies de grenadiers en avant.

On use de cette précaution, plutôt pour contenir les travailleurs, que par prévoyance contre les attaques de l'ennemi, qui vraisemblablement ne se portera pas à une si grande distance de la place. En tout cas, il n'y a qu'à prévenir les piquets des camps à portée, d'accourir en cas d'alarme, l'on ne sera pas troublé pour long-temps. Par la suite, on se contentera de répandre derrière et le long de ce travail, les gardes avancées de la queue des camps, pour les y fixer pendant tout le courant du siège.

Lorsqu'on placera les travailleurs du 1r jour, on leur donnera pour tâche 3 pieds d'élargissement seulement, au lieu de 4 que l'on a donnés ci-devant, sur 4 pieds $\frac{1}{2}$ de profondeur, ce qui est marqué par la ligne E F, parce qu'il faut jeter la terre plus loin.

Le 2e jour, on ne donnera que deux pieds marqués I K, jetant toujours la terre sur le même bord du côté de la place.

Le 3e jour marqué L M, alors on est parvenu au milieu du canal.

Le 4e jour, on commencera sur l'autre bord du canal, où l'on travaillera dans le même ordre que ci-devant, jetant les terres sur ce nouveau bord.

Observations.

On observera

1°. D'aligner le canal en droite ligne, sans coudes sensibles.

2°. D'entretenir chaque jour le fond bien uni, et le talus bien formé, les banquettes le long du canal bien nettoyées et libres sur 3 pieds de largeur, et d'étendre en avant continuellement les terres des digues, pour que les premières jetées à la pelle ne prennent pas la place aux dernières.

3°. De ne laisser reposer le soldat qu'aux heures de *breloque*, réglées pour les repas. Pour cet effet, chaque régiment aura un tambour pour battre la sienne.

4°. De distribuer le travail par tâche d'une toise pour chaque travailleur la 1e nuit; et permettre au soldat de se reposer quand sa tâche est duement faite.

5°. Le jour ensuite, de même, mais avec cette différence qu'il faut assembler les travailleurs de deux en deux, dont l'un se tient dans le fond de l'excavation, et l'autre sur la banquette, pour jeter la terre assez au loin pour être mise en place au moyen de ce relai; bien entendu que ces deux hommes travailleront sur leurs deux toises de longueur.

6°. Le 2e jour, d'assembler les travailleurs de trois en trois, de même le 3e jour etc.

Nota. Il convient que la nuit et le jour soient payés aux travailleurs, comme pour la tranchée ordinaire.

Nota. L'artillerie se chargera de construire sur ce canal les ponts nécessaires pour conduire le canon aux attaques.

Nivellement sur la longueur du canal.

Lorsque l'on eut fini le boyau qui marquoit le canal, par lequel on devoit détourner la rivière de Treissam, on chargea Mr de Régemorte de ce travail, qui se fit avec des paysans de corvée des pays circonvoisins. La 1e chose qu'il fit, ce fut de niveler le fond de cette 1e tranchée, que les troupes avoient d'abord mise à 12 pieds de largeur, sur 3 pieds de profondeur. Ensuite les paysans parachevèrent le canal, selon les précédentes instructions et mémoires.

Ce nivellement fit connoître au 1r coup d'oeil, que sur 2492 toises, que ce canal avoit de longueur, depuis la prise d'eau au-dessous de la Chartreuse, jusqu'aux prairies marécageuses près le village de Haslach, où les eaux devoient rentrer dans la rivière au-dessous de Fribourg, il y avoit 126 pieds de pente, ce qui fait à-peu-près 7 lignes de pente par toise courante. Il sera aisé de juger de là que cette rivière étoit un vrai torrent; aussi en étoit-ce un aux environs de Fribourg, où elle sort des montagnes avec beaucoup de rapidité.

Le profil en long de ce canal, construit d'après son nivellement, fit aussi remarquer en quels lieux il convenoit de la creuser plus ou moins, pour donner un écoulement aux eaux, sinon uniforme, du moins le plus approchant possible, afin qu'il ne pût arriver d'accident à cet égard dans le canal, ce qui fut exécuté.

Remarques.

L'on prit la précaution de revêtir avec des fascines piquettées le talus de la berme du canal du côté de Fribourg, pour que les eaux ne pussent pas endommager ce bord. Quant à l'autre bord, on n'en prit aucun soin, parce qu'il étoit du côté des montagnes par où les eaux ne pouvoient s'échapper.

De plus, on eut l'attention de diguer toutes les issues des tranchées portées vers la place, pour que ces mêmes eaux ne pussent pas s'y jeter, les inonder et rentrer par là dans le lit de la rivière.

On fit aussi des ponts sur chevalets à toutes ces issues, pour traverser le canal, et conduire les troupes, matériaux, artillerie et munitions aux attaques.

On a cependant remarqué que les officiers d'artillerie n'ont point fait passer leurs grosses bouches à feu sur ces ponts. Ils ont mieux aimé diguer au travers du canal; et, après le transport fait, on a ôté les digues; lorsqu'on y a jeté la rivière, et qu'on a été à portée de passer cette dernière sur la queue des glacis de la place.

Ils se méfioient de la solidité de ces ponts, qui à la vérité étoient un peu mesquins pour l'usage qu'on vouloit en faire; et même plusieurs ont été emportés, lorsqu'on a jeté les eaux dans le canal.

Ces ponts n'étoient autre chose que des poutrelles et madriers posés sur des chevalets.

On eut soin d'y pratiquer des masques de gabions et fascines du côté du feu de la place, ainsi qu'en avant, pour être couvert à l'endroit des précédentes issues de tranchées contigues au canal, parce que ces entrées étoient exhaussées par la raison dite ci-dessus.

On eut soin aussi de tenir une petite garde auxdits ponts et issues de tranchées, pour veiller aux désordres de la part des eaux, et avertir lorsqu'on en étoit menacé. Indépendamment de deux ingénieurs commandés pour les

visiter soir et matin, et porter reméde sur-le-
champ aux accidens, conjointement avec les officiers des deux compagnies de soldats - ouvriers
de Royal-artillerie, qui y tenoient aussi un petit
détachement, et de plus quelques sapeurs.

Il ne falloit pas moins que ces précautions,
eu égard à l'importance de la chose.

Du pétard.

Le pétard A, fig. 70, est une machine de Pl. 14.
fonte, comme un mortier, qui a précisément la
figure d'un cône tronqué par dehors, et concave
en dedans. Sa hauteur est communément de 10
pouces, et son diamètre par en haut de 7 pouces,
et celui d'en bas, où est son ouverture, en a 10.
Il a une lumière b, du côté opposé à son ouverture. Au reste, il peut y en avoir de plus petits et de plus grands, et, en général, le pétard
doit être proportionné à la grandeur de l'effet
que l'on veut qu'il produise.

La façon ordinaire de charger le pétard est
d'y faire entrer une fois autant de poudre fine,
qu'il en contiendroit en ne la pressant pas. On
couvre ensuite la poudre de papier en double,
ou de feutre, de la grandeur de l'orifice du pétard,
sur quoi l'on met ensuite une espèce de plateau
de bois, de même calibre ou diamètre que le
pétard, qu'on enfonce sur la poudre, en don-

nant plusieurs coups de maillet dessus, et prenant garde néanmoins de ne le pas tant frap-
per, qu'il écrase la poudre.

On remplit après cela le reste de la cavité du
pétard, d'étoupes, de cire jaune et de poix grec-
que, et l'on recouvre le tout de toile cirée.

Le pétard a quatre oreilles C, de même métal, et fondues en même temps, par lesquelles
on l'attache fortement avec des vis, à un madrier, c'est-à-dire à une planche D, ayant
deux pouces d'épaisseur.

Le madrier a du côté opposé à celui sur lequel le pétard est attaché, deux bandes de fer E,
Pl. 14, fig. 71, qui le traversent diagonalement. Il y a
aussi un crochet de fer F, pour suspendre et
accrocher le pétard à l'endroit où l'on veut
l'appliquer.

On accroche ce pétard contre les portes, barrières, herses, tabliers de ponts-levis etc., que
l'on veut faire sauter, rompre ou briser. Pour
ce faire, il n'y a qu'à suspendre le pétard par
son crochet F, lequel est fait d'une bande de fer
Pl. 14, plat, comme G, fig. 72, et l'on y applique une
vis H, après la porte; ou enfin, pour mieux
faire encore, on commence par faire entrer dans
Pl. 14, la porte une vis ou tire-fond J, fig. 73, et l'on
y suspend ensuite le pétard par son crochet F,
faisant en sorte que la surface du madrier soit

jointe à la surface extérieure de la porte que l'on veut rompre. Ainsi, dans ce cas, le crochet F est tourné sur le champ du madrier.

Ce qui étant fait, on met le feu à la fusée *b* du pétard, laquelle étant remplie d'une composition lente, donne le temps au pétardier, ou à celui qui a attaché le pétard, de se retirer. La fusée ayant mis le feu à la poudre dont le pétard est chargé, cette poudre enflammée chasse le madrier avec tant de violence, que son effet rompt subitement la porte, herse on barrière, et y fait une ouverture à ceux qui veulent surprendre ou forcer l'ennemi.

Cette fusée est un petit cylindre creux, du calibre de la lumière *b*, et de même métal, de 3 à 4 pouces de longueur, que l'on y chasse avant que de charger le pétard.

C'est de cette façon que l'on surprit la ville de Traerbach en 1734, ensuite de quoi l'on fit le siége du château.

Ordres du Roi adressés à Mr le comte d'Aumale, lés 8, 21 et 27 avril 1744, par Mr le comte d'Argenson, ministre de la guerre, concernant la discipline et le service des ingénieurs employés aux siéges.

Art. 1.

L'ordonnance de S. M., du 7 février, pour le service des ingénieurs, aura son plein et entier effet, et sera exécutée dans tous ses points.

2.

Aucun ingénieur ne servira d'aide-de-camp, sans l'ordre particulier et la permission expresse du ministre.

3.

Aucun ingénieur ne pourra donner ni envoyer à qui que ce soit, sans exception de personne, cartes et plans du pays, campemens, tranchées etc. Le commandant en chef pourra seul, et devra en donner au général de l'armée, et en envoyer au ministre.

4.

La subordination, qui peut avoir été négligée depuis un certain temps dans le corps des iugénieurs, reprendra toute sa vigueur, et, s'il arrivoit que quelqu'un s'en écartât, Mr le comte d'Argenson menace d'y mettre ordre.

5.

Il recommande que l'harmonie règne si bien du chef aux membres, et des membres au chef, que le tout ne fasse qu'un, et que les fautes, s'il s'en fait, soient couvertes, et non divulguées. Il défend absolument que, par le mauvais motif de se faire valoir, un ingénieur ne décrie son camarade, peut-être même son commandant, ainsi qu'il est informé que cela est arrivé trop souvent. Il veut, au contraire, que ceux qui croiront bien penser, portent leurs idées chez leur brigadier, qui en rendra compte au commandant, lequel, quand ces idées prévaudront, les fera valoir pour le service, et à l'avantage de celui qui les aura données.

6.

Il ordonne un maintien convenable avec messieurs les officiers généraux, mais sans jamais rien oublier de ce qui leur est dû.

7.

Il ordonne même que, dans des détachemens hors du gros de l'armée, où seroient des brigades entières, ou partie de ces brigades, et où il s'agiroit de tracer et exécuter des ouvrages contre les régles, mais prescrits par l'officier général commandant le détachement, ces ouvrages soient tracés et exécutés sans aucune difficulté, et après simplement des représentations polies et mesurées ; sauf à en rendre compte ensuite à leur commandant, qui, en de semblables cas, prendra les ordres du général.

8.

Il ordonne aussi que, dans ces cas de détachemens trop éloignés pour que le commandant puisse voir par lui - même, le brigadier, sous-brigadier, ou autre première personne rende compte directement, pour éviter les retards, et qu'il ne soit tenu alors envers son commandant, que de lui envoyer *des doubles*.

9.

Son intention est que, quand par des talens particuliers, un ingénieur se croira propre à certaines parties de guerre, autres encore que celles qui intéressent les fonctions de son métier, il ait à en faire part à son commandant, qui ne devra pas manquer de maintenir une si louable émulation, et d'en rendre compte.

10.

Son intention est aussi, qu'en toute conduite et exécution de travaux, le brigadier soit le maître de distribuer sa besogne, ainsi qu'il le jugera à propos, et d'y attacher les ingénieurs qu'il croira le mieux y convenir.

11.

Il entend que, lorsqu'un sous-brigadier ou tout autre ingénieur supérieur en grade sera

dé-

détaché, il ait même autorité que le brigadier.

12.

Entend de même que, quand à des tranchées ou ailleurs, un brigadier montera avec toute sa brigade, ou seulement partie de sa brigade, le brigadier commande à toute demi-brigade étrangère à la sienne, qui auroit ordre de monter en même temps.

13.

Veut et entend encore que, si, dans un mélange de brigades à la tranchée et par-tout ailleurs, deux brigadiers se trouvoient monter ensemble, le plus ancien sur l'état du siége commande à l'autre, et à tous les ingénieurs de sa brigade.

14.

N'entend au surplus que les rangs de sous-brigadiers et de chefs de division, placés dans les premiéres ou derniéres brigades, puissent faire tort à aucun d'eux, ni leur préjudicier.

Instruction pour la disposition des lignes sur la frontière, depuis Lille jusqu'à la mer, près de Furnes; du 30 juin 1744.

Mr le maréchal de Noailles a ordonné à la brigade d'ingénieurs commandée par Mr de Cor-

S

montaingne, de visiter les bords des canaux et rivières, depuis Furnes jusqu'à Ypres, en passant par Loo, Fintelle, La Knoque jusqu'à Bouzingue.

Mr de Beaune est chargé de la visite depuis Loo jusqu'au quartier sous Furnes, avec MM. de la Salle et de Montifaut, volontaire.

Mr de Biscourt est chargé de la partie depuis et y compris Loo, jusqu'au sas de Bouzingue, accompagné de MM. de Nouzart et de Villas volontaire.

Il sera fourni deux guides, commandés dès ce soir 30, pour en délivrer un à chacun de ces deux Messieurs, en s'assurant s'ils sont gens surs pour la recherche que l'on veut faire.

Cette recherche consiste à assurer notre bord le long des canaux, rivières et ruisseaux, contre les insultes et incursions de l'ennemi, avec les observations suivantes.

1°. Masquer et assurer la tête de tous les ponts établis sur les canaux et rivières, le long de la présente ligne.

2°. S'il y a nécessité d'y établir une ou deux redoutes, pour s'assurer du passage.

3°. Noter si c'est sur la droite ou sur la gauche du passage, en choisissant le lieu le plus propre pour le bon effet qu'on se propose, et déterminer s'il y a nécessité de les porter plutôt au-delà qu'en deça.

4°. S'il se rencontre un village du côté de l'ennemi sur ledit pont, voir s'il y a facilité à se rendre maître dudit village, sans se jeter dans un trop grand travail.

5°. Si ce travail est considérable, le noter, pour abandonner ledit village.

6°. S'il y a des gués le long desdits canaux et rivières, en marquer les sondes en hautes et basses eaux, qui feront juger de la nécessité de s'en rendre maître, et quels sont les moyens les plus propres à cet effet; recherchant toujours à diminuer le travail et les gros embarras.

7°. Examiner les endroits où le bord ennemi prend des commandemens sur le bord de notre côté, pour y faire une levée de 12 pieds d'épaisseur au sommet, avec banquette sur le derrière, en sorte que l'on reprenne le commandement sur ledit bord ennemi; et, pour cet effet, on fera un profil réduit, qui puisse faire connoître la nature du travail desdites levées, dont les terres seront prises en élargissement de rivière ou de canal.

Il y aura un mémoire raisonné sur toutes ces observations, qui éclaircira tous les doutes, pour être en état d'exécuter, s'il en est question, dans lequel on marquera toutes les dimensions des ouvrages à construire, pour pouvoir dresser les estimations de chaque nature de travail.

Il y a une remarque particulière pour Loo, dont Mr de Biscourt est chargé. Comme ce lieu est de l'autre côté du canal, et que son importance en fait desirer la possession contre les incursions de l'ennemi, il est question de voir ce qu'il convient d'y exécuter pour s'y maintenir, et examiner particuliérement s'il n'y a pas moyen de noyer ses accès, par des enlèvemens de terre.

L'on ne croit pas cependant ce moyen fort praticable, et l'on croit que le seul qui puisse être mis en usage, est de le circonvaller par un retranchement, dans le fossé duquel on pourra peut-être tendre des eaux par des retenues et batardeaux, après les excavations faites.

Il est nécessaire de faire des croquis qui fassent connoitre à-peu-près l'intention de ceux qui font la visite, lesdits croquis répandus çà et là dans le mémoire, à l'endroit des observations qui en font le sujet.

Comme ce pays est assez chargé d'arbres, haies et autres couverts, on croit que ce qu'il y a de plus essentiel à faire, est d'en dépouiller le bord ennemi, à la distance au moins de 150 toises, laissant à chaque propriétaire la liberté d'enlever la dépouille.

L'on observera aussi de marquer tous les ponts de communication, pour passer commodément le long de la présente ligne.

Cormontaingne.

Des lignes de retranchemens pour couvrir un pays avec peu de troupes, contre les invasions de l'ennemi plus nombreux.

Exemple des lignes de Lauterbourg en Alsace.

Après la prise de Landau en 1704 par les Impériaux, on fit des lignes le long de la Loutre, depuis les montagnes jusqu'au Rhin, pour couvrir la basse Alsace. On fortifia Wissembourg avec quelques ouvrages terrassés, de même que Lauterbourg; le 1r poste joignant les montagnes, et le 2e joignant le Rhin. L'armée du roi sur le Rhin a conservé ces lignes pendant tout le reste de la guerre, jusqu'au traité de paix en 1713.

Mr de Régemorte a eu grande part à la disposition de ces lignes et des inondations qui les couvrent, et par conséquent aux avantages que le roi et l'état y ont trouvés.

Ces travaux furent tous faits par les paysans du pays, qui y travaillèrent à la corvée. Cela procura le moyen de couvrir toute la basse Alsace, avec des armées inférieures à celles de l'ennemi, et ces travaux ne coûtèrent pas beaucoup au roi, ainsi que l'on en peut juger par les prix qui suivent.

Prix des ouvrages de Lauterbourg, Wissembourg et de la ligne, faits par les corvées du pays.

Gazonnage, à 10 S. la toise carrée, pour la main d'oeuvre seulement, le gazon fourni à pied d'oeuvre.

Palissades et fraises, à 12 S. la toise courante, pour la main d'oeuvre seulement, les palissades et liteaux fournis à pied d'oeuvre.

Le cent de solives de charpente, à 48 L., les pièces fournies tout équarries sur les lieux, à pied d'oeuvre; n'y ayant que l'assemblage et la pose à fournir.

Les guérites, les clous fournis par l'entrepreneur, à 6 L. la pièce.

Ponts faits sur les ouvrages pour le transport des terres, à 10 S. la toise courante.

Liteaux et bois de barrières, à 16 L. le cent de toises courantes.

Les planches de sapin de 15 pieds de long, à 10 S. et celles de 9 pieds, à 6 S. pièce, faites par les scieurs de long; faites par les scieries à eau, elles ne doivent pas tant coûter.

Les barraques pour loger les soldats, à 9 L., et *pour les cuisines*, à 8 L.

Les boulons neufs de brouettes, à 6 S. la pièce.

Les boulons raccommodés, ou resoudés, à 1 S. la pièce.

Les pioches à raccommoder des deux côtés, à 2 S. l'une.

Réparation des brèches, après la prise de la place.

Après qu'une place est prise, la première chose que l'on fait, c'est de raser les tranchées, batteries, logemens etc., ensuite les lignes. Tout ceci se fait à la corvée par les troupes du camp; ensuite on songe à rétablir les fortifications de la place. Pour cet effet, on dresse un devis desdits rétablissemens, et l'on passe un marché à des entrepreneurs aux dernières mises, dans les formes ordinaires, par devant l'intendant.

Voici le devis de la réparation des brèches de Landau, après que nous l'eûmes repris sous les ordres de Mr le maréchal de Tallard, en 1703.

Devis des ouvrages de terre, fascinage, palissades, et tous autres à faire, pour la réparation des brèches faites aux fortifications de Landau.

1°. Il sera fait déblai des terres et décombres qui ont été renversés dans les fossés, vis-à-vis des brèches, lesquels seront portés à la masse des remparts, parapets et banquettes, pour les rétablir dans leur premier état.

2°. Les remblais seront faits derrière les revêtemens de maçonnerie, et fascinages provisionnels, où ils seront bien battus et dressés par lits de 9 à 10 pouces de hauteur, sur 12 pieds de largeur.

3°. La maçonnerie qui se trouvera ébranlée et corrompue par les coups de canon, sera démolie entièrement, pour être rétablie ensuite sur un même niveau, autant qu'il se pourra, pour achever le surplus en fascinage, qui sera une réparation provisionnelle.

4°. Les fascines seront de bon bois dur, de 6 à 7 ans d'âge ou de coupe, de 9 à 10 pieds de longueur, et de 2 pieds ½ de tour, mesurés à la hart, bien serrées de trois harts, la 1e à un pied de la tête, et les deux autres à 3 pieds de distance. Partie desdits fascines seront ensuite déliées et faites en saucissons des longueurs de la brèche, sur 8 à 9 pouces de grosseur, bien liés de plusieurs harts, de 7 à 8 pouces de distance les unes des autres, bien serrés, posés droit suivant l'alignement du revêtement, avec le même talus que la maçonnerie desdits revêtemens.

Pl. 14.
fig. 74.

5°. Il sera mis derrière lesdits saucissons un lit de terre de la même hauteur, bien battue sur 12 pieds de largeur, sur lequel sera posé un rang de grosses fascines de 10 à 12 pieds de long en boutisses, la tête posée sur les saucissons,

faisant parement suivant le talus de la maçonnerie, bien serrées les unes contre les autres; Figures
74 et 75.
chaque fascine piquettée de 3 piquets, un à chaque hart, de bon bois dur de 4 pieds de long,
3 pouces de diamètre à la tête, qui sera coupée
droit, et l'autre bout bien apointé, l'un chassé de
biais en dedans, et l'autre ensuite droit, et toujours de même alternativement.

On réitérera de cette même façon chaque
tune de saucissons, fascines et lit de terre bien
battue, jusqu'au sommet des parapets.

6°. On posera à 4 pieds au-dessous du som- Fig. 74.
met du talus extérieur des parapets des brèches,
un rang de fraises de bois de chêne, de 8 à 9
pieds de longueur, et de 18 à 20 pouces de tour,
posées en pente de 3 pouces sur le devant, bien
chevillées sur deux coussinets de bois de chêne
de 4 à 6 pouces de gros, l'un desquels sera posé
sur le devant, sur la queue du gazon qui recouvre de plat la berme du fascinage, et l'autre sur
le derrière.

Lesdites fraises ou palissades seront espacées
également à 3 pouces de distance les unes des autres (¹), et sortiront de 3 pieds en saillie, obser-

(1) Cette distance, qui est celle qu'on laisse entre les
   palissades du chemin couvert, parce qu'elle est tout
   ce qu'il faut pour y passer et y biaiser suffisamment
   le fusil, n'est pas celle qui convient à des fraises,

vant qu'elles soient bien apointées, droit sur leurs centres.

7°. L'on formera les parapets des ouvrages avec de la terre douce, bien épierrée, sur 18 pieds de largeur, bien battue, gazonnée intérieurement avec de bons gazons de 15 à 16 pouces de long, 6 de large, et 4 de haut, étant mis en oeuvre, coupés en bonne prairie ou vieille pâture bien herbue, qui ne soit ni sablonneuse ni tourbeuse, posés en bonne liaison, le plein sous le vide, observant de donner pour talus un tiers de la hauteur dudit talus intérieur du parapet, et ainsi réitéré jusqu'au sommet.

Pl. 14. Voyez, fig. 74, le profil de ce revêtement provisionnel en fascinage, et, fig. 75, le plan de ce même revêtement provisionnel.

Voici maintenant le prix que lesdits ouvrages furent payés aux entrepreneurs adjudicataires.

Savoir :

Le cent de solives de vieux bois remis en oeuvre, à 44 L. 10 S.

---

entre lesquelles il suffit qu'un homme ne puisse passer. On peut donc espacer ces dernières, à 7 pouces les unes des autres, sans inconvénient, et même avec cet avantage, qu'elles ne retiendront point les plus grosses grenades qu'on pourroit vouloir rouler du haut du rempart dans le fossé.

Le cent de solives de bois fourni par corvée, des gros équarrissages demandés, porté à pied d'oeuvre, à 67 L. 10 S.

La toise cube de tunage à faire pour les réparations des brèches, à 4 L. 10 S., les fascines et les piquets étant fournis par le pays à pied d'oeuvre, les terres du remblai mises aux frais de l'entrepreneur.

La toise cube de déblai des brèches, pour asseoir lesdits tunages à 36 sols.

Camp barraqué pour l'infanterie.

Il arrive quelquefois que l'on campe les troupes sous des barraques de planches de sapin, dans des camps à demeure, soit le long d'une ligne qu'il faut garder pendant l'hiver, soit retranchés sous une place, soit seulement aux environs de cette place, dans le seul but de travailler à ses fortifications.

L'on campe les troupes sous ces barraques, pour ménager les tentes, et quelquefois par nécessité, pour se préserver des mortels effets des mauvaises saisons, ou bien que l'on est en temps de paix, où les troupes n'ont point de tentes.

Nous prendrons pour exemple le camp qu'on avoit établi sous Metz, pendant les grands travaux de cette place.

Les officiers et soldats étoient barraqués, n'y ayant personne d'exempt que les colonels, dont peu étoient à leurs régimens, et lorsqu'ils s'y sont trouvés, ils ont eu la liberté de loger en ville.

Pl. 15.   La fig. 76 fait voir comment étoient disposées les barraques de deux compagnies entre deux grandes rues, et séparées par une petite de deux pieds de largeur seulement, dans laquelle, ainsi qu'au pourtour de chaque barraque, on pratique une petite rigole ou ruisseau pour écouler les eaux, et les conduire au loin. Comme les dimensions de chaque partie sont marquées sur ce dessin, il est inutile d'en donner un plus grand détail. On remarquera seulement que les sergens et les tambours occupoient les barraques de la tête du camp. Il est presque inutile de dire que le nombre des barraques de chaque compagnie est proportionné à la force de ladite compagnie. On compte sur le pied de 6 hommes au plus par barraque, et communément, autant qu'on le peut, 5 hommes.

Pl. 15.   La fig. 77 fait voir le campement d'un bataillon entier, barraqué, le bataillon composé de 17 compagnies de 40 hommes, ou de 680 hommes.

A A Les faisceaux de la tête du camp.

B B Les cuisines.

C C Les vivandiers.

DD Dix barraques de lieutenans.

EE Dix-huit barraques de capitaines et de l'état-major.

F Garde du camp.

G G Lattrines.

H Intervalle de deux bataillons du même régiment.

I Intervalle de deux régimens.

Détail des barraques de soldats.

Elles avoient, comme on voit, fig. 78 **Pl. 15.** 11 pieds de longueur, sur 6 de largeur; chacune assise sur quatre seuils assemblés à joints recouverts sur leurs extrémités, formant les quatre angles de la barraque, auxquels étoient dressés quatre petits pôteaux corniers, et deux pôteaux faîtiers un peu plus grands au milieu de chaque pignon.

Quatre chevrons formoient les deux pignons, fig. 79, qui avec un faîte portoient la toiture faîte **Pl. 15.** de planches se recouvrant l'une l'autre de trois pouces, pour empêcher les eaux de passer au travers de ladite toiture, par les joints des planches.

La fig. 78 est le plan d'une barraque pour 5 soldats, dont il y en a un ordinairement de garde.

La fig. 79 est l'élévation de ladite barraque du côté de l'entrée.

Barraques de capitaines, servant aussi pour deux lieutenans.

Elles avoient 18 pieds par devant, et 12 sur les côtés, séparées chacune en trois parties, dont celle du milieu, qui étoit le logement de l'officier, avoit 11 pieds de large, et les deux côtés 3 pieds $\frac{1}{2}$, pour une écurie d'une part, et ses valets de l'autre.

Les bois de toutes les barraques étoient de deux à trois pouces de grosseur; mais, pour bien faire, ils doivent être au moins de trois à quatre. Les planches avoient environ un pouce d'épaisseur, un pied de largeur, et de la longueur de la barraque, c'est-à-dire 12 pieds; elles étoient construites comme on le voit, figures 80 et 81.

La fig. 80 est le plan d'une barraque de capitaine. Une semblable sert pour deux lieutenans.

La fig. 81 est l'élévation de ladite barraque, du côté de l'entrée.

Noms des pièces de charpenterie qui entrent dans la construction des barraques, figures 78, 79. 80 et 81.

Pl. 15
et 16.

a Les grands seuils.

b Les petits seuils.

c Les poteaux corniers.

d Les poteaux faîtiers.

e Les pôteaux de remplage. Pl. 16.

f Entretoises.

g Chevrons.

H Revêtement de planches de sapin.

I Revêtement de planches des écuries, Pl. 16.

K Revêtement de planches des côtés.

L Revêtement de planches de la toîture.

M Porte.

n Echarpes de la porte.

o Pentures.

p Loquet de fer.

Q Ecurie et logement des valets, Pl. 16.

R Lit de camp.

S Gîte sous le chevet.

t Gîte sous les pieds.

U Les quatre pôteaux sous les gîtes.

X Le plancher du lit de camp.

Pl. 15.
fig. 78.

Toisé de la charpenterie des bois de sapin nécessaires pour barraquer un bataillon.

1°. Pour une barraque de soldats.

Les grands et petits seuils.

Long.   .   5 To. 4 pi. 0 po. ⎱
Gross.   .   .   3 et 4   ⎰ 0 Sol. 5 pi. 8 po.

Les 4 petits pôteaux corniers.

Long.   .   2   3   0   ⎱
Gross.   .   .   3 et 4   ⎰ 0   2   6

Les deux pôteaux faîtiers.

Long. . . 2   0   0   } 0 Sol. 2 pi. 0 po.
Gross. . . .   3 et 4

Les 4 chevrons.

Long. . . 2   5   0   } 0   2   10
Gross. . . .   3 et 4 .

Le faîte.

Long. . . 1   5   4   } 0   1   10
Gross. . . .   3 et 4 .

Les 6 pôtelets du lit de camp.

Long. . . 2   0   0   } 0   2   0
Gross. . . . . 3 et 4

Les deux gîtes au chevet
et au pied.

Long. . . 2   0   0 . } 0   2   0
Gross. . . .   3 et 4   ——————
                        3   0   10

Total de la charpenterie d'une
barraque. . . . . 3 Sol. 0 pi. 10 po.

Et pour 126 autres barraques
semblables. . . . 395   3   0

Total pour les soldats d'un
bataillon. . . . 398   3   10

qu'il faut compter pour   400 Sol. 0 pi. 0 po.

2°. Pour une barraque d'officier.

Les 6 seuils.

Long. . 14 To. 0 pi. 0 po. } 2 Sol. 2 pi. 0 po.
Gross. . .   3 et 4

Les

Les 4 pôteaux corniers.

Long. . . 2 To. 3 pi. 0 po. ⎫
Gross. . . . 3 et 4. ⎬ 0 Sol. 2 pi. 6 po.
⎭

Les 4 pôteaux de remplage.

Long. . . 4 0 0 ⎫
Gross. . . . 3 et 4. ⎬ 0 4 0
⎭

Les deux grands pôteaux faîtiers.

Long. . . 3 2 0 ⎫
Gross. . . . 3 et 4. ⎬ 0 3 4
⎭

Les quatre chevrons.

Long. . . 7 2 0 ⎫
Gross. . . . 3 et 4. ⎬ 1 1 4
⎭

Les deux pannes.

Long. . . 4 0 0 ⎫
Gross. . . . 3 et 4. ⎬ 0 4 0
⎭

Les 2 entretoises.

Long. . . 3 4 0 ⎫
Gross. . . . 3 et 4. ⎬ 0 3 8
⎭

Le faîte.

Long. . . 2 0 0 ⎫
Gross. . . . 3 et 4. ⎬ 0 2 0
⎭

Les deux liens sous le faîte.

Long. . . 1 0 0 ⎫
Gross. . . . 3 et 4. ⎬ 0 1 0
⎭ ⎯⎯⎯⎯⎯⎯
6 5 10

Total de la charpente d'une
barraque d'officiers . . 6 5 10
qu'il faut mettre à . . 7 Sol. 0 pi. 0 po.

T

Et pour 31 autres barraques semblables des officiers d'un bataillon, y compris le corps-de-garde et les barraques des vivandiers, ci . . . . . 217Sol. o pi. o po.

Total de la charpenterie des barraques d'officiers . . 224Sol. o pi. o po.

Récapitulation de la charpente de toutes les barraques d'un bataillon.

1°. Pour les soldats .   400Sol. o pi. o po.
2°. Pour les officiers .   224   0   0
           Total   624   0   0

Nota. On s'est servi à Metz, pour faire cette charpente de la carcasse des barraques, de pièces de bois de sapin, qu'on y appelle communément *pennes*, et dont on se sert pour chevrons aux combles des bâtimens. Ces pièces de bois viennent des forêts des montagnes des Vosges, grossièrement équarries, ainsi qu'on les met en oeuvre, des grosseurs susdites, et de la longueur de 18, 24 et 30 pieds, un peu plus et un peu moins grosses.

L'entrepreneur de la fourniture des bois des galeries de contremines de la double couronne de Bellecroix en avoit 90 L. du cent de solives, pour ladite fourniture seulement, sans aucune main d'oeuvre.

Sur ce pied, les 624 solives de charpenterie
de bois de sapin coûtent, à raison de 90 L. le
cent de solives, pour fourniture des bois seulement, ci   .   .   .   .   561 L. 12 S. 0 D.

Planches de sapin de 12 pieds de longueur, de 12 pouces de largeur, et d'un pouce d'épaisseur, le trait de scie compris.

1°. Pour une barraque de soldats.

Planches des côtés se recouvrant l'une l'autre de trois pouces .	10 planches
Celles de la couverture .	12
Celles des deux pignons .	8
Celles du lit de camp .	3
Total des planches d'une barra-que de soldats . .	33
Et pour 126 autres semblables	4158
Total des planches des barra-ques de soldats d'un bataillon	4191

Nota. Qu'à Metz les lits de camp ont été faits
aux frais des soldats, et qu'on les comprend ici
dans la dépense générale, parce que c'est une
bien petite économie pour le roi, et une lésine
à l'égard des troupes.

2°. Planches de l'une des barraques d'officiers.

Les planches des deux bas côtés   10 planches
Celles des deux hauts côtés   14
Celles réduites, grandes et petites ensemble, pour les deux
pignons   -   .   .   50
Celles de la toîture   .   38
Total des planches d'une barra-
que d'officiers   .   .   112
Et pour 31 autres semblables
pour tous les officiers d'un bataillon, y compris le corps-de-garde
et les barraques de vivandiers   3472
Total des planches des barra-
ques d'officiers du bataillon   3584

Récapitulation des planches de toutes les barraques d'un bataillon.
1°. Pour les soldats   .   4191 planches
2°. Pour les officiers   .   3584
Total   7775

Nota. Qu'à Metz lesdites planches, qui y arrivent débitées ainsi que les précédens bois, coû-
toient pour la fourniture seulement, 30 L. le
cent. Sur ce pied, les 7775 planches, sans aucune main d'oeuvre, coûteroienr 2332 L. 10 S. o D.

Menues fournitures.

Six clous par planche font, pour clouer les 7775 planches, la quantité de 46650 clous, lesquels clous à planches ont coûté à Metz, 3 L. 10S. le millier, ci 163L. 5S. 6D.

Pour les courroies servant de pentures aux portes des 127 barraques de soldats, à 3S. l'une   .   19   1   0

Idem pour les 32 barraques d'officiers 4   16   0   } 339L. 13S. 6D.

Idem pour les petites croisées de ces 32 barraques   .   4   16   0

Pour loquets et crochets desdites portes et croisées, à 5S, chacune   .   .   47   15   0

Main d'oeuvre.

Deux charpentiers ayant les bois sous la main doivent monter une barraque de soldats dans un jour; ainsi la main d'oeuvre de l'une desdites barraques vaut 3 L., et pour les 227 barraques de soldats, 381 L. 0S. 0D.

Six charpentiers doivent monter une barraque d'officiers dans un jour; ainsi la main d'oeu-

vre de l'une desdites barraques vaut 9L., et
pour les 32 barraques d'officiers   288L. o   o

Total de la dépense de la main
d'oeuvre   .   .   .   .   669L. o   o

Total de la dépense des barra-
ques d'un bataillon   .   .   3802L. 15S. 6d.

Il est maintenant aisé de supputer ce qu'il en
coûteroit pour barraquer quelque corps d'infanterie que ce soit, en suivant le présent détail,
qui est pour un bataillon.

Nota. Si l'on n'avoit point de *pennes*, ou petites pièces de bois de sapin tout équarries, ainsi
qu'on en trouve à Metz, et de la grosseur de 3
à 4 pouces, pour faire la carcasse des barraques,
et qu'on n'eût que de grosses pièces de sapin,
qu'il faudroit débiter pour les réduire aux dimensions convenables, il en coûteroit davantage,
et le cent de solives dudit bois de sciage, dont
on s'est servi à faire des chassis de galeries de
contremines à Metz, a coûté 125L. le cent, pour
fourniture seulement, sans aucune main d'oeuvre; ce qui feroit une augmentation pour les
624 solives ci-devant, qu'on n'a employées que
sur le pied de 90 L. le cent de solives, laquelle
seroit de   .   .   218L. 8S. oD.
qui ajoutées avec   .   3802L. 15S. 6D.
feroient pour un bataillon   .   4021L. 3S. oD.

Si l'on n'avoit pas de bois marchand des précédentes espéces, et qu'il en fallût prendre de
brut dans les forêts; ce qui ne feroit pas un bon
ouvrage, car le bois vert, débité sur-le-champ,
se gerce et se fend; mais, y ayant nécessité d'en
user ainsi, voici le détail de ce qu'il en coûteroit
pour les barraques d'un bataillon; savoir:

On suppose que le pays fournira les arbres
ébranchés seulement, sans équarrissage, mais à
pied d'oeuvre.

Quantité d'arbres de sapin, ou de chêne, à défaut de ce premier bois, néces- saires pour barraquer un bataillon.

Il entre 18 toises 5 pieds de longueur de petites pièces de sapin, de 3 à 4 pouces de grosseur,
qu'il faut compter à 20 toises courantes, dans
chaque barraque de soldats, à cause du déchet
étant mis en oeuvre; et partant, dans les 127
barraques, il en faudra 2540 To.

Il entre 41 To. 5 pi. de
longueur de pàreilles pièces, qu'il faut compter à
45 toises courantes, dans   } 3980 Toises
chaque barraque d'offi-
ciers; partant, pour les
32 barraques   .   1440

Il faut donc 3980 toises courantes de petites pièces de sapin, de 3 à 4 pouces de grosseur, pour
toutes les barraques, qu'il faut compter sur le
pied de 4000 toises courantes; car il y a toujours
du déchet successivement, et aux différentes fa-
çons qu'il faut donner au bois.

La dimension des arbres la plus commode
pour le présent ouvrage, et qui se trouve le plus
communément dans les forêts, est de 25 à 26 pieds
de hauteur de tige, et de 60 à 66 pouces de tour,
mesurés au milieu, ce qui fournira 12 petites
pièces, qu'il faut compter faire ensemble 50 toises
courantes de petites pièces, détaillées dans cette
tige; partant, pour les 4000 toises courantes, il
faudra   .   .   80 arbres

Il faut 7775 planches de
sapin de 12 pieds de lon-
gueur, un pied de largeur,
et un pouce d'épaisseur;   404 arbres.
un pareil arbre que ci-de-
vant fournira 24 desdites
planches, partant, pour
les 7775 planches, il faut 324 arbres

Pl. 17.   La fig. 82 montre la manière de débiter en petites pièces, et la fig. 83 celle de débiter en planches, un arbre de 66 pouces de tour.

Sciage desdits bois.

404 arbres, à 67 toises courantes de sciage par arbre, les dosses comprises, font 27068 toises courantes de sciage.

On a payé dans les places des Evêchés, 16 L. du cent de toises courantes de sciage de toutes sortes de bois. Sur ce pied, il en coûteroit pour les 27068 toises courantes   4330 L. 17 S. 7 D.

Menues fournitures, comme ci-devant	.	.	239 13 6
Main d'oeuvre	.		669 0 0
Total de la dépense des barraques d'un bataillon	.		5239 L. 11 S. 1 D.

Nota. On sera peut-être surpris de voir que cette dernière dépense des barraques d'un bataillon soit plus forte que la précédente, quoiqu'on suppose qu'il n'en doive rien coûter pour l'achat et le transport des bois. La raison en est que les planches qu'on achète, venant des forêts des montagnes des Vosges, sont débitées dans des scieries à eau, dont les frais ne sont pas à beaucoup près aussi considérables, que lorsqu'on les fait scier à bras, dans les lieux où les ouvriers de cette espèce sont rares, et se font par cette raison payer chèrement, sentant le besoin qu'on a d'eux.

De la palissade du chemin couvert.

La palissade que l'on plante joignant le parapet du chemin couvert, doit avoir 8 pieds de longueur, sur 18 à 20 pouces de tour; et, dans les estimations, on en compte 10 pour chaque toise courante de palissadement. Celles dans les passages des traverses doivent avoir 10 pieds de longueur. On laisse un intervalle de 2 pouces ½ entre deux palissades, pour servir au libre mouvement du mousquet. La pointe doit surmonter le sommet du parapet, de 9 pouces.

Le liteau auquel elles sont chevillées, se met à 18 pouces au-dessous de ladite pointe, et doit avoir quatre pouces de large, sur 2 pouces ½ d'épais; les chevilles contrecognées du côté opposé au liteau, avec un petit coin de bois qu'on introduit dans le milieu de la cheville. On laisse un intervalle de trois pouces au pied du parapet, ce qui revient à 2 pieds par le haut, depuis le milieu de la palissade jusqu'au sommet du parapet. On appointe la palissade sur un pied de longueur.

Pl. 17. La seconde ou double palissade ne demande point d'autre explication que le dessin de la fig. 84.

Des rampes de sortie du chemin couvert, avec les grandes et petites barrières.

Pour pouvoir sortir du chemin couvert, on pratique dans chaque intervalle de traverses, et sur les faces des places d'armes rentrantes, des passages dans le parapet du chemin couvert, lesquels seront fermés par des barrières.

La rampe de ces barrières se doit commencer au pied de la banquette, pour se rendre à hauteur de ladite banquette, à l'endroit des pôteaux, et de là aller se terminer dans le glacis, à la distance de 12 pieds, observant de les dévoyer vers les saillans du chemin couvert, de toute leur largeur, et ce en arrondissement, afin d'empêcher que ces passages ne soient enfilés par les batteries que l'ennemi place vis-à-vis les faces des ouvrages, pour en ruiner les défenses; avec cette remarque, qu'il n'en faut point faire aux places d'armes saillantes, y étant trop exposées aux premières insultes de l'ennemi.

Voici la construction de ces barrières, qui seront de bois de chêne bien conditionné, sans aubier, et à vive arrête etc.

Leur ouverture doit être de 9 pieds entre pôteaux, les pôteaux chacun d'un pied d'équarrissage. Ils seront emmortoisés après un seuil de même grosseur, ledit seuil posé et enterré au niveau de la banquette; les pôteaux enterrés de

Pl. 17.
fig. 85.

3 pieds par leur extrémité d'en bas, et celle d'en haut apointée d'un pied, la pointe fixée à même hauteur que la palissade du chemin couvert. Ces pôteaux seront assurés chacun par des liens de 8 à 9 pouces de grosseur, dont l'un, dans le passage de là barrière, portera sur le seuil, et l'autre, sur un patin posé en évasement à même niveau que ledit seuil, ayant 3 pieds de longueur, sur 10 pouces d'équarrissage.

. On fermera ces barrières avec deux venteaux, dont les montans, les battées, les guettes et les entretoises seront de 4 et 6 pouces de grosseur, et les cinq lames, ou palissades, qui rempliront l'espace entre les montans et les battées, de 4 pouces d'équarrissage.

On échancrera l'arrête des pôteaux joignant les montans, de 4 pouces et demi, ainsi que le seuil, pour y loger les venteaux, et leur servir d'appui. On fixera et chevillera un fléau de bois, et non de fer, à un de ces venteaux, qui passant sur l'autre venteau, se joindra par son extrémité au pôteau, et y sera attaché au moyen d'une chaine obronière, et d'une serrure de force suffisante pour la fermer.

Les pentures de fer desdits venteaux seront de trois pouces de largeur, sur quatre lignes d'épaisseur, et en embrasseront les battées, auxquelles elles seront tenues avec des boulons à tête d'une part, et à vis de l'autre, de plus avec des broches seulement sur chaque palissade, de grosseur convenable, et de longueur suffisante pour être rivées.

Ces pentures seront soutenues par des gonds garnis de leurs supports, attachés solidement après les pôteaux, qu'ils traverseront de part en part, avec vis, écroux, clavettes et rondelles derrière le pôteau, observant que ce soit de bon fer liant, et non cassant, et solidement forgé.

La fig. 85 offre le plan et l'élévation d'une Pl. 17. semblable barrière, que la légende ci-jointe des lettres mises au dessin éclaircira complétement.

A Pôteau de 12 et 12 pouces de grosseur, long. . . 10 pi.

B Seuil de 12 et 12 pouces de grosseur, long. . . 10

C Patins de 8 et 9 pouces de grosseur, long. . . 3

D Grands liens de 6 et 8 pouces de grosseur, long. . . 2 6 po.

E Petits liens de 6 et 8 pouces de grosseur, long. . . 2

F Montans de 4 et 6 pouces de grosseur, long. . . 6

G Battées de 4 et 6 pouces de grosseur, long. . . 6

H Entretoises de 4 et 6 pouces de
  grosseur, long. . . 4 pi. 6 po.
I Guettes de 4 et 6 pouces de grosseur, long. . . 5
K Le fléau de 4 et 6 pouces de grosseur, long. . . 10 6
L Palissades ou lames équarries, de 4 pouces
  d'équarrisage, le tout chevillé et contrecogné
  avec chevilles de bois de chêne de fil, d'un
  peu moins d'un pouce de grosseur.

Ferremens.

m Pentures de trois pouces de largeur, et de 4
  lignes d'épaisseur.
n Gond avec son support.
o Chaîne obronière.
p Serrure à bosse.

On fermera les passages des traverses avec de
petites barrières, faites d'un seul venteau, ayant
4 pieds de largeur de passage entre les pôteaux.
On les place dans l'alignement de la palissade
de la traverse, en sorte que le liteau vienne se
coucher sur le pôteau. Elles sont si peu différentes de celles qu'on vient d'expliquer, qu'il est
inutile d'en donner une plus ample explication.

Pl 17. La fig. 86 fait voir le plan et l'élévation
d'une de ces petites barrières.

Il se fait de plus grandes barrières encore
que la première que nous avons décrite, sur
les ponts d'entrée des places de guerre, et à la
fermeture des passages de ces entrées dans le
chemin couvert. Celles-ci, fig. 87, ont 12 pieds   Pl. 17.
d'ouverture entre les poteaux, sur 9 de hauteur.
Au reste, elles ne diffèrent qu'en cela, de ces
premières que l'on vient de détailler.

Conclusion.

Nous finissons ici notre premier recueil des
parties les plus essentielles dans l'attaque et défense des places, pour que ce premier volume
ne soit que d'une grosseur médiocre, et commode à porter avec soi en voyage militaire.
Nous continuerons dans le second tome qui suivra, à rapporter ce que nous croirons être égale-
lement nécessaire, et qui ne sera cependant
qu'une suite de choses pareilles à ce que nous
venons de voir dans ce présent premier tome (¹).

Fait au camp sous Fribourg, le dernier no-
vembre 1744.

Signé *Cormontaingne.*

(1) Quoique l'auteur n'ait point proprement donné de
second tome à cet ouvrage, il n'en a pas moins amplement tenu parole. Car, quoiqu'il ait cru, sans
doute, avoir épuisé, dans celui qu'on vient de lire,
le matière de l'attaque des places, il n'en a, à ce qu'il

paroît, que plus vivement senti le desir de ne pas
faire moins pour la défense. Aussi en a-t-il traité
dans le plus grand détail, toutes les branches essentielles, dans ses Mémoires, 1º *sur l'usage de l'artil-*
lerie dans une place assiégée, 2º *sur les contremi-*
nes, et 3º *sur l'évaluation des approvisionnemens*
nécessaires dans une place assiégée. Ces trois mémoires, et d'autres aussi importans, que l'auteur a
laissés *sur la fortification des places de guerre*, et
sur la manière de disposer les places sur les frontiè-
res des états; ces divers mémoires, jusqu'ici
soigneusement soustraits à l'impression, pas le ministère de France, qui les réservoit, ainsi que celui-ci,
pour l'instruction exclusive de ses ingénieurs; ces
divers mémoires, dis-je, sont, heureusement pour
le public militaire, sur le point de voir le jour.
Des mains habiles les mettent en ordre, et se dispo-
sent à les faire paroître incessamment.

F i n.

E r r a t a.

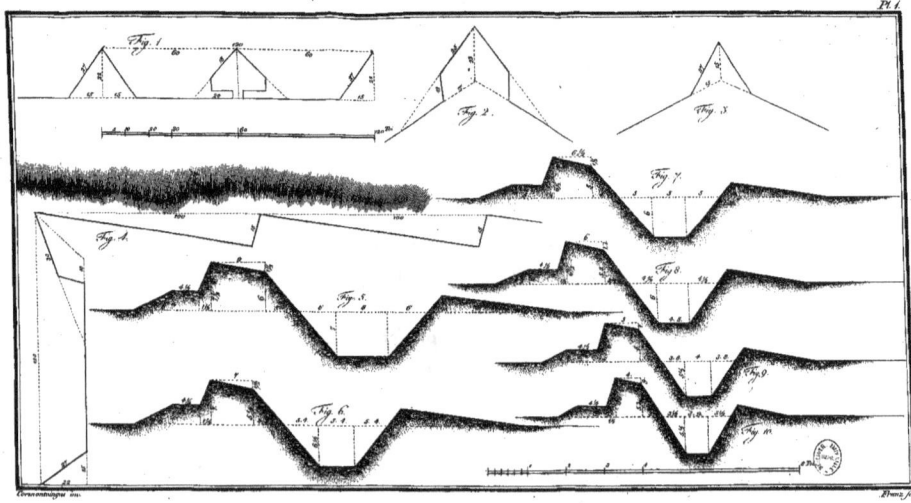

Pl. 1.

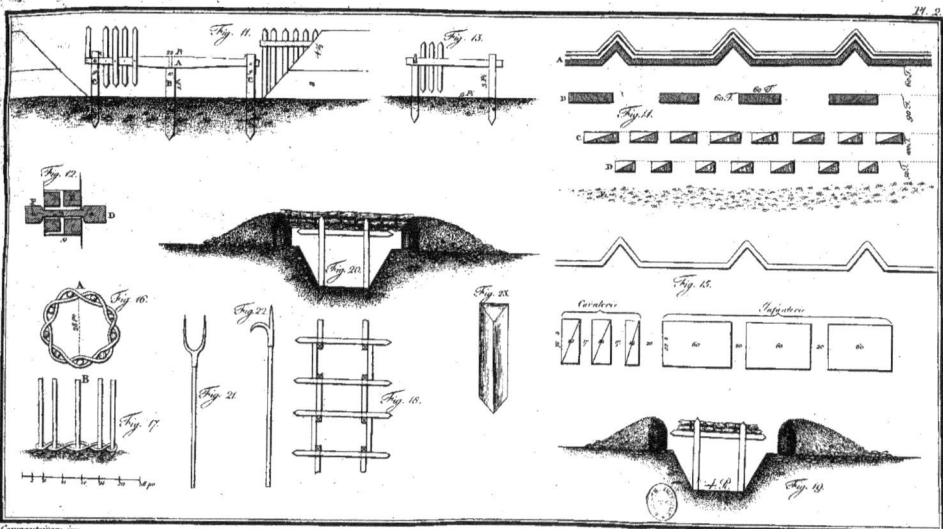

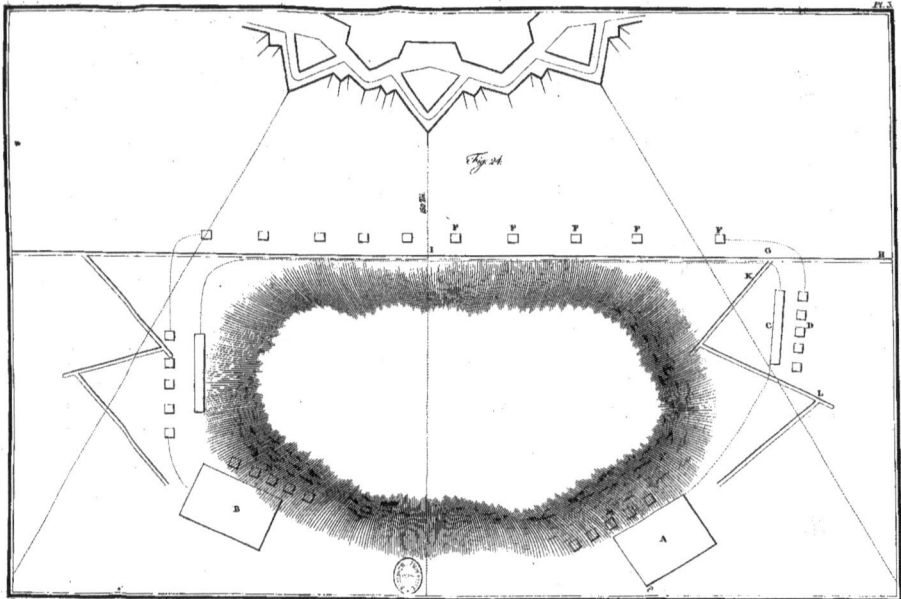

Fig. 24.

Pl. 3

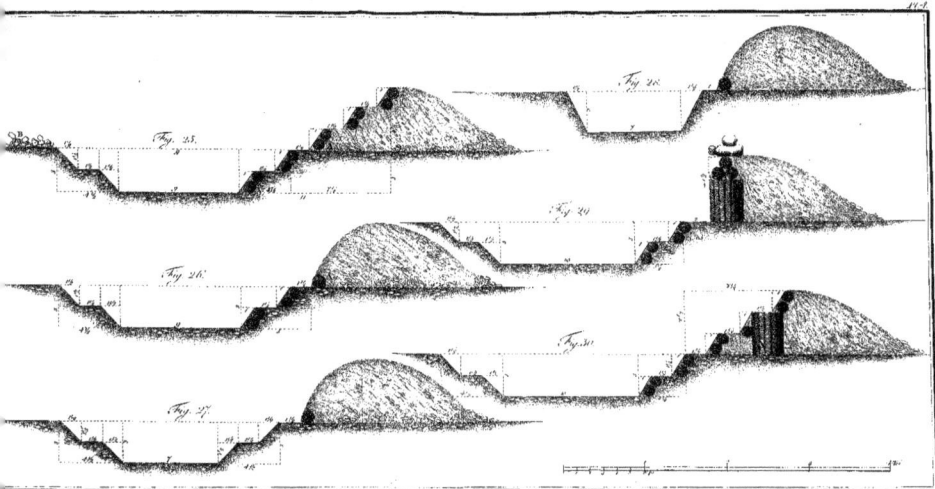

Pl. 5

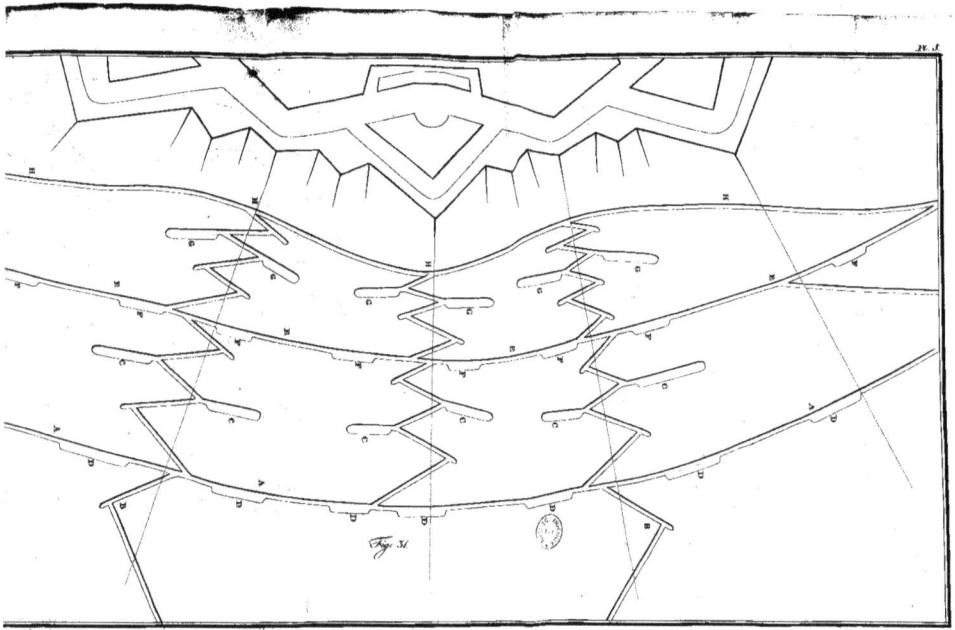

Fig. 31.

Pl. 6.

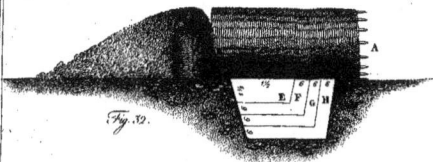

Fig. 32.

Fig. 35.

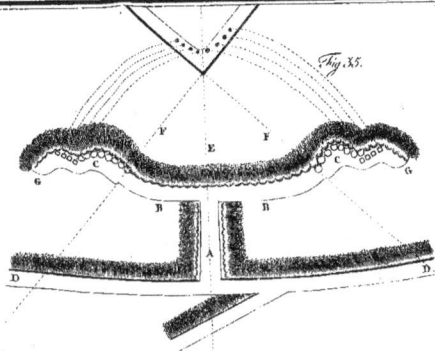

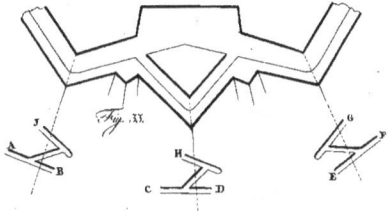

Fig. XX.

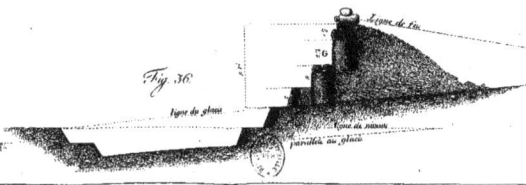

Fig. 36.

Fig. 34.

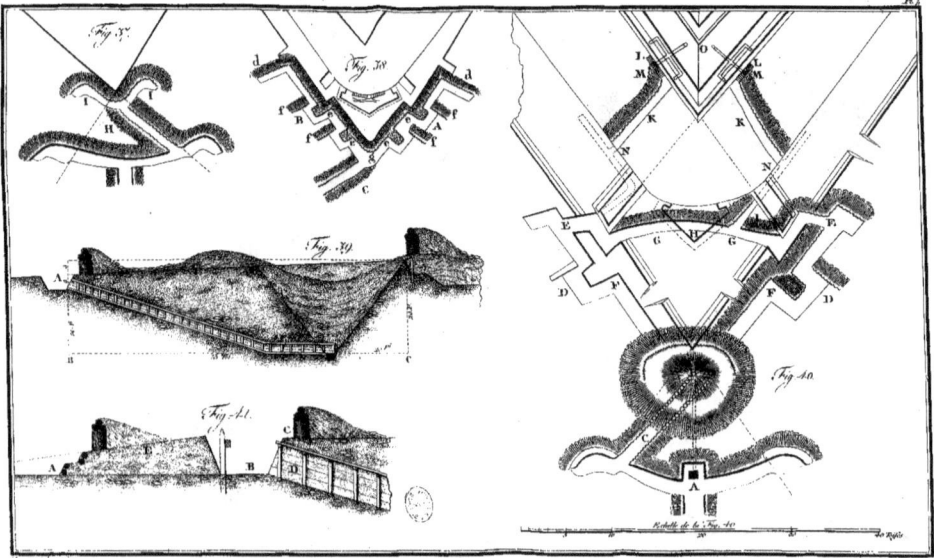

Pl. X.

Fig. 37.

Fig. 38.

Fig. 39.

Fig. 41.

Fig. 40.

Echelle de la Fig. 40.

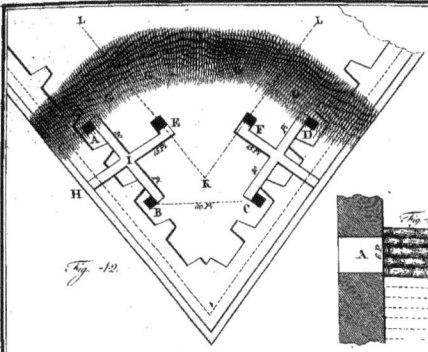

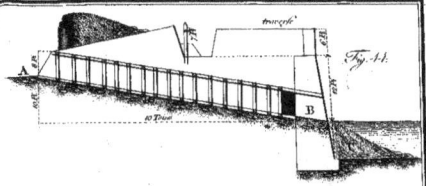

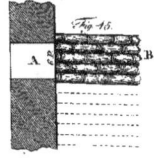

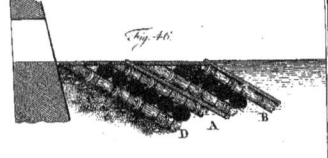

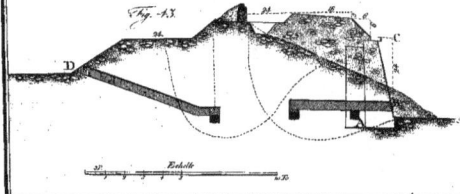

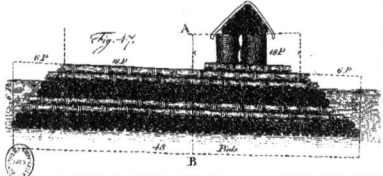

Pl. 8.

Fig. 12.

Fig. 14.

Fig. 15.

Fig. 16.

Fig. 13.

Fig. 17.

Echelle

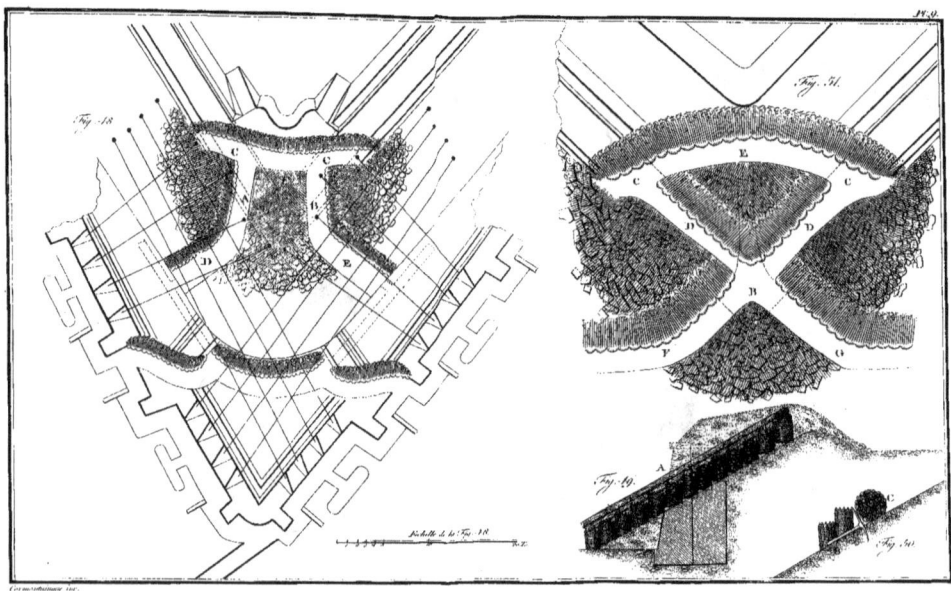

Pl. 9.

Fig. 18.

Fig. 51.

Fig. 19.

Fig. 50.

Echelle de la Fig. 18.

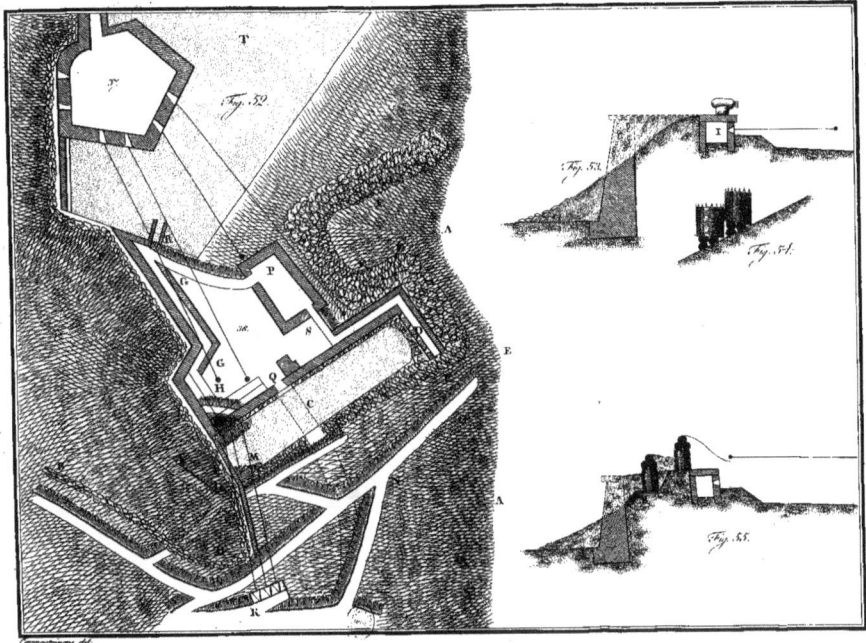

Fig. 52.

Fig. 53.

Fig. 54.

Fig. 55.

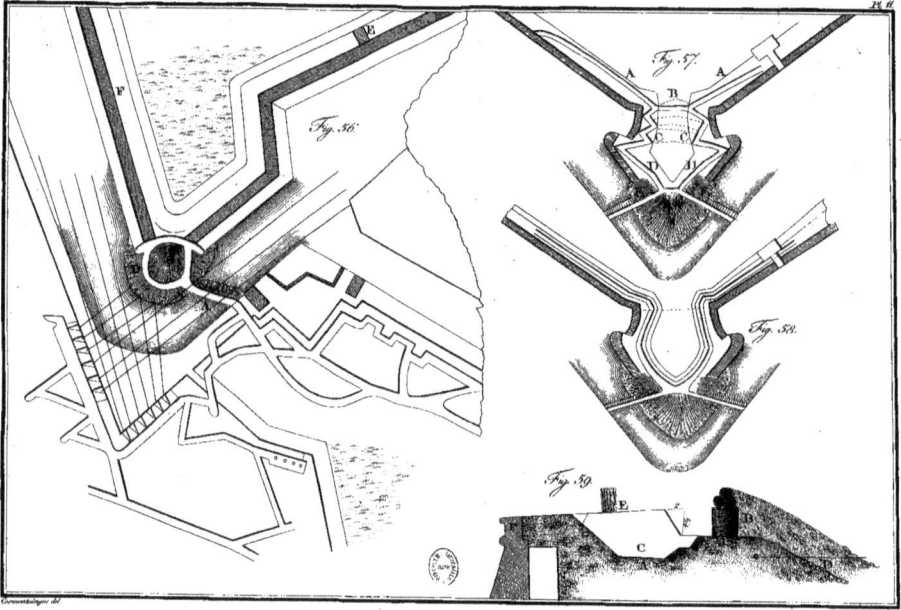

Fig. 56.

Fig. 57.

Fig. 58.

Fig. 59.

Pl. C.

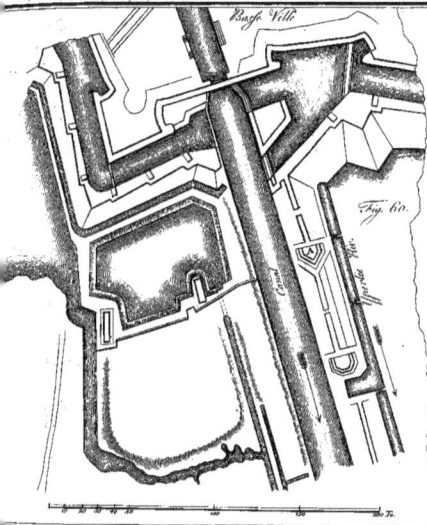

Baße Ville

Fig. 60.

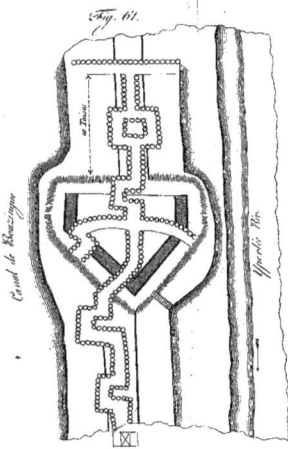

Fig. 61.

Canal de Brelagne

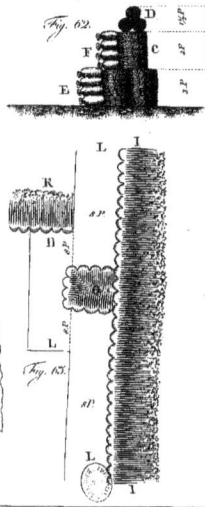

Fig. 62.

Fig. 63.

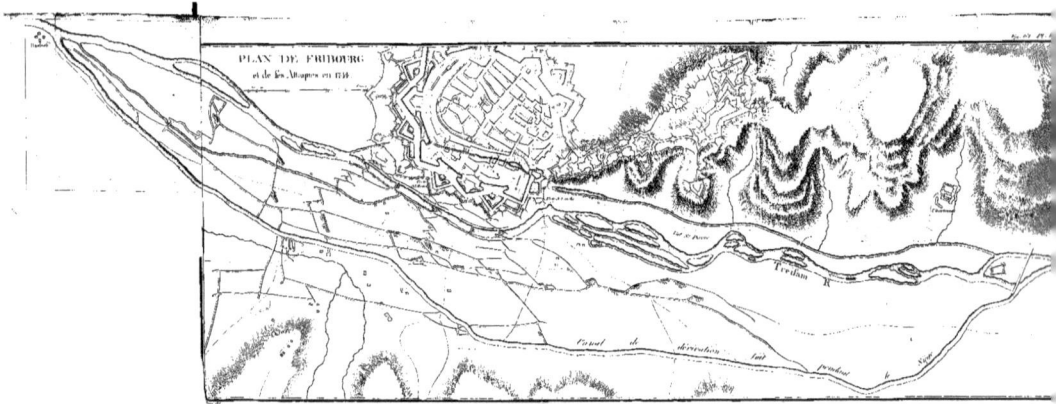

PLAN DE FRIBOURG
et de ses Attaques en 1530

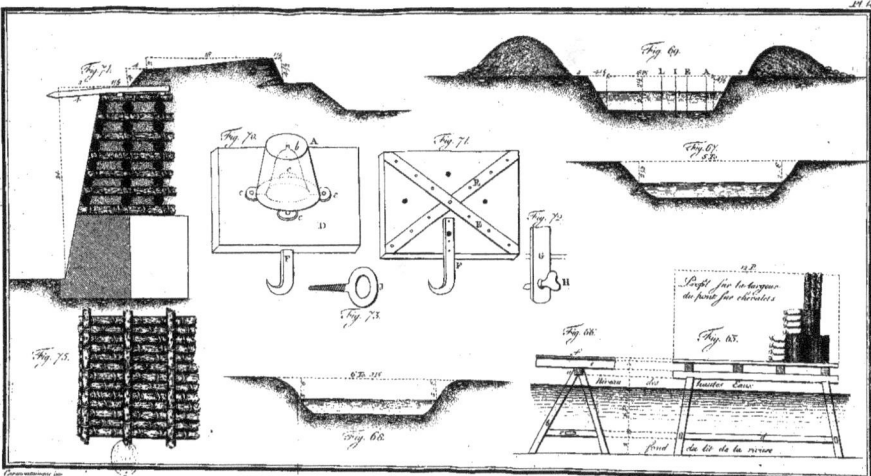

Fig. 74.

Fig. 69.

Fig. 70.

Fig. 71.

Fig. 72.

Fig. 73.

Fig. 67.

Fig. 75.

Fig. 66.

Fig. 65.

Profil sur la longueur du pont sur chevalets

Niveau des hautes Eaux

fond du lit de la rivière

Fig. 68.

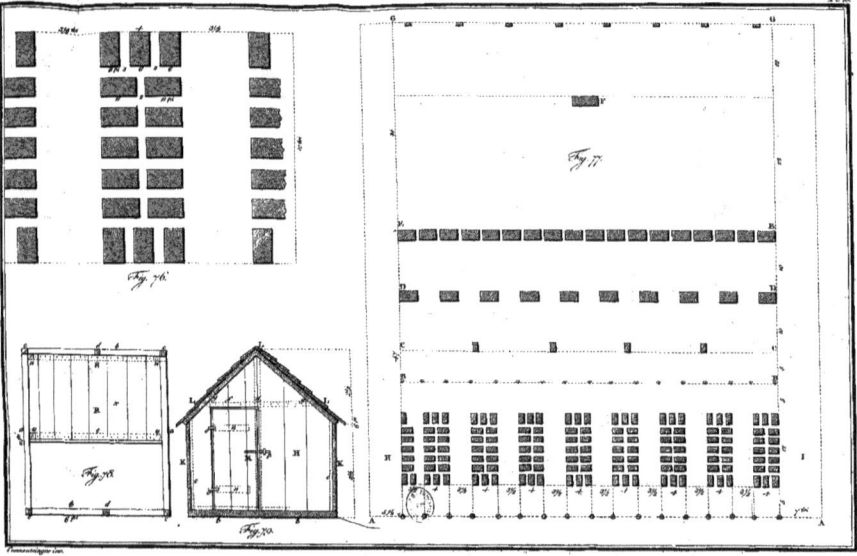

Pl. 15.

Fig. 76.

Fig. 77.

Fig. 78.

Fig. 79.

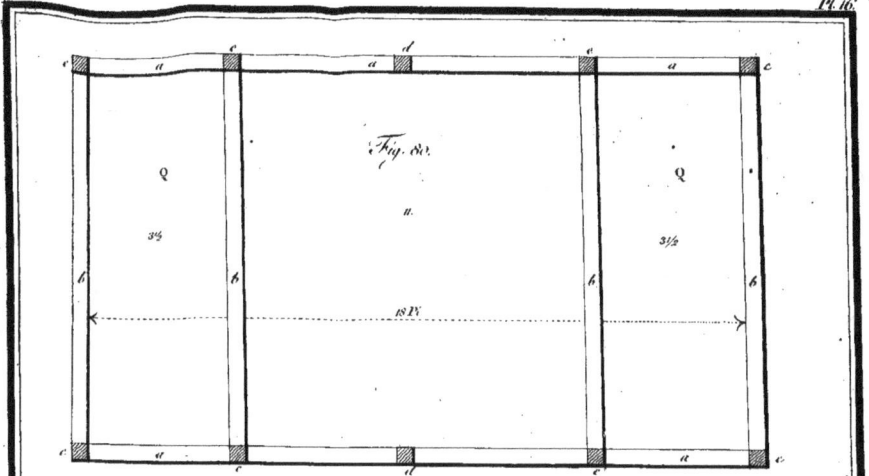

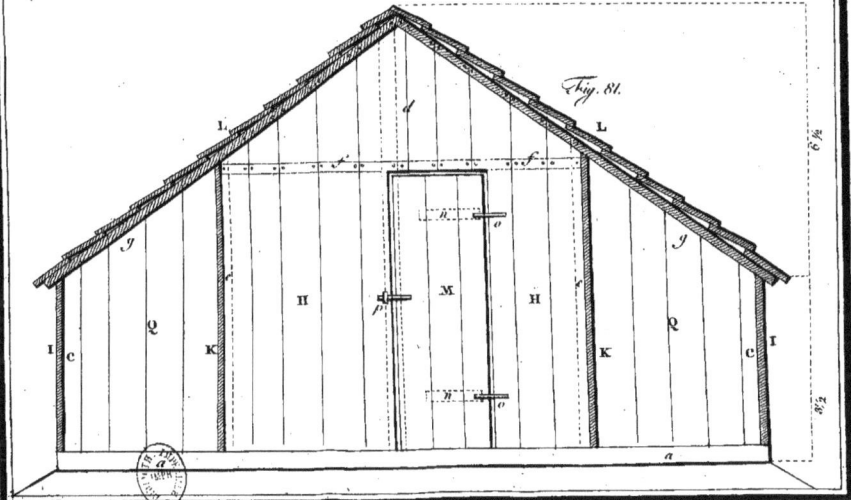

Pl. 16.

Fig. 80.

Q

3½

Q

3½

18 P.

Fig. 81.

L

L

J

J

H

M

H

Q

Q

K

K

C

C

I

I

a

Cormontaingne inv.

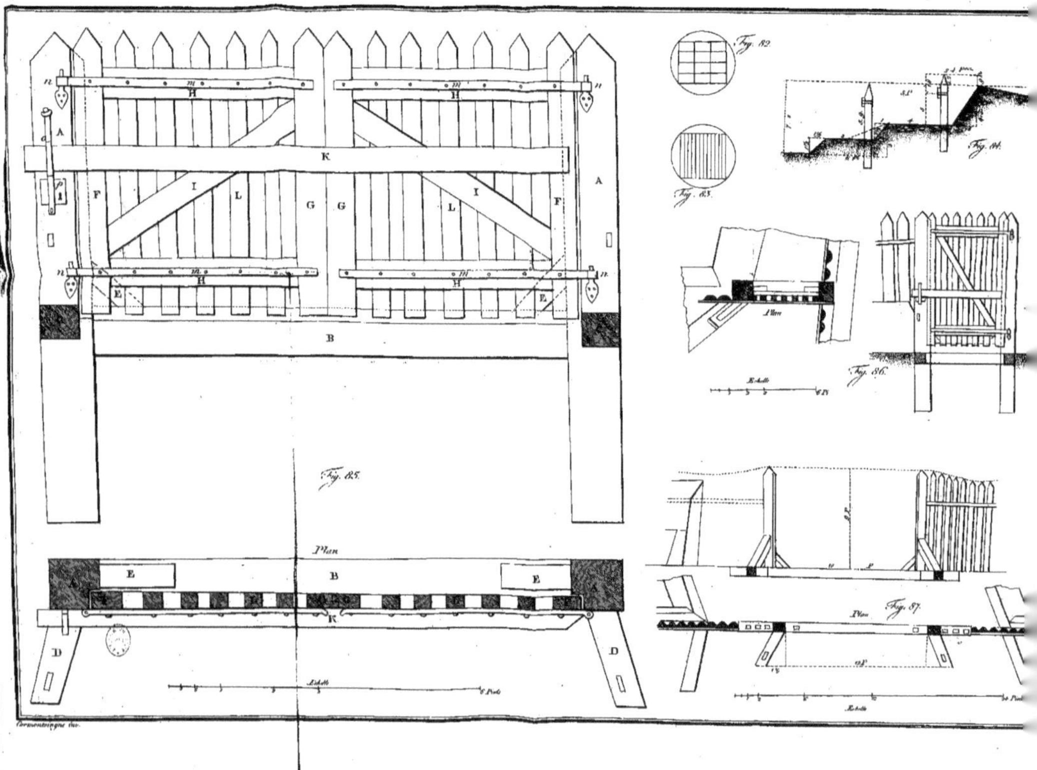

Fig. 182.

Fig. 184.

Fig. 183.

Fig. 186.

Fig. 185.

Plan.

Fig. 187.

Plan.

Contraste insuffisant

NF Z 43-120-14

www.ingramcontent.com/pod-product-compliance
Lightning Source LLC
Chambersburg PA
CBHW071633270326
41928CB00010B/1903